経済学入門

奥野正寛

［著］

Nippyo
Basic Series

日評ベーシック・シリーズ

日本評論社

はしがき

　本書は、経済学を初めて学ぶ方を対象にした入門書である。もちろん、本書を手に取る方の中には、経済学部の一年生などを典型に、これから経済学を体系的に学ぶために、まずその概略を知りたいという人も多いだろう。他方、社会人をはじめとして、教養課程の科目の一つとして、経済学とはどんなものかを知りたいということが目的で、人生で読む、最初で最後の経済学関係の書物になると予想している人もいるだろう。どちらの場合も、できればこの一冊で、経済学という学問領域の全体像が、理解しやすく記述されている書物を望んでいることだろう。

　大学での経済学入門の講義の際に、定番の教科書とされている、外国人経済学者の執筆した標準的な教科書は、すでに何種類かある。これらの教科書は定番とされるだけあって、内容もまとまっているだけでなく、訳者の力量からか読みやすい。ただ惜しむらくは、使われている様々な実例が外国のものであり、日本人の読者にはなじみにくい。また分量的にも、我が国で使われる教科書のサイズに比べて、大部になるものが多い。本書では、日本の読者が思い描きやすい例を多用することで、読者の理解を高めることを試みつつ、コンパクトな分量の入門書を作ることを試みた。

　また、講義の教科書として採用されている場合はもちろんだが、自習書として経済学入門の書物を読む場合には特に、その書物がそれなりに完結していることが望ましい。ここで完結していると述べたのは、単に、それを読むことで経済学の全体像と本質を理解できる、ということにとどまらず、できるだけ経済学という学問が、例えば日本経済という実体経済の、具体的な政策・制度や歴史的経験をどう説明できるのか、という点にまで立ち入った説明があることが望ましい。入門書というレベルでこれらの点まで解説するには一定の限界があるが、本書の何か所かでそれらの試みを行っている。

ところで、経済学のアプローチは、大きく分けてミクロ経済学とマクロ経済学に分かれる。私の専門はミクロ経済学で、今までに入門、中級、上級と三段階のミクロ経済学の教科書を出版してきたが、「経済学入門」の教科書は初めて出版する。実は、米国の大学院を卒業してすぐ教鞭をとったのが同国のペンシルバニア大学経済学部で、最初に担当した講義が「経済学入門」だった。人種差別や貧民街の住宅問題など、当時の米国の重要課題だった時事問題を、経済学の分析用具を使って説明する必要があり、教える側としても大変勉強になった。ただ、学生の多くが日本語なまりの私の英語を理解できず、講義が終わるたびに研究室に学生たちが詰めかけて、何が言いたかったのかきちんと教えろとつるし上げを食った。経済学自体を理解してもらう前に、いかに学生にわかってもらえる英語をしゃべるかで苦労した思い出の方が大きい。ミクロ経済学では様々なレベルの教科書を出版してきたが、「経済学入門」に苦手意識を持った一つの理由は、そこにあるのかもしれない。

　その後長い間、経済学入門という講義を教える機会がなかったし、受験に数学を課している大学に勤務していたので、数学を使って論理的な講義を行うのに慣れてしまい、直感的にわかりやすい実例を多用した経済学の初歩の教科書を書くことをしてこなかった。ところが、定年に伴って勤め先の大学が変わり、数十年ぶりに「経済学入門」を教えることになった。新しい大学の学生たちは、数学が大の苦手であるだけでなく、大学での講義を受けるのも初めて、経済学という学問自体にも初めて触れるという学生ばかりだった。そのため、関心を持ってもらえるよう、できるだけ彼らにも理解しやすい実例を交えつつ、わかりやすい言葉で、経済学の本質をやさしく教えることが必要不可欠になった。当初はだいぶ面食らったが、最後に行きついたのは、経済学も数学も知らない受講生に講義をするのだから、極端に言えば高校生でもわかるような経済学を教えよう。また、せっかく初学者に経済学を教えるのだから、受講している学生が経済学に興味を持つよう、経済学という学問の本質を、できるだけ現実に即してわかりやすく教えよう、ということだった。

　本書は、当時の経験や考えを基礎に、経済学の概要をできるだけわかりやすい言葉で、その本質的理解ができるような形で解説することを目標に執筆した、「経済学入門」の教科書である。経済学自体が「ミクロ経済学」と「マク

ロ経済学」に二分されていることもあり、本書でも前半でミクロ経済学を、後半でマクロ経済学を解説している。ミクロ経済学は、自分の専門でもあり、学問体系としてもかなり標準化されていることから、著者としても自信をもって書くことができた。特に、市場メカニズム（資本主義経済）の特徴として、市場の持つ「コーディネーション機能」を解説し、市場メカニズムを支える所有権などの法治国家の枠組みの重要性を強調していること。また、市場メカニズムという自由経済システムの長所だけでなく、貧富の格差や情報の非対称性など、それが持つ様々な欠点を詳しく、しかしできるだけ平易な言葉で解説している点が、本書の特徴だと考えている。

　他方、後半のマクロ経済学は、「10人の経済学者がいれば11の学説がある」と揶揄される分野でもあり、執筆にはだいぶ苦労した。最終的に紙幅の都合もあり、貿易や外国為替などの、現代経済を理解するために極めて重要な国際的なトピックはすべて除き、また、インフレやデフレ（継続的な物価上昇または下落）、あるいは経済成長などのダイナミックな現象にはあまり触れず、国内経済に的を絞って、物価水準の決定という静学的な問題に解説を絞ることにした。とはいえ、現代日本経済の中心的な問題であるデフレや構造不況の問題を明示的に取り上げ、ゼロ金利制約がもたらす伝統的な金融政策の限界を、入門書である本書で説明した分析用具を使って解説しようという試みにも挑んでみた。

　本書を執筆するに際しては、上に述べたように、東京大学定年退職後に、経済学入門を教える機会を持った流通経済大学経済学部での講義経験に、大変助けられた。その際、クラス分けして同じ講義を教えることになった同僚の5人の先生方、特にその際、使用した講義ノートの作成に関わっていただいた諸先生方に感謝したい。また、私の講義を聞いて、わからなかったことを講義の後に聞きに来た学生諸君のコメントも、本書を作るうえで大変参考になった。お名前を挙げることはしないが、これらの方々には心から感謝している。また、本書を執筆する段階で、いくつか不安な点があったのだが、武蔵野大学の同僚で経済学入門を担当されている石原真三子教授と田中茉莉子教授に質問をさせていただいて、不安を解消していただいた。お二人にも深く感謝したい。日本

評論社の斎藤博さんには、本書の全原稿を2度にわたってお読みいただき、詳細なコメントをいただいた。章によっては、斎藤さんのコメントに助けられて、全面的に書き直した章もある。心から御礼を申し上げたい。

　最後になるが、本書の執筆にあたっては、経済学を学んだ経験がなく経済学の初学者である私の伴侶に、本書の原稿を読んだコメントを貰い、それを受けて私が書き直すという作業を繰り返し行った。その意味で、本書はこの共同作業の成果であり、日々の生活を支えてくれている妻の玲子に心からの謝意を捧げたい。

2017年2月

奥野正寛

目次

はしがき…iii

第1章 **経済学とはどんな学問か？**…1
    1.1　経済学の定義…1
    1.2　社会的分業と市場メカニズム…3
    1.3　市場メカニズムの基盤と限界…9
    1.4　マクロ経済学…14

第2章 **経済全体の諸活動と市場の均衡**…19
    2.1　経済活動…19
    2.2　需要曲線と供給曲線…24
    2.3　市場の力と市場均衡…29

第3章 **需要・供給曲線のシフトと市場間のコーディネーション**…33
    3.1　需要曲線のシフト…33
    3.2　供給曲線のシフト…37
    3.3　市場の連関と派生需要…40

第4章 **需要と供給の弾力性**…47
    4.1　需要の価格弾力性…47
    4.2　需要の価格弾力性を決める要因…54
    4.3　供給の価格弾力性…55

第5章 **便益、費用、経済厚生**…60
    5.1　需要曲線と便益…60
    5.2　供給曲線と費用…66
    5.3　経済厚生とその最大化…71

第6章　所得分配と独占…75
6.1　経済政策と所得再分配…75
6.2　支払意欲と便益：分配の視点から…79
6.3　独占力…83
6.4　独占に対する対処…88

第7章　外部性と公共財…91
7.1　市場の失敗と外部性…91
7.2　外部性とその図解…94
7.3　外部性の内部化…97
7.4　公共財…100
7.5　公共財とその分類…103
7.6　公共財の民間供給とただ乗り…107

第8章　情報の非対称性とゲーム理論…109
8.1　契約前の情報の非対称性…109
8.2　契約後の情報の非対称性…112
8.3　ゲーム理論…114
8.4　囚人のジレンマ…117
8.5　ナッシュ均衡…119
8.6　終わりに…124

第9章　国内総生産と付加価値…127
9.1　はじめに…127
9.2　国内総生産（GDP）という概念…129
9.3　フローとストック…131
9.4　名目GDPと実質GDP…133
9.5　物価水準…136
9.6　財の生産の集計…138
9.7　付加価値…141

第10章　三面等価の原則…143
10.1　国民経済計算と三面等価の原則…143
10.2　経済循環…144

10.3　GDPと三面等価の原則…148
10.4　国内総所得とその処分…152
10.5　在庫投資…155
10.6　価格の硬直性と数量調整…157

第11章　**消費と乗数効果**…162
11.1　総需要と消費…162
11.2　ケインズ型消費関数…163
11.3　乗数過程…166
11.4　乗数過程に関するその他のトピック…174

第12章　**投資と金融政策**…180
12.1　設備投資…180
12.2　投資の限界効率表…183
12.3　利子率と債券価格…187
12.4　金融政策と公開市場操作…189
12.5　ゼロ金利制約と非伝統的金融政策…192

第13章　**集計的総需要曲線**…195
13.1　ミクロの需要曲線とマクロの総需要曲線…195
13.2　集計的総需要曲線と貨幣…199
13.3　貨幣とその機能…200
13.4　総需要曲線と実質資産効果…203
13.5　利子率効果…206
13.6　集計的総需要曲線のシフト…208
13.7　ゼロ金利制約と総需要曲線…210

第14章　**労働市場と集計的総供給曲線**…213
14.1　財・サービスの生産と生産関数…213
14.2　労働市場とその均衡…217
14.3　労働市場の均衡と長期総供給曲線…224
14.4　短期の総供給曲線…228

第15章　**バブル崩壊とその後の日本経済の経験**…**233**
　　15.1　日本経済の経験とマクロ経済学による説明…**233**
　　15.2　バブルの発生…**234**
　　15.3　バブルの崩壊と財政金融政策…**235**
　　15.4　景気循環への対策と経済構造変化への対策…**237**
　　15.5　不良債権問題…**238**
　　15.6　金融危機とデフレ…**239**
　　15.7　金融危機とゼロ金利制約…**241**
　　15.8　ゼロ金利制約とデフレの発生…**242**

索引…**245**

第 1 章

経済学とはどんな学問か？

1.1 経済学の定義

本書を読み始めた皆さんは、経済学をこれから学ぼうとする人たちだろう。そんな皆さんにとって、まず知りたいことは、経済学とはどんな学問分野なのか、という点だろう。「経済」学なのだから、言うまでもなく経済学とは、一つの社会（一国、世界全体、一つの地域など）における経済活動を分析する学問分野である。しかしそれでは、あまりにも漠然としていて、よくわからないという人も多いだろう。

1.1.1 経済学の標準的な定義

もう少し踏み込んだ形での一つの標準的な定義は、「経済学は、社会における経済活動のあり方を通じて、どうしたら人々の幸福を達成できるかを研究する学問である。経済活動を行うためには、物資（モノ）や労働（サービス）の利用が不可欠であり、どんな経済活動が実現するかは、モノやサービスに関する権利の配分が重要な役割を果たす。また、幸福の意味や、それを実現するための制度的仕組みを検討し、望ましい政策的対応のあり方を考える必要もある。」というものである。

この定義でもう少し丁寧に説明すべき言葉は、「経済活動のあり方」、「幸福の達成」、「権利の配分」、「制度的仕組み」、「政策的対応」などだろう。そこで以下、第 1 章では、これらの言葉について、もう少し詳しい説明を行いつつ、経済学が何を目指し、経済活動が社会においてどんな役目を果たしているのか

について、直感的な解説を行いたい。

1.1.2　ミクロ経済学とマクロ経済学

なお、経済学は大きく分けて、ミクロ経済学とマクロ経済学に分かれる。

ミクロ経済学とは、自動車、鉄鋼、化粧品、美容サービスなど、個別のモノやサービスそれぞれについて、各個人の消費や各企業の生産がどのように行われるかという**ミクロ（個別）**の意思決定から始まって、それが社会全体でどんな経済活動を形作り、どんな結果を生むのかを考える学問分野である。

上記の定義でいえば、経済活動が実現する幸福の意味や程度を考え、そのために現代社会ではどんな制度的仕組みが使われているのかを考える分野である。第1章では、1.2節と1.3節がそれに当たり、本書全体では、第2章から第8章までがミクロ経済学の解説に当たる。

他方、**マクロ経済学**とは、個々のモノやサービスを別々に考えるのではなく、それらすべてを集計した概念（最終財と労働サービス）を、各個人や各企業ではなくそれらを集計した概念（民間部門）と政府部門との関わりを通じて、**マクロ（社会全体）**の経済活動がどのように変動するか、それをどのように管理できるかを考える学問分野である。マクロの視点から考えることで、景気の変動や経済成長を、政府がどのような政策を使って適切にコントロールできるかを分析することが、その特徴である。上記の定義でいえば、幸福の実現のための政策的対応を考える分野である。第1章では1.4節がそれに当たり、本書全体では9章から15章がそれに当たる。

第1章の残された部分では、ミクロ経済学とマクロ経済学のエッセンスを説明することにしたい。これらの事情を知っておくことは、第2章以下の経済学入門の説明を理解する背景として、きわめて大切である。とはいえ、以下の1.2節以下で説明することは、第2章以下で説明することを先取りして説明している部分も多い。1.2節以下で説明することが十分に理解できなくとも、本書を読み終えてからこの部分を読み返すことで、（あるいは第2章から第8章までを読み終えてから本章の1.2節から1.3節を、第9章から第15章までを読み終えてから本章の1.4節を読み返すことで）得られるものが大きいことを、予め読者に約束しておきたい。

1.2 社会的分業と市場メカニズム

　第1章の1.2節と1.3節では、まずミクロ経済学の視点から、経済学とはどんな学問かを説明しよう。1.2節では、現代のほとんどの先進国が採用している**市場メカニズム**という仕組みを概観し、それが理想的に働けば好ましい結果をもたらすことを説明する。1.3節では、市場メカニズムが理想的に働かないこともしばしばあり、その場合には、政府が市場を助けることで、より望ましい結果をもたらすことを目指すという、市場と政府が協働する**混合経済システム**が採用されることを説明する。

1.2.1　経済活動のあり方（資源配分）

　まずミクロ経済学でカギとなる概念は、資源配分である。一つの社会における経済活動全体とは、**生産**、**消費**、**交換**という三つの活動のあり方である。それらを総称して、社会における**資源配分**と呼ぶ。

　生産活動とは、鉱物・土地・労働などの様々な**資源**を使って、自動車、衣服、住宅、食品などの様々な物資（モノ）を作り出し、美容、家事などの様々な労働（サービス）を提供する活動である。経済学では、物資（モノ）のことを財と呼ぶ。以下では、モノやサービスのことを一括して**財・サービス**と呼ぶことにする。さて、日本で作り出される財・サービスは、数え方にもよるが数十万から数億種類にもわたる。数が決められないのは、例えば自動車を一つの財と考えるか、メーカーや車種、排気量や色の違いによって、それぞれの自動車を異なる財と考えるかで、財の数が変わってしまうからである。生産活動を担うのは、社会の中に存在する様々な**企業**や工場、店舗であり、その数は日本国内だけでも数百万事業所にも及ぶ。個々の会社が膨大な数の財・サービスの中で何をどれだけ生産するかという選択は、個々の企業に任されている。しかも一つ一つの企業は、他の企業がどんな選択をしているのかを知らないままに、自分にとって望ましい（利益を最大化するような）財・サービスを、望ましいと思う量だけ提供しようとする。

　消費活動とは、生産された様々な財・サービスを**家計**や**個人**が消費する行為である。家計の数も日本国内だけで数千万世帯に及ぶ。その一人一人は、自分

自身の満足を最大化するように、数十万から数億種類にわたる様々な財・サービスの中から何を選び、それぞれをどれだけ購入するかを決定する。財・サービスを購入するのは、自分にとって何をどれだけ購入するのが望ましいかという点が判断基準であり、それを生産した企業経営者の意向や、自分の消費が他の家計や個人の消費を圧迫するかもしれないという懸念とは全く関係ない。

交換活動とは、生産を行った生産者が、生産した財・サービスのうち、何をどれだけどの消費者に提供するか、他方、労働サービスなどの資源を所有する家計・消費者が、どの資源をどれだけ、その資源を必要とするどの生産者に提供するか、という活動である。自動車を生産した企業や自動車の生産のために労働サービスを提供した家計は、必ずしも自分が生産した自動車を消費したいわけではない。すでに自動車を所有しているなら、代わりに食品や住宅を購入したいと考えるだろう。自動車を生産した企業の経営者や労働者は、その対価である報酬や賃金として獲得するお金や銀行預金（貨幣や信用）を使って、食品や住宅を購入する。自動車を、お金を通じて食品や住宅と交換するわけである。なおここで銀行預金を信用と呼んだのは、銀行預金は預金者が銀行に貸した（預けた）お金であり、銀行にとっては借金だからである。

資源配分、つまり**経済活動のあり方**とは、以上の意味での、社会における**生産、消費、交換**のあり方を表している。このように定義された資源配分とは、実はきわめて複雑な社会活動全体を表しており、それが望ましい形で実現されるためには、お互いが複雑に絡みあっていながら、全体としては統率のとれた社会的活動が必要である。まずは、以下でこの点を概観しておこう。

1.2.2　社会的分業と専門化

現代社会では、一国の内部で多岐にわたって分業が行われている。自動車は自動車会社で、ビールはビール会社で作られる。それを販売するのは自動車ディーラーやコンビニなどの小売業である。それぞれの会社の中でも、製造に関わる工場労働者と販売に携わる営業職など、それぞれの業務はその仕事に専門化した人によって担われる。例えば、自動車を作るためには、車体、エンジン、ヘッドライト、タイヤ、座席など、様々な部品を作り、それらを組み立てることが必要である。これらの部品は、実は異なる部品会社で別々に作られ、

それらがトヨタやホンダといった自動車（組み立て）会社に納入されて組み立てられる。自動車とは、個々の部品の生産に**特化**した企業によって**分業**で作られた部品が、組み立てられることによって作られているのである。

したがって、現代社会で生活している人々は、特定の自動車部品の特定の製造工程だけに**特化**した人、様々な自動車部品を集めて特定の自動車を組み立てる作業だけに特化した人、自動車の販売活動だけに特化した人というように、社会全体から考えれば、きわめて特殊な一つの業務だけに専門化しているのである。これが**社会的分業**である。

このような分業は時代とともに進んできた。太古には、一人の人が、雨季には農耕を、乾季には漁労や薪拾いを、時に起こる他部族との戦争では戦士の役割も一人でこなしていた。時代とともに次第に分業が進み、農耕、漁労、戦士の役割分化が進み、それぞれの役割を異なる人が担うようになった。さらに、農耕においても、米作、野菜作り、畜産などの分業が進んだ。このように、世の中における分業は時代とともに大きく進展し、社会の中で大規模に行われるようになってきた。

このような分業と専門化の進展は、一人一人の人間が一つの仕事だけに専門化することで、その仕事の内容をより良く**学習**し、その仕事に**習熟**するとともに、必要な技術知識を深めることで、**生産性**を向上させる。なぜならば、特定の財やサービスの製造作業をはじめ、人間が行う生産活動には、それぞれの活動に固有の様々な**知識**や**技術**が必要であり、それらの知識が正確で、技術が高ければ高いほど、生産性が向上してより多くの生産物が生産されることになり、また生産物の品質が向上してその価値が高まるからである。特化と分業の結果として、社会では、より質の高い財・サービスがより多く作られることになり、それを消費できる人々は、より大きな満足を得る可能性が生まれることになる。要するに、特化・専門化とそれを基にした高度な分業によって、**豊かな社会**が実現しているのである。

ここで注意すべきことの一つは、この高度な分業によって生まれた現代社会は、物質的な意味で豊かな社会を生み出しているが、必ずしもすべての人に幸福をもたらしているとは限らない、という点である。物質的に豊かでも、隣人との会話もない大都会での索漠とした生活より、ゆとりのある大自然の中での

素朴な生活に自分の幸福を見つける人も多いだろう。また、豊かさに満ち溢れたように見える現代社会でも、人々の間の個人間格差や、先進国と途上国との間の国際的格差が拡大している。多くの人は、豊かさを追求するよりも、社会に存在する格差を減らし、より平等な社会を実現することこそが、自分の幸福になると考えているだろう。このような意味で、物質的な豊かさが増すことと、主観的な意味での幸福が実現することとは、必ずしも同義ではない。

最近の経済学では、主観的な幸福の意味を追求することの重要さが認識され始めているが、伝統的な経済学は、物質的な豊かさを人々の幸福と同義だとしてきた。入門書である本書では、まずは標準的な経済学の考え方に慣れ親しんでもらうために、物質的な豊かさが人々の幸福の源泉であると考えて、説明を行うことにしたい。とはいえ本書でも、格差の問題や自然環境の意義などについても、必要な説明を行う。ただ、物質的な豊かさ以外の幸福に大きな関心を持つ読者は、より上級の関連した経済学科目を学ぶことで、それらの答えを見つけることを期待したい。

1.2.3 社会的コーディネーション

ところで、社会で分業が大規模に行われている場合、その成果を生かすためには、**生産物の交換**が必要不可欠である。自分が必要とする財・サービスの大半は、自分ではない別の人が生産するものである。それを手に入れるためには、自分が作った財を他人が作った財・サービスと交換しなければならないからである。

自分が作った財を他人が利用し消費するのだから、誰が何をいつどれだけ作るか、作った財をいつどのように誰に渡すかで、同じ生産活動を行っても、その社会的成果は高くも低くもなる。同じ財を生産するにしても、その生産についての知識や技術をより多く持っている人が作った方が生産性は高い。生産された財も、それを消費することでより高い満足を得る人に消費させた方が、社会全体で得られる満足は高まるだろう。生産された牛肉を菜食主義者に与えるよりは、肉が好きな人に与える方が、はるかに社会的には有益なように……。社会全体での経済活動のパフォーマンスを高めるためには、社会的分業で生産される様々な財・サービスを、いつ誰がどれだけ作り、それを誰にどれだけ配

分するかを、社会全体で調整（コーディネート）するという、社会全体の**経済活動（生産・消費・交換）の社会的コーディネーション**が必要不可欠なのである。

20世紀には、一部の国（ソビエト連邦や中華人民共和国など）で社会的コーディネーションは、国による計画と命令によって行われていた。国が経済活動のあり方を計画し、それに従って国内の各工場にどんな生産活動を行うかを命令し、その命令に従って生産された財・サービスを各消費者に配給していたのである。このような**命令**と**統制**による社会的コーディネーションの仕組みを、**社会主義**に基づく**計画経済**と呼ぶ。国家による**集権的**な統制経済の仕組みである。

しかし21世紀の現代では、ほとんどすべての国は**資本主義**、つまり**貨幣経済**を基に**自由競争**の下で経済が動いており、社会的コーディネーションは、各生産者や各消費者が自分の利益や満足を高めようとして、財・サービスを自由に**売買**すること、つまり資本主義に基づいた**自由経済**を通じて社会的コーディネーションが行われている。自由経済では、生産者が財を作るためには、原料（という財）を購入し、労働者（のサービス）を雇用することが必要だが、これらは金銭を**対価**に原料や労働サービスを買うことによって購われる。他方、生産者が作った財は、金銭を対価に売却される。他方、消費者が財を消費するために必要な金銭は、その消費者（またはその家族）が社員やアルバイトとして働くことで得られるが、これは労働サービスを売却した対価に他ならない。このような、金銭を対価に財・サービスが売買される「場」のことを**市場**と呼び、市場を通じて生産・消費・交換のコーディネーションが行われる制度的仕組みのことを、**市場メカニズム**と呼ぶ。

問題の一つは、市場メカニズムを通じた社会的コーディネーションは適切に行われるのか、という点である。作られた財・サービスは、それをより強く必要とする人に、それをより多く欲している人に配分されないと、人々の満足を高めることができない。せっかく作った財でも、それを欲していない人に割り当てるより、それを真に欲している人に割り当てた方が、社会全体の消費者の満足は、総体として高められるからである。多くの市場では、多数の売り手と多数の買い手が、お互いに競争しあってモノやサービスの売買が行われている。この自由な競争は、一人一人の売り手と買い手が自分の意思に基づいて、

分権的に（バラバラに）行動した結果として起こるものである。このような、貨幣経済を基に分権的な自由競争を基礎に動いている現代の市場メカニズムは、社会的コーディネーションを適切に解決できるのだろうか。

1.2.4 分権的意思決定と私益追求

例えば、本書の読者であるあなたが、近くのスーパーでシャツを買う場合を考えてみよう。シャツ売り場にはたくさんのシャツが並べられているが、その中からあなたは一番気に入ったシャツを購入するだろう。ところで、そのシャツが作られるまでには、繊維会社が合成樹脂から糸を作り、それを染色会社が色づけし、織物会社が布地にし、アパレルメーカーがシャツに仕立てる、という長い分業の工程が存在する。その誰もが、最終的に出来上がったシャツを誰がいつ購入するのかという情報など、何も知らずに作業する。しかし、それらの分業が、適切なときに適切な量だけ行われるからこそ、あなたは気に入ったシャツを必要なときに手に入れることができるのである。これが**社会的コーディネーション**に他ならない。

それではシャツを作るための長い工程で、「誰が何をいつどれだけ作るか」を決めているのは何者なのだろうか。自動車を作るために必要な様々な部品について、「誰が何をいつどれだけ作るか」を決めているのは何者なのだろうか。日本をはじめ、われわれのほとんどが生きている現代社会において、これらの問いに対する答え、つまり現代社会で資源配分のあり方を決めているのは、「誰でもない」のである。社会主義計画経済を続けている北朝鮮などきわめて少数の例外を除いて、現代世界のほとんどを占める資本主義社会では、社会全体の生産・消費・交換は、人々や企業はバラバラに分権的に意思決定を行っているからである。

しかも資本主義社会では、人や企業は単にバラバラに自分の生産活動や消費活動を決めているだけではない。人は、どこでどのように働いてどれだけ所得を得ようとするか、得られた所得を基に、何をどれだけ消費するかといった意思決定を、自分の**満足**をできるだけ大きくするように行う。企業は、何をどれだけ生産するか、そのために誰をいくらで雇用し、どんな原材料をどれだけ購入するかといった意思決定を、自社の利益をできるだけ大きくするように行

う。要は、資本主義社会では、人も企業も**自分の利益**（**私益**）をできるだけ大きくすることを目標に行動するのである。このように、社会の中で各個人・各企業が私益を分権的に追求することで、どんな結果が得られるのだろうか。

1.2.5　神の見えざる手と資源配分の効率性

　経済学の創始者であるアダム・スミスが見出したのは、このような各個人や企業が分権的に私益を追求する社会でも、実は**ある**意味で社会的に望ましい資源配分が実現されるのだということである。どんな意味かというと、社会で、各個人が得る満足（正確に言えば、物質的満足を金銭で評価した額）と企業が得る利益の総和が最も大きくなるような資源配分が実現する、という意味である。このことを、市場メカニズムは**効率的**な資源配分を実現するという。ただしこの点は、立ち入った説明をする必要があるので、具体的な説明は第4章で行うことにする。ここでは、結論を述べるだけにとどめておく。

　良く考えてみると、これはきわめて驚くべき結論である。社会を構成する各個人や企業は、分権的に（バラバラに）自分の私益だけを追求しているにもかかわらず、市場メカニズムという社会的コーディネーションは、いつの間にか効率的な資源配分を実現し、個人や企業が獲得する満足や利益の総和を最大にしているのである。この驚くべき結果が生まれることを、アダム・スミスは**神の見えざる手**によるのだと考えた。現代の経済学では、このことは市場メカニズムの持つ特質だと考え、**厚生経済学の基本定理**という小難しい呼び方をする場合もある。

　とはいえ、こう書いただけでは、市場メカニズムの内実や効率的な資源配分の中身をなかなか理解できないだろう。市場メカニズムの基盤がどんなものなのか、市場メカニズムがどのように効率的な資源配分を実現するのかについて、もっと立ち入って説明することが、本書の第一の目標であり、第2章から第5章は、その解説に当てられる。

1.3　市場メカニズムの基盤と限界

1.3.1　権利の確立とその執行

　ところで市場メカニズムが適切に機能するためには、法律的に**所有権**をはじ

めとした人々の様々な権利がきちんと定義され、権利が守られるような仕組みが存在することが必要である。市場メカニズムの背後には、法体系やそれを人々に守らせるための社会的制度という**制度的仕組み**が必要だからである。本節ではまず、この点を説明しよう。

すでに述べたように、市場とは財・サービスの売買の場である。財・サービスを売買するためには、金銭という**対価の支払い**が必要であり、だからこそ「売買」という言葉が使われる。対価の支払いが不要なら、売買は行われず、市場は存在しない。

では、財・サービスを獲得するために、なぜ対価を支払わなければならないのだろうか。このことを考えるためには、対価を支払わずに、他人が所有している財を獲得しようとした時に起こることを考えてみればよい。例えば、コンビニで売っているサンドウィッチを手にして、対価を支払わずに店を出れば、それは窃盗である。警察に突き出されて裁判所に訴えられ、刑務所に入ったり罰金を科されたりすることになる。人々がコンビニでサンドウィッチの対価としてお金を支払うのは、警察に突き出されて刑務所に入れられ、罰金を支払うことが、対価を支払うことに比べて割に合わない、あるいは不正義であると考えるからに他ならない。そう考えれば、不正義を行いトラブルに巻き込まれるぐらいなら、正当な対価を支払おうとする**インセンティブ**（誘因）が生まれるだろう。

もっとも、このような結果にならない場合も考えられる。貧しい独裁国家では、人々の土地や食料を力で奪い取っても、権力を持つ独裁者は罪に問われることはない。あるいは、独裁者と密接な関係のある人ならば、独裁者にわいろを贈って、罪に問われないように画策するだろう。このように、きちんとした法律が存在し、それが正しく執行されていなければ、対価を支払おうというインセンティブは生まれないかもしれない。

言い換えれば、モノやサービスを獲得するために、市場で対価を支払おうとするインセンティブが生まれるのは、所有権や利用権という権利の体系が確立しており、盗んだり無断利用したりすることで、他人の権利を侵害した場合には、それに対する適切な刑罰が科されるという形で、権利の体系が適切に執行されているからに他ならない。このような意味で、権利が確立し適切に執行さ

れている社会や国家を、**法治社会**、**法治国家**と呼ぶ。市場が機能するのは、社会がこのような意味での法治社会だからであり、法治社会ではない無法社会では、市場は適切な形で機能することはない。

　権利を確立させそれを適切に執行させるのは、警察や裁判所、あるいは刑務所を管轄する政府あるいは国家が存在するからである。その意味で、市場メカニズムは、私益を求める個人や企業が、分権的に行動することで機能しているとはいえ、その背後には、法治社会を保つという大事な**国家の役割**が存在している。市場は、国家によるサポートなしには適切な形で機能しないのである。

1.3.2　所得分配と公平

　1.2.5節では、市場メカニズムは、各個人が得る満足を金銭で評価した総額と、企業が得る利益の総額を最大化するという意味で、効率的な資源配分を実現すると述べた。とはいえ、市場メカニズムには大きな限界がいくつかある。

　第一の限界は、**所得分配の公平性**である。1.3.1節では、財・サービスの売買にはお金による対価の支払いが必要なことを説明した。したがって、市場ではお金を持っていればいるほど、たくさんの財・サービスを買えることになる。お金持ちほどたくさんの財を買え、それだけ大きな物質的満足を得られるが、お金を持っていない人はあまり財が買えず、小さな物質的満足しか得られない。

　お金をたくさん持っているかどうかは、二つのことに依存する。一つは、高い**所得**を得ることである。高い給与を払う会社に就職できれば、またスポーツ選手としてあるいは事業家として成功すれば、高い所得を得られ、それを使って様々な財・サービスを手に入れられるから、それだけ大きな満足を得られる。所得とは、労働サービスを売却することから得られる対価だから、人によって所得が高かったり低かったりするのは、人によって**労働サービスの質**に高低があったり、労働サービスの対価の額が偶然に依存することを反映している。算数が苦手な人は、銀行や保険会社といった、数値計算などを主要な業務として、比較的高い給与を払う業界で仕事を得られないだろう。運動神経や体力がないと、スポーツ選手として成功せず、低い所得に甘んじなければならないかもしれない。また、就職に際して良い仕事が見つかるかどうか、事業で成

功するかどうかは偶然に依存するから、市場メカニズムは、得られる満足が偶然に左右されるという不公平な仕組みなのである。

　お金をたくさん持てるもう一つの理由は、土地や銀行預金といった**財産**をたくさん持っているかどうかである。財産を持てる理由の一つは、親から財産を相続することである。親が金持ちであればあるほど、お金をたくさん持って大きな満足を得ることができる。金持ちの親から生まれたかどうかは、**運不運**という偶然による結果であり、市場メカニズムはその意味でも、運不運によって得られる満足が変わるという不公平な仕組みなのである。

　このような意味で、市場メカニズムとは、財産や所得などの格差を反映した資源配分しかできないという限界を持っている。効率的な資源配分は実現できても、そこでの効率性は、物質的満足を金銭で評価した値でしかなく、財産や所得をたくさん持つ人ほど、同じ物質的満足に対してより高い金銭評価を行えるという事情を反映しているのである。

1.3.3　競争と独占力

　市場メカニズムが適切に機能するもう一つの理由は、同じような財・サービスでも、それを市場で提供し購入する企業や個人の間で、**競争**が存在するからである。例えば、シャツという財をとっても、シャツの売り手の間で競争があれば、買い手に自分のシャツを選んでもらえるよう、ライバルのシャツに比べて、より品質の高いシャツをより低い価格で提供しようとするインセンティブが生まれる。結果として、買い手側の満足も高まり、資源配分の効率性が高まることになる。

　しかし財・サービスによっては競争がない場合がある。例えば、わが国の電力の売り手は、事実上、地域ごとに一社に独占されていた。現在、競争導入を進めようという機運がようやく高まっているが、地域ごとの独占事業者の電力供給量が地域全体の供給量に占める割合（マーケット・シェアと呼ぶ）は、優に90％を超えている。このような売り手は、競争するライバルが存在しないために、必要以上に高い価格を付けたり、提供する財やサービスの品質を落としても、買い手に買ってもらえる。このような力のことを**独占力**と呼ぶ。

　独占力を持つ売り手がいる市場では、売り手の利益は大きいだろうが、その

分、価格が高くなり、モノやサービスの品質が悪くなり、買い手の満足は低下してしまう。結果として、その市場での資源配分は、競争がある場合に比べて、売り手の利益は増えるが、買い手の満足がそれ以上に減少するため、満足と利益の総和は最大にならない。言い換えれば、独占力を持つ売り手がいれば、その市場での資源配分は、非効率的になってしまうのである。

1.3.4　市場の失敗

　財・サービスの中には、対価を支払わなくても消費・利用できるものがある。例えば、富士山などの素晴らしい景観は、それを見ることで大きな満足を得ることができるが、景観に対する所有権は存在せず、そのために対価を支払う必要はない。このことを、景観には**市場が存在しない**という。有料道路ではない普通の道路も、対価なしに利用できるから市場が存在しない。

　ばい煙や騒音は公害であり、満足を減少させる。温暖化ガスも地球環境を破壊し、満足を減少させる。満足を減少させるのだから、ばい煙や騒音をまき散らし温暖化ガスを排出する行為には、応分の対価を支払わせるべきである。しかし、実際にそのようなことが要求されることはない。対価を支払わせる市場が存在しないからである。このことを、**市場の失敗**と呼ぶ。市場の失敗があれば、第7章で説明するように資源配分は非効率になってしまう。

　中古マンションの売買には**情報の非対称性**が存在するといわれる。中古マンションの売り手は、長年そのマンションに住んできた人であり、窓やドアが壊れているといった欠陥も、夜間は静かで安眠できる環境にあるといった長所もよくわかっている。他方、中古マンションの買い手は、1時間ぐらいそのマンションを見ただけでは、善し悪しが判らない。一言でいえば、中古マンションの品質にはばらつきがあるが、売り手はそのマンションの品質情報を持っていても、買い手はその情報を持っていない。これが、情報の非対称性である。

　本来、「品質の高いマンション」と「品質の低いマンション」は別の財と考えるべきである。そうであれば、品質の高いマンションは低いマンションに比べて、高い対価が支払われる（価格が高くなる）。しかし、品質情報を持たない買い手は、品質の善し悪しを判断できず、マンションの品質にかかわらず同じ価格を支払わざるを得ない。情報の非対称性のために、品質の善し悪しとは無

関係の「中古マンション全体の市場」はあっても、「品質の高いマンションだけの市場」は存在しなくなってしまうからである。ここでも、情報の非対称性のために「品質の高いマンション」という市場は存在しなくなり、市場の失敗が起こり、資源配分が非効率になる。

1.3.5 政府による市場の補完と混合経済システム

このように、市場メカニズムが実現する資源配分は、分配の公平性を実現できず人々の間に格差が残る。また、独占力の存在のために十分な競争を実現できない市場も多いし、市場が存在せずそもそも市場メカニズムが機能しない財やサービスも多数存在する。このような場合、市場メカニズムでは望ましい経済活動を実現できないから、市場以外の仕組みを使って市場の仕組みを**補完**することが必要不可欠である。

市場を補完する仕組みとして考えられるのが、政府による**公的制度**や**経済政策**である。詳しいことはいずれ説明するとして、そのような公的な仕組みとしては、お金持ちに対して相対的に重く課税することで格差を是正しようとする税制度、貧しい人や恵まれていない人を助けようとする社会保障制度、独占力や社会的不正によって競争がゆがめられるのを取り締まる競争政策、市場の代わりに安全規制や環境規制など、公的規制によって資源配分の効率性を高めようとする仕組みを挙げることができる。

その意味で、現代の経済活動は、市場メカニズムを中心としつつ、それを政府による税制や規制といった公的な仕組みによって、あるいは個別の問題に対しては競争政策や環境政策といった政府の政策によって補完するシステムに他ならない。このことを、市場と政府が一緒になって経済活動をコントロールする**混合経済システム**と呼んでいる。市場メカニズムの限界と、それを補完する政府による様々な制度的仕組みについては、第6章から第8章で立ち入って説明する。

1.4 マクロ経済学

1.4.1 経済循環と経済成長

ここまで述べてきたような問題を扱う経済学は、普通ミクロ経済学と呼ばれ

る。これに対して、経済学を代表するもう一つの分野が、第9章以降で説明するマクロ経済学である。ミクロ経済学が日常の平均的な経済活動に関心を集中させているとすれば、マクロ経済学は経済活動水準の変動に関心を集中させる。ヒトが朝起きて活動し夜は寝て休息をとるように、経済活動も拡張期に入って好景気に沸くときもあれば、停滞期に入って景気後退に陥ることもある。景気は好況、不況、好況、不況と循環するものであり、これを**景気循環**と呼ぶ。ヒトはまた、子供時代には成長し、高齢者になると衰弱する。同様に経済も、開発途上国を脱して**経済成長**を遂げることもあるし、成熟した経済は衰退することもある。前者の代表例が、1955年から1970年までのわが国の高度成長期であり、後者の代表例が、経済の停滞と不況におおわれた1991年からの20年間の日本経済、いわゆる「失われた20年」である。

不況期には、働きたくても働けない人（**失業者**）が多数生まれる。1998年から2012年頃までの日本がそうだったように、景気があまりにも悪くなると、物価が継続的に低下する**デフレ**（デフレーションの略）と言われる現象が起こる。原材料を仕入れてそれを使って完成品を作るのが生産企業だが、企業が原材料から完成品を作るのには時間がかかる。デフレの場合、高い価格で原材料を仕入れても、モノが完成したときにはそれを作り始めたときより低い価格でしか売れない。結果として、せっかくモノを作っても損失が出ることになり、企業活動は停滞し失業者が増加する。いったんデフレになると、それから脱出するのはなかなか難しい。

逆に好況期には、景気が良いため作ったモノがすぐ売れる。そのため品薄状態が続き、モノを必要とする人は他人より高い値段を払ってでも、それを手に入れようとする。結果としてモノの値段は上がり続ける。この状態を**インフレ**（インフレーションの略）と呼ぶ。デフレと違ってインフレになれば、原材料を安く仕入れても、生産が終わって完成品を売るときには高い価格がついている。結果として、生産者は多額の利益を得ることができる。したがって、好況でインフレになればなるほど、生産企業には多額の利益が出るから、多くの人を雇って生産設備を増やし、たくさんの製品を作ろうとするインセンティブが生まれることになる。

1.4.2 マクロ経済政策

とはいえ、好況期もふつう長続きすることはない。経済はどこかで息切れし、景気が後退して不況に陥ってしまう。不況になれば働きたい人も働けない失業が生まれるから、景気を刺激して雇用を増やすことで、失業者を減らすことが必要である。他方、ヒトが激しい運動をすればそれだけ疲れも激しいように、好況であればあるほど、その後の不況はより深刻になりやすい。したがって、このような景気循環をできるだけなだらかなものにすることが望ましい。しかし景気循環自体は経済の自律的な現象だから、それをなだらかなものにするためには、何らかの景気対策・経済政策が必要になる。その代表が、政府による**財政政策**と中央銀行（日本の場合は日本銀行）による**金融政策**である。これらの経済政策はどのような仕組みを通じて機能するのか、これらの経済政策をどううまく使えば景気循環をなだらかなものにできるのか、これがマクロ経済学の最大の課題である。

景気循環とともに、マクロ経済学が注目するのが経済成長である。景気循環は経済活動の水準が上下して変動することを指しているが、経済成長は経済活動の水準が継続的に上昇することを意味している。経済成長の中でももっとも重要なのは、開発途上国の国民の所得水準が継続的に上昇して、結果として人々の暮らしが物質的な意味で豊かになることである。このような最貧国から開発途上国へ、途上国から新興国へ、新興国から先進国へと経済が発展し、住居もスマホもない暮らしから、より良い衣食住に恵まれ、コンピュータも備えた暮らしへと、暮らしが豊かになることを**経済発展**と呼ぶ。

先進国の場合でも、経済成長は重要である。人々の満足は、必ずしも生活の絶対水準の高さだけから得られるものではない。最近の**行動経済学**の知見では、人々は**参照基準**を持っており、それとの対比で自分の満足を決定する。多くの場合、参照基準とは他人の所得や過去の所得であり、他人より高い所得を持っているほど満足は高まるし、過去の所得より高い所得を得られれば満足は高まる。所得水準が一定にとどまっていては、人々は参照基準通りの所得しか得られないから、得られる満足はわずかでしかない。経済成長が起こり、毎年より高い所得が得られることを通じて初めて、人々は満足を感じるのである。その意味で、経済成長は国民の主観的な満足を高めることに貢献するから、国

として経済成長を高めようとすることは自然なことである。一国の経済成長のために、政府がどんな経済政策をとるべきかを考えることもマクロ経済学の重要な課題である。

1.4.3 財・サービスの集計：GDPと物価

経済循環の本質を解明し、あるべき経済政策を検討するために、また経済発展や経済成長を考えるためには、一国全体の経済活動を考える必要がある。そうならば、ミクロ経済学のように、自動車やコーヒーといった個々の財・サービスを別々に考えるのでは不便である。そこでマクロ経済学では、個々の財・サービスをすべてひっくるめて（**集計して**、と言う）、経済ではあたかも単一の財（付加価値と呼ばれる概念だが、少し難しいので第9章で説明する）を作っているように考え、一国で生産されたその総額を**国内総生産**（**GDP**）と呼ぶ。その結果、経済循環とは、GDPが時間とともに増減する現象を指すことになり、経済成長とはGDPが時間とともに拡大してゆくことを指すことになる。

ところで自動車の生産額とは、生産台数に価格を乗じた額である。したがって、自動車の生産額が増えるといっても、それは自動車の生産台数が増えたからかもしれないし、生産台数は変わらないままに自動車の一台当たりの価格が上昇したからかもしれない。同じように、一国で生産された財・サービスの総額を表すGDPの場合にも、それが増えたとしても作られた財・サービスの総量が増えた場合もあるだろうし、総量は変わらないのに、財・サービスの価格が上がったために総額が増えた場合もあるだろう。これを区別するために、一国で作られた個々の財やサービスの価格を集計した**物価水準**という概念が使われる。貨幣額で測られたGDPは**名目GDP**と呼ばれており、その変化には生産量の変化も価格の変化も含まれる。名目GDPを物価水準で割った額は**実質GDP**と呼ばれており、名目GDPから価格の変化を取り除いた概念である。わかりやすく言えば、実質GDPとは、財・サービスを集計した一国が生産した総額から価格変動の側面を取り除くことで、あたかも個々の財・サービスをひっくるめた仮想的な財を考え、その量を測ったものだというわけである。

1.4.4 実質 GDP と失業

　財やサービスを生産して買い手に提供するには、正社員なりアルバイトなりの労働者が必要である。ただ、財やサービスに様々な種類があったように、労働者が就いている職種にも、工場労働者、営業職、エンジニア、弁護士、美容師など、様々な種類がある。逆に、同じ美容師を例にとっても、経験を積んで高い技能を持ったカリスマ美容師もいれば、専門学校を出たばかりで何の技能も持たない初心者まで、技能水準の異なる様々な人がいる。これらをいちいち分けて考えると分析が大変なので、様々な職種と技能をひっくるめて、マクロ経済学では労働者とその雇用数を集計して考える。したがって、雇用といった場合には様々な職種の様々な技能を持った人をひっくるめた、一国における雇用された労働者の総数である。

　こう考えれば、実質 GDP が増えるなら背後には雇用の増加があり、実質 GDP が減少するなら背後には雇用の減少があることがわかる。このとき、働きたい人がすべて雇用されている状態を**完全雇用**といい、完全雇用が実現したという仮想的な状況を考え、その場合に生産される実質 GDP を**完全雇用 GDP**（潜在 GDP）と呼ぶ。しかし実際に実現している実質 GDP は、完全雇用 GDP と一致する必然性はない。実際に実現している実質 GDP が完全雇用 GDP より少なければ、雇用される人は完全雇用より少ないから、働きたくとも働けない**失業**が発生する。逆に、実現している実質 GDP が完全雇用 GDP より多ければ、働きたい人をすべて雇用してもまだ生産量が不足するから、必ずしも働きたくない人を働かせたり、既存の社員に残業をさせたりする必要が生まれる。そのためには、より高い報酬を支払わなければならないから、生産費用が上昇し、生産物の価格が上昇する。生産物価格が上がってインフレになるのである。

　では、実現している実質 GDP はどのような仕組みで、どのように決まるのだろうか。そして、景気対策・経済政策としての財政政策や金融政策は、どのようなルートを通じて、どのように機能するのだろうか。これがマクロ経済学の究極の問題意識である。

第 2 章

経済全体の諸活動と市場の均衡

2.1 経済活動

2.1.1 経済全体の諸活動

　第 1 章では、日本の社会を例にとって、いかに多くの種類の財・サービスが生産され消費されているか、また、生産する企業の数がいかに膨大な数にのぼり、消費する個人や家計の数がいかに膨大な数にのぼるかを説明した。しかも現実の社会では、お弁当やお蕎麦、自動車やテレビ、あるいは家事サービスなど、膨大な数の財・サービスが様々な企業によって生産されているだけでなく、それぞれの財・サービスを生産するためには、おコメや鉄板、工作機械やロボット、電力や労働力など、様々な原材料や設備、資源が使われる。第 2 章ではまず、経済を全体として眺めることで、これら様々な財・サービスの生産・供給と消費・需要がどのように連関して動いているのかを考えてみたい。

　また第 1 章では、現代社会では、各財・サービスの生産や供給が分業によって実現されているため、人々は、自分が生産に関係したものと自分が本当に消費したいものを交換することが必要であることを説明した。資本主義社会における財・サービスの交換は、財・サービス同士を直接交換するのではなく、自分の持っている財・サービス（例えば、労働サービスや土地などの資源）をいったん貨幣と交換し、その貨幣を使って自分が本当に消費したい財・サービスを獲得するという、間接的な交換の形をとる。この間接的交換の場とは、自分の持っている財・サービスを貨幣と交換しようとする**売り手**と、自分の持っている貨幣を自分の欲しい財・サービスと交換しようとする**買い手**が出会って、その

図 2-1 社会における経済活動の概略

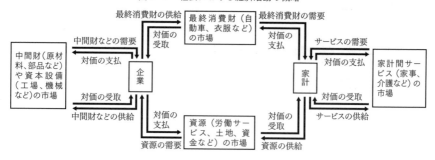

財・サービスを**売買**する場である。この場のことを**市場**と呼ぶ。

まず、これらの財・サービスの市場はどのように動いているのか、売り手と買い手はそれらの様々な財・サービスの市場とどんな関係を持っているのかを、**図 2-1**を使って考えてみよう。

2.1.2　企業と家計：最終生産物と中間生産物

一国の経済で経済主体としてもっとも重要なのは、生産活動を担う**企業**（主に株式会社などの会社組織）と消費活動を行う**家計**（個人や家庭）である。農家や自営業者は、生産活動を営むとともに消費活動をも同時に行っているが、便宜上、これらの主体も、生産活動を営む部門と消費活動を営む部門に分けて考えることにする。図 2-1 の中央の左右に描かれているのが、企業と家計である。

自動車会社が作る自動車やアパレル・メーカーが作る衣服、あるいはコンビニで売られるおにぎりや美容院が提供する美容サービスなどは、企業が生産した財・サービスを消費者である家計が消費する。このような、家計が消費する財・サービスのことを**最終消費財**と呼ぶ。それぞれの最終消費財には市場があり、企業が売り手であり、家計が買い手である。企業はそれぞれの最終消費財を販売してその対価を受け取り、家計はそれを購入して対価を支払う。つまり、最終消費財とは、企業が売り手で家計が買い手になるような財・サービスのことである。最終消費財を販売した企業が受け取る対価は、その企業の**収入**になり、購入した家計が支払う対価は、その家計の**支出**になる。図 2-1 の中央上部に描かれているのが、最終消費財の市場である。

さて、企業が自動車や衣服などの最終消費財を作るためには、原材料や電力などが必要である。自動車を作るためには鉄板などの原材料や、ヘッドライトやタイヤなどの部品が必要である。衣服を作るためにも、布地やボタンなどの原材料・部品が必要である。これらの鉄板や布地といった原材料や、ヘッドライトやボタンなどの部品は、最終消費財を作るまでの製造段階のどこかで必要となるが、最終的には最終消費財の内部に取り込まれ、結果として後に残らない財である。別の言い方をすれば、原材料や部品は、ある企業の生産する製品であるが、それは別の企業に販売され、その企業で自動車や衣服といった最終消費財という製品に姿を変えられ、最終的にはそれ独自の姿を残さない。その意味で、これらの財を**中間財**あるいは**中間生産物**と呼ぶ。中間生産物の中には、中間生産物自体を作るための原材料や部品も含まれる。ヘッドライトを作るためのガラスや、タイヤを作るためのゴムなどがその例である。

また、自動車を作るためには、工場設備や製造設備、あるいは組み立てロボットが必要だし、布地から衣服を作るためにも裁断機やミシンなど様々な機械設備が必要である。これらはすべて、最終消費財や部品などの生産のために必要であるが、生産をした後も、次の生産でも再び使われるという意味で、それが別の製品に姿を変える製品という形で定義される中間生産物とは異なっている。このような機械設備や工場設備をまとめて、**資本設備**あるいは単に**資本**と呼び、企業が設備を購入することを**設備投資**と呼んでいる。また、企業が作り出す製品のうち、中間生産物を除いた製品として定義される、最終消費財と資本設備をまとめて、**最終生産物**と呼ぶ。最終消費財や資本設備は、中間生産物と異なって、それ以上、別の財に形を変えることはないからである。

中間生産物や資本設備の場合、購入する買い手も企業だが、販売する売り手も企業である。これらの企業同士が、中間生産物や資本設備を販売することで対価を受け取り、対価を支払ってそれらを購入しているわけである。中間生産物や資本設備を販売した企業が受け取る対価はその企業の**収入**になり、購入した企業の支払う対価はその企業の**費用**として計上される。図2-1の左側に描かれているのが、中間生産物や資本設備の市場である。

2.1.3　企業と利益最大化

　企業が最終消費財や中間生産物、あるいは資本設備を生産するためには、労働力や資金、土地などの様々な**資源**も必要である。これらの資源を提供しているのは、家計である。労働力を家計が企業に提供すれば、対価として支払われるのは賃金や月給、ボーナスなどであり、それは家計の**所得**になる一方、従業員を労働者として雇った企業にとっては、費用の一部になる。家計が所有している土地を企業が借りれば、その対価として企業は家計に**地代**を支払う。地代の支払いは企業の費用になり、地代の受取は家計の所得になる。

　資金という資源はどうだろうか。企業の多くは**株式会社**であり、株主が株式を購入する代わりに、その対価として資金を会社に提供することで設立される。したがって、少なくとも法律上、株式会社の所有者は株主であり、株式を所有している家計である。家計は株式会社に出資することで株式を受け取り、その対価として**配当**を受け取る。配当の受取も家計の所得になる。図2-1の下部には、これら資源の市場が描かれている。

　ところで、配当はどんな意味を持っているのだろうか。企業は、労働力や資金などの資源や、原材料や機械設備という中間生産物や設備を使って、自社の製品、つまり、自動車などの最終消費財またはガラスなどの中間生産物を生産する。自社が生産したものを販売した対価である収入から、家計や他企業から購入した資源や中間生産物への対価である費用を差し引いた額が、**利益**であり、それが配当として企業の所有者である株主に支払われる。このため、所有者としての株主に支払う配当をできるだけ大きくしようと、企業はできるだけ多くの利益を上げること、つまり**利益最大化**を目標に生産活動を行う。すなわち、企業は様々な資源や中間生産物・設備を使って、様々な最終生産物や中間生産物を生産することで、ある額の費用を費やして、ある額の収入を獲得し、その差額を利益として獲得する。企業にとっての問題は、どの資源や中間生産物をどれだけ購入し、結果としてどの最終生産物や中間生産物をどれだけ生産するかを決めることで、得られる利益を最大化することにある。

　なお、企業は銀行などから資金を借り入れることでも、資金という資源を手に入れる。しかし銀行が企業に貸し付ける資金を手に入れられるのは、実は家計が銀行預金をすることで、銀行に資金を貸し付けるからである。逆に、企業

は、銀行からの借り入れに対して資金を返済するのに加えて、**利子**を支払うが、銀行はその返済金と利子収入を使って、預金者の払い戻し請求にこたえるとともに、預金利子を預金者に支払っている。つまり、銀行は、家計が企業に資金を貸し付ける作業を間接的に仲介しているにすぎない。この意味で、銀行などの金融機関は、しばしば**金融仲介機関**と呼ばれる。また、家計が預金などを通じて行う資金提供は、企業に貸し付けられるが、その対価として家計は利子収入を獲得することになる。

2.1.4 家計と満足最大化

家計は、労働サービスや土地などの資源を企業に売却することで対価を得るが、その額を所得と呼ぶ。家計はそのほかに、他の家計に労働サービスを提供することもある。家政婦などの家事サービスや、訪問介護などの介護サービスがその典型である。これらの家計間サービスの提供によって得られた収入も、家計の所得の一部になる。他方、これらの家計間サービスを購入した人は、そのための対価を支払うが、それは家計の支出の一部になる。これらの市場が、図2-1の右側に描かれている。しかし家計の支出の大部分を占めるのは、最終消費財の購入に支払われる対価である。

つまり、家計は労働力や土地などを企業に提供し、間接金融機関を通じた資金を企業に提供することで、賃金、サラリー、ボーナス、地代、利子などの対価を獲得する。また、株式の所有を通じて、企業の利益を配当などの形で対価として獲得する。さらに、家事や介護などの家計間サービスを他の家計に提供することで、対価を獲得する。これらの総額を以下、家計の**総所得**と呼ぼう。

他方、家計はこのような形で獲得した所得を使って、様々な最終消費財や家事や介護などの家計間サービスを購入しようとする。そのためには、対価を支払う必要があり、それらを家計の**総支出**と呼ぶ。家計は、総支出が得られた総所得の範囲内におさまることを前提として（これを**予算制約**と呼ぶ）、様々な最終消費財や家計間サービスの、どれをどれだけ購入するかを、自分の満足を最大にするように選択する。家計がこのようにして得られる満足のことを**効用**と呼ぶから、家計が直面する問題は、しばしば「予算制約の中で効用を最大化する」ことだ、と言われる。

2.1.5 経済全体の活動と各財・サービスの市場

このように、経済全体には、様々な最終消費財、中間生産物、資源、家計間サービスといった膨大な数の財・サービスが存在する。これらのそれぞれについて、それを取引する市場が存在し、それぞれについて価格がついている。また、それらの購入・販売に関係する家計や企業の数も、日本国内を考えただけでも数百万から数千万に及ぶから、それだけの数の買い手と売り手が存在することになる。特定の財・サービスの市場に直面する個々の買い手や売り手は、他の財・サービスの買い手だったり売り手だったりするから、これらの膨大な数の財・サービスの市場の間には、きわめて密接な関係が存在する。

本章では、その中でも「おにぎり」という特定の財・サービスの市場だけを取り上げて、その市場における**均衡**を考えてみる。あらかじめ簡単に均衡という概念を説明しておくと、市場における買い手が全体として買いたいと考えるおにぎりの量（**需要量**）が、市場における売り手が全体として売りたいと考えるおにぎりの量（**供給量**）と一致している状態のことである。しかし、経済全体で考えてみれば、均衡とはこれら膨大な数の財・サービスの市場が同時に均衡し、それぞれの市場で需要と供給が一致していることに他ならない。このように、経済に存在するすべての財・サービスの市場が同時に均衡している状態を、個々の財・サービスの市場だけが均衡している状態を指す**部分均衡**と区別して、**一般均衡**と呼ぶ。

第1章で述べた経済活動のコーディネーションとは、分権的で私益を追求する市場メカニズムにおいても、ある財・市場で起きた変化が、関連する財・市場の均衡状態を変化させることで、経済全体の資源配分のあり方を自動的に調整し、結果として望ましい変化を経済全体に引き起こすことを意味している。次の第3章でその具体的な仕組みを説明することにして、本章の残りの部分では、おにぎりという一つの財だけを取り出して、その市場の均衡（部分均衡）を考えてみることにしよう。

2.2 需要曲線と供給曲線

2.2.1 一物一価の法則

第1章では、モノやサービスの生産や消費を考えた。経済学では、モノのこ

とを財と呼び、モノやサービス一般を**財・サービス**と呼ぶ。さてある財、例えばおにぎりという財を取り上げて、その市場を考えてみよう。おにぎりの市場とは、おにぎりが**売買されている場**のことだから、スーパーマーケットやコンビニがそれに当たる。コンビニではおにぎり一個が、例えば150円といった額で売買される。これをおにぎりの**価格**という。

　さて、隣り合ったコンビニ同士の間には**競争**があるから、おにぎりの価格はほぼ同一になる。少し詳しくそのプロセスを述べてみよう。例えば、コンビニAのおにぎりの価格が150円で、隣のコンビニBのおにぎりの価格が200円なら、消費者たちはコンビニBのおにぎりは購入しないだろう。なぜなら、近隣のコンビニがお互いに激しく競争しあう場合、各コンビニはチラシや看板を使って、消費者に自分のおにぎり価格を知らせようとするだろう。消費者には、コンビニBのおにぎりは200円もするのに、コンビニAのおにぎりは150円で買えるという情報が行き渡ることになる。このことを消費者の間で価格という**情報が完全**であるという。情報が完全な場合、結果として、ライバルより高い価格をつけたコンビニのおにぎりは売れなくなるから、コンビニBもおにぎり価格を値下げすることになり、おにぎりの価格は例えば150円という単一の価格に収束する。

　もちろん、ツナマヨのおにぎりと梅干のおにぎりでは価格が異なるだろう。また、東京と沖縄というように、場所が異なれば異なる価格がつくこともある。ただ、ツナマヨと梅干は全く別のおにぎりであるように、東京のおにぎりと沖縄のおにぎりは別のモノだと考えるべきである。東京に住む人なら東京のおにぎりは交通費をかけずに買えるが、沖縄のおにぎりは数万円の往復運賃をかけなければ買えないからである。別のモノなら別々の価格がつくのに不思議はない。このことを、ツナマヨのおにぎりと梅干のおにぎりは**異質な**財であるという。これに対して、新宿駅前のツナマヨのおにぎりといった、どのコンビニで買っても財から受け取る満足に差がない財を、**同質財**と呼ぶ。しかし、例えば新宿駅前という近隣同士の売り手の間に激しい競争があり、情報が完全で消費者が各売り手のおにぎり価格の情報を熟知していれば、「新宿駅前で買えるツナマヨのおにぎり」という同質財の価格は均一になる。このことを**一物一価の法則**という。一つの財には一つの価格しかつかない、というわけである。

2.2.2 完全競争と価格所与

おにぎりのような財の場合、各コンビニやスーパーは同質的なおにぎりの販売を巡ってお互いが激しく競争しあっている。自動車という財の場合、トヨタとベンツの作る車は、名前もデザインも異なる。また、トヨタの販売台数は国内の自動車販売台数の40％程度を占めている。この値をトヨタ車の**マーケット・シェア**という。その意味で、自動車メーカー同士の競争は限られているが、これに対しておにぎりの場合には、ほんのわずかのマーケット・シェアしか持たない一軒一軒のコンビニ店舗やスーパーの店舗が、同質的な財を巡って熾烈な競争を繰り広げている。このような市場を、**完全競争**の市場という。

完全競争の市場では、個々の売り手は自らのマーケット・シェアも小さいし、お互いに激烈な価格競争を行っているので、市場全体でついている価格を少しでも超える価格で自らの商品を売ろうとすれば、誰も買ってくれない。したがって、完全競争に直面している売り手は、市場でついている価格を与えられたものとして行動するしかない。このことを、完全競争下の売り手は**価格を所与**として行動するという。以下、本書では特に断らない限り、市場は完全競争という状況下にあり、個々の売り手（や買い手）は、価格を所与として行動すると考えて、説明を行う。

2.2.3 おにぎりの需要とその決定要因

さて以下では、情報が完全で完全競争下にある、新宿駅前という地域における同質的なおにぎりの市場を考えてみよう。この地域でついているおにぎりの価格が一つ当たり150円の場合、この地域全体でのおにぎりに対する買い手（消費者）全体の購入希望量（これを**総需要**という）が、例えば一日当たり200万個といった具合に決まるだろう。この200万個という需要の総量は、数百万人に及ぶ個々の消費者のおにぎりに対する（個人）需要を足し合わせたものである。数千万人のうち、ある人はおにぎりを二つ買おうとするだろうが、別の人はおにぎりには見向きもしないかもしれない。さらに別の人には朝昼晩と二つずつ、計六つの需要があるかもしれない。

どうしてこのような違いが生まれるのだろうか。第一の理由は、人それぞれの**好み**である。ある人はおにぎりが死ぬほど好きかもしれないが、別の人はお

にぎりには全く興味がないかもしれない。前者の人はおにぎりから受け取る満足がとても大きいから、一日6個の需要があるかもしれない。後者の人はおにぎりを食べても何の満足も得られないから、おにぎりに対する需要はゼロだろう。このように、ある財・サービスに対する需要を決定する第一の要因は、好みである。このことを、人々の好みとおにぎり需要の間には関係があり、人々の好みはおにぎり**需要の決定要因の一つ**だという。

ただし、好みは人によって異なるから、ある人の好みが決めるのはおにぎりに対するその人の（個人としての）需要であり、おにぎりに対する市場全体の総需要ではない。市場全体の総需要とは、各個人の需要の総和だから、様々な人の好みが様々な形で影響し合い、人々の好みが総需要にどう影響するのかは必ずしも明らかではない。おにぎり需要の決定要因は、第3章で説明するように、好みだけでなく他にもたくさんあり、それらの要因の方が市場での総需要に対してより明確な影響を与える。それらの中で一番重要な決定要因が、おにぎりの価格である。2.2.4節では、おにぎりの価格とおにぎりの総需要との関係を考えてみよう。

2.2.4　おにぎりの需要曲線

いま、新宿駅前のおにぎり価格が150円に決まったとしよう。この時、おにぎりに対する個々の消費者の需要が決まり、それらを合計することで、消費者が全体でおにぎりを何個買いたいかが決まる。この数量が、価格が150円の時のおにぎりに対する総需要である。例えば、一日平均で、総需要は200万個になる、といった具合である。

ところでおにぎりに対する総需要は、おにぎりの価格が変われば変わってくる。おにぎりの需要を決める決定要因の一つが、おにぎりの価格だというわけである。例えばおにぎりの価格が100円になれば、価格が低下するからおにぎりの魅力は増し、結果としておにぎりの需要は増えるから、例えば一日平均で300万個に増加するだろう。逆におにぎり価格が200円になれば、価格の上昇に応じておにぎりの魅力は減退し、結果としておにぎりの需要は減り、例えばその需要は一日平均で100万個に低下するだろう。

つまり、おにぎり価格とおにぎり需要の間には、おにぎりの価格が下がれば

図 2-2　需要曲線

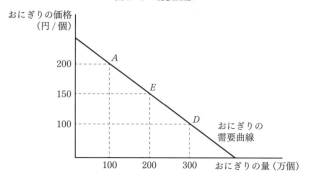

おにぎりの需要が増え、おにぎりの価格が上がればおにぎりの需要が減るという関係（これを、**需要関数**と呼ぶ）がある。この関係をグラフの形で図示したのが、**図 2-2** に示した**需要曲線** AED である。図 2-2 では、縦軸におにぎりが一個当たり何円かというおにぎりの価格を、横軸に一日当たり何万個かというおにぎりの需要量をとっている。おにぎりの価格が一個当たり100円、150円、200円と上昇するにつれ、総需要が300万個、200万個、100万個と次第に減少する。

ここで重要なのは、この関係（需要関数）において、与えられている（**説明変数**と呼ぶ）のはおにぎりの価格であり、それによって決まる（**被説明変数**と呼ぶ）のはおにぎりの総需要だという点である。なぜなら、消費者たちにとって、売り手のスーパーやコンビニがお互いの激しい競争でついた、一物一価のおにぎり価格は与えられたものであり、動かすことができないものだからである。他方、おにぎりの総需要量は、各消費者の個人個人のおにぎり需要の総和である。ここで、消費者各個人のおにぎりの需要は個々の消費者が、与えられたおにぎり価格の下で自分の意思決定として決めるものであり、個々の消費者が自由に選択できるものなのである。このように、おにぎりの価格のような説明変数が与えられたとき、おにぎりの総需要のような被説明変数が決まる、という関係を一般的に**関数**と呼ぶ。

図2-3　供給曲線

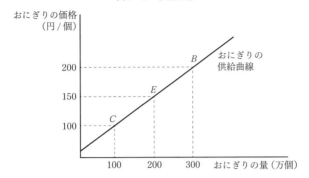

2.2.5　おにぎりの供給曲線

　おにぎりの総需要量がおにぎりの価格に依存していたように、おにぎりの総供給量もおにぎりの価格に依存する。例えば、与えられたおにぎりの価格が100円ならば、スーパーとしてはその価格では安くて儲からないので、おにぎりの供給を抑えるだろう。結果として総供給量（各スーパーやコンビニが供給するおにぎりの総量）は、例えば一日当たり100万個にしかならないだろう。しかし価格が150円に上昇すれば、おにぎりの販売が儲かるようになるから総供給量が増え、一日当たり200万個になるだろう。価格が200円になれば、もっと儲かるから総供給量はさらに増え、300万個になるだろう。価格と総供給の関係（これを、**供給関数**と呼ぶ）をグラフとして表したものが**供給曲線**であり、上記の数値例の場合の供給曲線が、**図2-3**に直線 CEB として示されている。

2.3　市場の力と市場均衡

2.3.1　市場の力と価格調整

　さて、2.2節で説明したようなおにぎりの需要曲線と供給曲線が与えられると、おにぎりの市場の状態は**図2-4**のように表すことができる。このとき、市場で決まるおにぎりの価格が一個当たり200円だとするとどんなことが起こるだろうか。

　おにぎりの価格が200円なら、おにぎりに対する総供給（B点）は300万個なのに、総需要（A点）は100万個にすぎない。スーパーやコンビニに総計300万

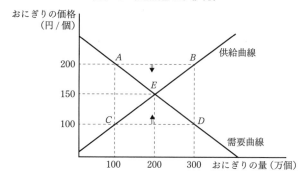

図2-4　価格調整と市場均衡

個（B点）のおにぎりが並んでいるのに、売れるのは100万個（A点）にすぎないというわけである。このことを、その差の200万個だけ需要を供給が超過するという意味で、200万個の**超過供給**が存在するという。当然、商品棚には売れ残りが多数並び、売り手全体では総計200万個の売れ残りが生まれることになる。

　この場合スーパーでは、値下げをして売れ残りを処分しようという**誘因（インセンティブ）**が生まれる。200円という価格を190円、180円と引き下げていくだろうというわけである。このように、超過供給があると、価格には下落圧力が生まれ、図2-4の下向きの矢印に示されているように、価格が次第に下方に調整されていくことになる。これを**市場の力**と呼ぶ。

　同様のことは、価格が100円という低い価格で、需要が300万個（D点）と供給の100万個（C点）を上回るときにも生じる。この場合、供給を需要が200万個上回るという意味で、200万個分の**超過需要**が存在するという。超過需要が存在すれば、需要が供給を上回るから、買いたくても買えない消費者が多数発生する。彼らは、他の人たちと競争してでも、我先におにぎりを手に入れようと、列をなしておにぎりを手に入れようとする。そんな長蛇の列とすぐ空になる商品棚を目にして、スーパーやコンビニは、100円という定価を値上げしようと考えるだろう。つまり超過需要があれば、より高い価格を支払ってでも手に入れようとする消費者たちによって、価格には上昇圧力が生まれる。超過需要のために、価格は図2-4の上向きの矢印に示されているように、次第に上

方に調整されていくという市場の力が働くのである。

2.3.2 市場均衡

　市場の力によって、超過供給が存在する限り価格は下落し続け、超過需要が存在する限り価格は上昇し続ける。そのような価格の変化が起こらなくなるのは、超過供給も超過需要もない市場価格に到達したときに限られる。そのような超過需要も超過供給もない市場価格は、図2-4の場合に、おにぎりが一個当たり150円になった時であり、この時、需要も供給も一日当たり200万個になって需要と供給が一致する。このような状況（需要曲線と供給曲線の交点、図2-4でいえばE点が実現する状況）を**市場均衡**と呼ぶ。需要曲線と供給曲線が交わる点が市場均衡であり、そこでは**総需要と総供給が一致**し、市場均衡が実現すれば価格はそれ以上変化しない、安定的な状態に落ち着くのである。

　おにぎりだけでなく、サンドウィッチやボールペンなど、それぞれの財・サービスには市場があり、需要曲線と供給曲線でその市場を表すことができる。それぞれの市場には市場の力が働き、超過需要があればその財・サービスの価格が上昇し、超過供給があれば価格が下落する。その結果、それぞれの市場では需要曲線と供給曲線が交わる点で、総需要に見合う総供給が提供され、総供給に見合う総需要が出現するという、市場均衡が実現する。

　結果として市場均衡では、その財・サービスを需要する人々には、ちょうどそれに見合う量だけの供給が行われ、供給する人々には、ちょうどそれに見合う量だけの需要が生まれる。誰が操っているわけでもないのに、それぞれの財・サービスの市場で、その財・サービスを欲しい人々にはそれにちょうど見合うだけの財・サービスが提供され、その財・サービスを提供する人々には、ちょうどそれに見合うだけの需要が出現するのである。人々がバラバラに分権的に行動し、自分の個人的な利益を追求する自由な市場経済の下でこのようなことが起こることは、ある種の奇跡である。それをもたらすものこそ、市場の力とそれがもたらす自動的な**価格調整**の仕組みなのである。

2.3.3　中間生産物市場と資源の市場

　さて、本章の2.2節と2.3節では、おにぎりという最終生産物の市場を例にと

って、市場の力を使った価格調整によって、市場均衡が実現することを説明した。おにぎりが最終生産物であるため、この市場における買い手である需要者は、おにぎりを消費する家計であり、売り手である供給者は、おにぎりを生産・供給する企業であることを想定して説明を行った。本書の残りの部分でも、しばしば財・サービスの買い手は家計であり、売り手は企業であるという説明を行う。

しかし2.1節で説明したように、市場で取引される財・サービスは、最終消費財にとどまらない。自動車部品や機械などの中間生産物や、工場用地や労働サービスなどの資源の場合にも、市場は存在し、市場の力を使った価格調整によって、総需要と総供給が一致する市場均衡が自動的に実現する。おにぎりなどの最終生産物市場との違いは、売り手と買い手が誰なのかという違いだけである。中間生産物市場の場合には、売り手も買い手も企業であり、その財・サービスを需要している買い手も供給している売り手も、企業に他ならない。資源の市場の場合には、需要する買い手は企業であり、供給する売り手は家計である。このことは、特に資源の一つである労働サービスの市場の場合に重要である。

本書の後半のマクロ経済学の第14章の説明では、財・サービスを集計して、家計がその買い手で企業がその売り手であると考える一方、熟練労働や未熟練労働、あるいは肉体労働と知的労働など、様々な労働サービスを集計した労働サービスの市場を考えるが、それを需要する買い手は企業であり、供給する売り手は家計であることを忘れてはならない。

第3章

需要・供給曲線のシフトと市場間のコーディネーション

3.1 需要曲線のシフト

　第2章では、おにぎりという一つの財・サービスの市場を取り出し、価格調整という「市場の力」を通じて、ちょうど需要に見合った供給と、ちょうど供給に見合った需要が生まれることを説明した。しかし分権的で私益を追求する市場メカニズムには、さらに驚くべき機能が備わっている。それが、第1章と第2章の冒頭で述べた経済活動のコーディネーションである。経済活動のコーディネーションとは、ある財・サービスの市場で起きた変化が、関連する財・サービスの市場の均衡状態と均衡価格を変化させることで、経済全体の資源配分のあり方を自動的に調整し、結果として望ましい変化を経済全体に引き起こすことを意味していた。本章では、その具体的な仕組みを説明することにして、まず、そのための準備作業として**需要曲線と供給曲線のシフト**という概念を説明することにしよう。

3.1.1 需要の決定要因と需要曲線のシフト

　第2章の2.2節では、市場の総需要の決定要因の一つは、その財・サービスの価格だと述べた。しかし、総需要の量を決定するのは、その財・サービスの価格だけではない。おにぎりの価格はおにぎりの需要の一つの決定要因でしかなく、その他にも様々な決定要因がある。その財・サービスの需要曲線が右下がりの曲線として描けるのは、その財・サービスの価格以外の、他のすべての需要の決定要因は一定だと仮定しているからである。

例えば、第2章の2.2節で説明したように、おにぎりに対するその人の好みは、その人のおにぎりの需要を決定する。ただし、ふつう人々の好みは様々だから、社会全体で好みがある方向に変化しないと、総需要が一定方向に変化するということはない。例えば、戦前の朝食はおコメのご飯がほとんどだったが、最近はパンで済ます人が増えてきたように、時代の変化とともに人々の好みが一定方向に変化することがある。この場合、時代とともにコメの総需要が減少し、パンの総需要が増加するわけである。また、フリースが流行しだすと人々がいっせいにフリースを購入しようとし、フリースの総需要が増えるというように、ある種の財の総需要は流行によって増減する。

このような、時代の変化や流行による社会全体の好みの一定方向への変化は、その財・サービスの価格とは異なる、その財・サービスの総需要の第二の決定要因である。その財の総需要という被説明変数に対して、その財の価格だけでなく、社会全体のその財への好みも説明変数だということになる。では、社会全体のその財への好みのあり方が変化したとき、その財の総需要と価格との関係をグラフとして表していた需要曲線は、どんな影響を受けるのだろうか。

例えば、フリースが流行しはじめると、多くの若者が以前よりフリースを多く買おうとするから、フリースの総需要は増えるだろう。このフリースの需要増は、フリースの価格を一定としておいても同じことである。例えば、フリースが流行する前の需要曲線が、**図3-1**のAEDで表されていたとしよう。さてフリースが流行するようになり、流行前に比べて、価格のいかんを問わず、20万枚だけ多く売れるようになったとしよう。例えば、価格が一枚当たり1千円の場合、流行前は20万枚の需要があったのに、流行後には需要が40万枚に増加した、というように……。この場合、流行後の需要曲線は図3-1のFGHで表される直線に変化する。このことを、フリースの流行によってフリースの需要曲線が、AEDからFGHに（右方向に）**シフトする**という。

図3-1における需要のシフトでは、流行によって価格とは無関係に20万枚の需要増が生まれたため、流行前と流行後の需要曲線が平行であるが、需要のシフトが平行移動であるとは限らない。需要増が価格に依存していれば、需要のシフトは需要曲線を並行ではない形で移動させることになる。

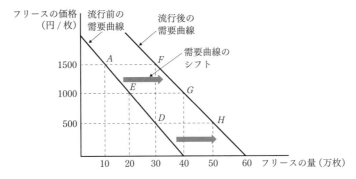

図3−1　需要曲線のシフト

なお、人々の好みは、天候などによっても変化する。猛暑になればエアコンやビールが欲しいと思う人が増えるから、エアコンやビールの総需要が増えるのが、需要曲線が右方にシフトする一例である。

3.1.2　所得水準の変化と需要曲線のシフト

　財・サービスの総需要を左右するいま一つの決定要因は、人々の**所得水準**である。いま、一日当たり1個150円のおにぎりを2個食べている大翔（ひろと）君を考えてみよう。彼の一日当たりの所得が5千円だったとすると、大翔君はおにぎりに対して毎日総額300円の支出をしており、そのほかの食費や衣類、住居費などに4,700円を支出しているわけである。さておにぎりの価格は150円のままで、大翔君の所得が一日当たり5千円から6千円に上昇したとしよう。大翔君は増えた所得千円分を何に使ってもよいわけだから、その一部を使って昼飯のおにぎりを2個から3個に増やすかもしれない。逆に、一日当たりの所得が5千円から4,500円に減れば、大翔君は食費を減らすために、昼飯をおにぎり2個の代わりに1個で済まそうとするかもしれない。このように通常、ある財の需要は、所得が増えれば増加し、所得が減れば減少する。その意味で、所得は需要の決定要因である。

　ただし人の好みと同じく、人によって所得は増える人もいれば減る人もいる。総需要に影響を与えるのは、社会全体の所得水準の変動である。例えば、景気が良くなって人々の所得水準が一様に上昇し、経済成長で人々の所得が上

昇すれば、ほとんどすべての人のおにぎり需要も増加するから、市場の総需要も増加するだろう。その意味で、社会全体の所得水準は、市場の総需要の決定要因である。なお、おにぎりの場合、所得の増大とともにおにぎりの消費量が増える。このように、所得の増大とともに消費量が増えるという性質を持つ財・サービスを、**正常財**と呼ぶ。ある財・サービスが正常財であれば、好景気や経済成長で人々の所得が増加すれば、その財の総需要は同一の価格の下でも増加する。需要曲線が右方向にシフトするわけである。

　もっとも、所得が増えれば需要が増加するとは限らない。例えば自宅に住んで両親からお小遣いを貰っている愛莉（あいり）さんの場合を考えてみよう。ひと月のお小遣いが2万円なら、愛莉さんも昼食は一日当たり2個のおにぎりで我慢するかもしれない。でもお小遣いの額が5万円に増えれば、毎日おにぎりを食べる代わりに、時々こじゃれたレストランでランチをとるようになるだろう。このことを、おにぎりがレストランのランチによって**代替**されたという。結果としておにぎりを食べる日は減って、愛莉さんのおにぎり消費量は、所得（お小遣い）の増加とともに減少することになる。このように、人の立場や所得水準、あるいは財・サービスの性質によっては、所得が増えるとかえって需要が減ることがある。このような性質（所得の増加とともに、より高級な財・サービスによって代替されるという性質）を持つ財・サービスを、**下級財**と呼ぶ。おにぎりも、人々の所得水準が十分に高くなれば、下級財になると考えられる。下級財の場合、社会における人々の所得が増加すれば、需要曲線は左方向にシフトする。

3.1.3　関連財の価格の変化と需要曲線のシフト

　総需要の決定要因として良く知られた最後のものは、**関連財**の価格である。例えば紅茶に対する総需要を考えてみよう。紅茶はおやつの時にお菓子とともに消費されるが、人によっては紅茶の代わりにコーヒーでおやつを済ませる。このことを、紅茶の代わりにおやつの飲み物をコーヒーで**代替する**といい、コーヒーを紅茶の**代替財**と呼ぶ。おやつを食べる人の多くは、飲み物を紅茶にするかコーヒーにするかは、紅茶とコーヒーの価格を見比べながら決定するだろう。その意味で、コーヒーの価格は紅茶の総需要の決定要因である。

例えば、紅茶の価格は変わらないのに、紅茶の代替財であるコーヒーの価格が上昇したとしよう。このとき、今までおやつにコーヒーを飲んでいた人の一部は、高くなったコーヒーを飲むことを止め、代わりに紅茶を飲もうとするだろう。結果として、紅茶に対する総需要は増加する。同一の紅茶価格の下でも紅茶への総需要が増加するのだから、紅茶に対する需要曲線は右方向にシフトする。逆に、コーヒーの価格が下落すれば、紅茶の価格が変わらなくても、今まで紅茶を飲んでいた人の一部は、おやつの飲み物をコーヒーに代えることになる。結果として、紅茶の総需要は減少し、紅茶の需要曲線は左方向にシフトする。つまり、ある財の代替財の価格が上昇すれば、代替財の需要が元の財の需要に振り替えられて、その財の需要曲線が右方向にシフトする。逆に、代替財の価格が下落すれば、元の財の需要曲線は左方向にシフトするのである。

　いま一つの関連財は**補完財**である。例えば、レモンティーが好きな人は、紅茶を飲むときには必ずレモンと一緒に飲む。このことを、紅茶とレモンが補完財であるという。さて、紅茶の価格は一定で、補完財であるレモンの価格が上昇するとどうなるだろうか。レモンティーを飲む人にとっては、紅茶とレモンを合わせた価格が高くなるから、結果としてレモンティーをやめ、コーヒーに変更する人が出てくるだろう。そのため、紅茶の総需要自体が減少するだろう。このように、レモンという補完財の価格が上昇すれば、紅茶の総需要も減少し、紅茶の需要曲線は左方向にシフトする。逆にレモンという補完財の価格が下落すれば、レモンティーにかかる費用が下落するから、コーヒーから紅茶に振り替える人のために紅茶の総需要が増え、紅茶の需要曲線は右方向にシフトするのである。

3.2　供給曲線のシフト

3.2.1　供給の決定要因と供給曲線のシフト

　ある財・サービスの総供給の決定要因としては、もちろんその財・サービスの価格がまず挙げられるが、それ以外にも様々な要素が決定要因になる。ある財・サービスの供給曲線が、その財・サービスの価格について右上がりの曲線として描かれるのは、需要曲線と同様、その財・サービスの価格以外の供給の決定要因が与えられていて、変化しない場合を取り上げているからである。し

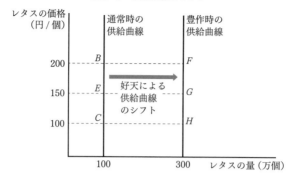

図3-2 供給曲線のシフト

たがって、その財・サービス以外の供給の決定要因が変化したとき、供給曲線もシフトすることになる。

　その財・サービスの価格以外の供給の第一の決定要因は、天候や自然災害などである。例えば、台風が来たり、冷夏が襲うと、コメや野菜などが不作になる。結果としてコメや野菜の総供給は、価格が変わらなくても減少する。言い換えれば、コメや野菜の供給曲線が左方向にシフトするわけである。逆に、天候に恵まれ農作物が豊作になると、増収になった量だけコメや野菜の供給量が増加し、結果として供給曲線が右方向にシフトする。

　図3-2には、豊作によるレタス供給曲線のシフトが描かれている。通常の天候の下では、レタスの生産量は100万個であり、価格のいかんを問わず100万個のレタスが供給される。結果として、レタスの供給曲線は垂直な直線 BEC である。天候が良くレタスが豊作になると、生産量が300万個に増加する。価格のいかんを問わず300万個のレタスが供給されるから、豊作時の供給曲線は直線 FGH となり、レタスの供給曲線は好天がもたらす豊作によって右方向にシフトする。

　また、2011年の東日本大震災では、大津波で田畑が海水に浸かり、漁港設備が破壊されたため、また福島第一原子力発電所事故による放射能汚染のために、農産物や水産物の総供給が大きく減少した。大規模な災害は、関係する財の供給曲線を左方向にシフトさせるのである。

図 3-3 原材料価格の変化と供給曲線のシフト

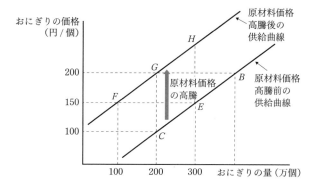

3.2.2 原材料価格の変化と供給曲線のシフト

　総供給のもう一つの決定要因は、**原材料価格**の変化である。例えば、おにぎりを生産するためにはコメが必要だから、おにぎりの生産費用の一部はコメを購入するための費用である。したがってコメの価格が上がったら、おにぎりを生産する費用も上昇することになる。**図 3-3** を例にとれば、おにぎりの価格は一個150円で変わらずに、原材料のコメの価格が上がったとしよう。そのため、おにぎりの生産費用が上昇するから、おにぎりはそれだけ儲からない商品になる。結果として、おにぎりの総供給は300万個から100万個に減少するだろう。言い換えれば、おにぎりの原材料であるコメの価格が上がると、おにぎりの供給曲線は、曲線 CEB から曲線 FGH へと、左方向にシフトする。逆にその財の原材料の価格が下がれば、それだけ儲けが大きくなるから、その財の供給曲線は右方向にシフトする。

　なお、第5章で詳しく述べるように、図の上での供給曲線の高さはその財・サービスを供給するための費用と密接に結び付いた概念である。つまり、原材料価格が高騰することは、その財を生産・供給するために必要な費用を高め、供給曲線をより高い位置に押し上げる。いわば、供給曲線を上方向にシフトさせるといった方が良いのである。ただ図3-3に示したように、右上がりの供給曲線の矢印のような上方向へのシフトは、左方向へのシフトと同じ効果をもたらすことも明らかだろう。

3.2.3　技術進歩と供給曲線のシフト

　原材料価格の低下と似ているのが、技術進歩による生産費用の低下である。カメラを例にとると、20世紀までのカメラは、レンズとミラーを組み合わせた複雑な仕組みを内蔵する機械を使って、フィルムに画像を焼き付けるマニュアルな製品だった。それが、レンズではなくセンサーを使ってメモリーに直接デジタル画像を記憶させる仕組みになって、生産費用が10分の1程度まで下落した。最近では、スマートフォン（スマホ）という超小型コンピュータの中に動画撮影機能も含めたカメラ機能を内蔵させ、それでも従来のデジカメと同程度の費用で作られるスマホも増えている。これは、半導体技術の進歩や、生産工程の様々な技術改良を背景として、同じカメラ機能を持った機械の生産費用が、爆発的に低下してきたことが背後にある。

　このように、技術の進歩は、同じ機能を持った財の生産費用を大きく低下させるから、原材料価格の低下と同様、その財の生産費用を低下させ、結果としてその財の供給曲線を下方向にシフトさせる。動力についての人類の歴史を考えてみればわかるように、太古には人力しかなかった動力が、家畜の力を使うようになり、水車や風車といった自然の力を利用することで次第により安い費用でより大きな動力を生み出すことが可能になった。さらに、蒸気機関やガソリン・エンジン、さらには電力モーターを利用することで、急速に安価な動力が供給できるようになったのである。人類の歴史を通じて、このような動力費用の低下だけでなく、コンピュータ技術の発展による情報処理費用の革命的な低下など、様々な技術進歩を背景に、財・サービスの生産・供給費用は劇的に低下してきており、それが様々な経済発展の背景になっているのである。

3.3　市場の連関と派生需要

3.3.1　需要曲線のシフトと均衡の変化

　本節では、市場メカニズムがどのように資源配分のコーディネーションを半ば自動的に実現しているのかを説明しよう。改めて資源配分のコーディネーションという概念を、第1章と第2章で説明した概念を使って説明すれば、次のようになる。

　いま、何らかの理由である財・サービスの需要や供給に変動があったとしよ

図3-4 ニットのセーターの市場均衡

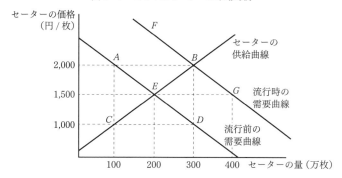

う。例えば、急にニットのセーターが流行し始め、人々のニットのセーターに対する需要が非常に増えたとしよう。この場合、急激に増大したニットのセーターの需要に見合うよう、ニットのセーターが増産されなければならない。しかしそのためには、ニットのセーターの原材料である、中間生産物としての大量のウールの毛糸や、そのまた原材料である原毛が増産されることが必要である。少量の増産なら倉庫にあるウールの毛糸や原毛を使ってニットのセーターの追加生産が可能かもしれないが、ニットのセーターを大量に増産するためには、その原材料である毛糸と原毛を大量に追加的に手に入れることが必要になる。では、ニットのセーターの流行に伴って必要となる毛糸と原毛を増産し、大量に追加供給することを、毛糸と原毛の生産者や供給者はどういう方法で知り、どうやって適切な量の増産や追加供給をするのだろうか。以下では、このことを考えてみよう。

いま、ニットのセーターという最終財の市場における流行前の状況が、**図3-4**に描かれているように、AEDで表される需要曲線とCEBで表される供給曲線で表されているとしよう。第2章で述べたように、この場合、セーターの市場はE点で、つまり価格が一枚当たり1,500円になり、需要量と供給量が200万枚で一致した場合に均衡する。さて、セーターを作るためには、毛糸（や原毛）が必要である。セーターの生産業者は、セーターの原材料である毛糸自体を買っているはずであり、そこには毛糸の市場があるはずである。つまり、セーターの生産業者は、セーターの売り手（供給者）であると同時に、毛

糸自体の買い手（需要者）でもあるというわけである。では、セーターの市場が E 点で均衡しているとき、毛糸自体の市場はどうなっているのだろうか。

3.3.2 派生需要と原材料市場の均衡

ニットのセーターの市場も毛糸自体の市場も完全競争市場だとすれば、セーターの生産業者は、セーターの価格も毛糸自体の価格も自分にとっては与えられた所与のものだと考えて行動する。いま、毛糸自体の市場を考えて、毛糸の需要曲線を考えてみよう。この毛糸の価格の関数のグラフとして与えられる、毛糸の需要曲線が決まるためには、セーターの価格がある与えられた水準に決まっているはずである。毛糸を原材料として生産されるセーターの価格は、毛糸に対する需要の一つの決定要因であり、毛糸の需要曲線を定義する際には、与えられた所与のものとして考えるはずだからである。結果として、毛糸の需要者である個々のセーター生産業者は、セーターの価格は一枚当たり1,500円であることを前提として、自分が買い手である毛糸自体の市場で、次のように考えて行動する。

いま、原材料である毛糸の価格が一巻当たり150円だとしよう。この価格が、与えられた1,500円というセーターの価格に比べて高すぎると判断すれば、セーターを作っても儲からないと考え、セーター生産業者はセーターの生産を減らすだろう。結果として**図3-5**の J 点で示したように、原材料の毛糸の需要は100万巻と少なくなる。他方、セーターの価格は同じ1,500円なのに、原材料である毛糸の価格が一巻当たり50円で安いと判断すれば、セーターを作ると儲かるからセーターの生産を増やすだろう。結果として原材料の毛糸の需要は L 点で示したように、300万巻と多くなる。このように、セーターの価格が1枚当たり1,500円で同じでも、セーター生産業者は、原材料の毛糸の価格次第で、どれだけの量の毛糸を買おうか（需要しようか）を決めるはずである。このような毛糸自体への需要は、セーターの需要から派生して発生している。その意味で、セーター生産業者たちがセーター生産の原材料としての毛糸を買おうとする需要のことを、最終消費財であるセーターの市場から生まれる**派生需要**と呼ぶ。同じように、原毛の需要は毛糸生産業者から生まれる需要であり、毛糸市場からの派生需要である。

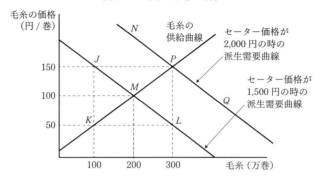

図3-5　毛糸の市場の均衡

　さて、ニットのセーターが流行していない通常時の毛糸への派生需要は、図3-5の*JML*のような右下がりの曲線として表されるだろう。すでに述べたように、セーターの価格は1枚当たり1,500円と与えられているから、セーター生産業者たちは、原材料である毛糸の価格が高くなればセーターの儲けは少なくなり、毛糸の購入を減らしてセーターの販売を減らそうと考えるからである。逆に、原材料である毛糸の価格が下がればセーターは儲かるから、毛糸をたくさん買ってセーターをたくさん生産し販売しようとするだろう。このように、セーター生産業者によって作り出される毛糸への派生需要も、通常の需要曲線と同様、右下がりになる。したがって、毛糸の市場均衡も毛糸の需要曲線と毛糸の供給曲線の交点である*M*点で与えられることになり、毛糸の価格は一巻当たり100円になる。

3.3.3　流行による最終消費財市場の変化と関連市場の変化

　さて、突然ニットのセーターが流行るようになったとしよう。流行は消費者たちの好みを変化させ、セーターへの需要を大きく増加させるだろう。結果として、本章の3.1.1節で説明したように、セーターの需要曲線は、図3-4の*AED*曲線から*FBG*曲線へと、大きく右方にシフトする。価格が元の1,500円のままでは、*EG*の長さに相当する200万枚の超過需要が発生するから、セーターの価格は上昇する。このような上昇は、超過需要が解消する点、つまり図3-4図の*B*点、言い換えればセーターの価格が一枚当たり2,000円になり、

需要と供給が300万枚で一致するまで続く。

　しかし経済全体での需給の調整は、以上で終わるわけではない。セーターの生産量が200万枚から300万枚に増加したわけだから、そのためには原材料の毛糸の増産が必要である。それは次のようなメカニズムで生まれる。セーターの価格上昇は、セーター生産量を増加させるから、それに伴って必要となる毛糸への派生需要の増加を生む。セーターの価格が1,500円から2,000円に上昇したのに、毛糸の価格が100円のままなら、セーターの生産は今までより儲かるようになり、セーター生産業者はセーターの生産と供給を増やそうと考えるからである。結果として毛糸の市場では、図3－5に表したように毛糸への派生需要曲線を *JML* から *NPQ* へと右方にシフトさせる。結果として、毛糸の価格が一巻あたり100円のままでは、毛糸の超過需要が生み出される。最終的に毛糸の価格が一巻100円から150円に上昇し、毛糸の需要と供給が300万巻に、100万巻だけ増加するまで、価格調整と生産調整が続くことになる。

　実は、セーターと毛糸という二つの関連した市場の調整はこれで終わりではない。毛糸の価格上昇は、毛糸を増産させるから、その派生需要としての原毛の派生需要曲線も右にシフトし、原毛の価格上昇と生産増加を生み出す。他方、毛糸の価格上昇は、セーターの原材料価格の上昇に他ならないから、セーターの供給曲線を上方にシフトさせ、セーター市場でのさらなる需給と価格の調整を生み出す……といったように。このような関連する市場間の調整過程は、それぞれの市場の価格や需給量の調整を通じて、最終的に経済のすべての市場の調整が均衡に行き着くまで行われる。

3.3.4　経済全体のコーディネーション

　とはいえ重要なことは、ニットのセーターの流行によって引き起こされた消費者の好みの変化が、セーターという市場でのセーター価格の変化を生み出すことを通じて、経済全体のコーディネーションを生み出していることである。流行がセーターの超過需要を生み出し、セーター価格の上昇を引き起こすことによって、セーター生産業者のセーター供給を増やそうというインセンティブ（動機・誘因）を生み出す。それが、セーター増産のために必要な毛糸への派生需要の増加を自動的に生み出す。それが市場の力を通じて、毛糸市場の超過需

要を生み出し、結果として生じる毛糸の価格上昇が、毛糸の供給増を引き起こす。……。

　このようなある市場における需給の変化がその市場の価格を変化させ、その市場に関わっている企業や消費者のインセンティブを変化させることで、関連市場の需給に影響を与える。それがその関連市場での需給を変化させ、さらにその市場の価格を変化させる。……。このような、ある市場での需給の変化が生み出すその市場での価格調整が、その市場に参加している売り手や買い手のインセンティブを変化させ、結果として関連市場での彼らの行動を変える。その結果、最初の市場だけでなく、次々に関連市場で需給と価格の変化が起こり、それが様々な関連する中間生産物や資源の生産量や消費量と価格の調整を生み出す。……。このようにして、社会全体のコーディネーションが生み出され、必要なものが必要なときに生産され消費されることが可能になる。

　このような、速やかな価格調整を通じた社会全体の資源配分をコーディネートさせるプロセスがあるからこそ、セーターの増産のために必要な原材料である毛糸や、そのまた原材料である原毛の増産が起こるなどの「派生需要の連鎖」が、社会におけるセーターの生産増自体を可能にしているのである。

　ニットのセーターの流行は、ニットのセーターが好みの若者たちのセーターの需要を右方向にシフトさせる。とはいえ、彼らの好みの変化を、毛糸の生産者や原毛の生産者が直接知ることは困難である。ニットのセーターの市場価格の変化と、それがもたらす関連市場での派生需要曲線のシフトは、価格というシグナルを通じて、原料である毛糸や原毛の生産者に、「自分の生産量を増やせ」という指示を自動的に生みだしている。このように、誰が指示したというわけでもないのに、市場の価格調整がそのようなコーディネーションを可能にするのである。

　もう一度まとめてみれば、市場経済における何らかの変化は、ある財・サービスの超過需要や超過供給を引き起こし、それはその財・サービスの価格の変化を引き起こす。この価格調整は、その財・サービスの原材料や生産設備といった中間生産物や、その財を生産するために必要な様々な財・サービスや資源の派生的な需給を変化させ、それらの市場でのさらなる価格調整を引き起こす。それはさらに、それらが関連する財・サービスや資源の派生的な需給を変

化させる……。このような仕組みを通じて、最初に超過需要や超過供給が起こった財・サービスの市場で、新たな需要に見合うように生産が調整されることになる。結果として、経済全体で、様々な最終消費財や中間生産物あるいは様々な資源について、需要が必要とするだけの量が生産されるという、経済全体のコーディネーションが日夜行われているのである。この価格調整を通じたコーディネーションこそが、人々や企業がバラバラで分権的に私益を追求する市場メカニズムにおいて、経済全体の資源配分のコーディネーションが適確に行われる仕組みに他ならない。結果として常に、必要なものが必要なときに適切な量だけ生産されることになるのである。

第 4 章

需要と供給の弾力性

4.1 需要の価格弾力性

4.1.1 部分均衡と一般均衡、比較静学分析

　第2章では、おにぎりの市場を例にとって、需要曲線と供給曲線、さらには超過需要や超過供給から生まれる価格調整の仕組みを通じて、おにぎり市場の均衡を考えた。これらの説明では、おにぎりに対する人々の好みや、パスタや蕎麦などの関連する財・サービスの価格は一定で与えられているとして、需要曲線や供給曲線はシフトしないと考えて、説明を行った。このような分析、つまり、一つの財・サービスの市場だけを取り上げ、他の財・サービスの市場とは切り離して分析する手法を、**部分均衡分析**と呼ぶ。

　これに対して第3章の3.3節では、セーターの市場を取り上げ、ニットのセーターの突然の流行がセーター価格を上昇させ、結果としてセーター生産が儲かる事業になるため、セーターを増産しようというインセンティブが生まれ、そのためにセーター生産の原材料である毛糸や原毛の需要を増加させるということを説明した。セーターの市場と毛糸や原毛の市場は相互に**連係（コーディネート）**しているのである。したがって、セーターの市場で何らかの変化が生まれると、それは毛糸や原毛の市場での需要曲線や供給曲線のシフトを生み出し、結果として毛糸や原毛市場での変化を生み出す。それは、さらにそれらの関連市場であるセーターの市場に追加的な変化を生み出す……。このような連鎖的な関連市場の変化が終了し、すべての市場が均衡に落ち着いた状態を、部分均衡とは区別して、**一般均衡**と呼ぶ。

しかし社会には無数の財・サービスが存在するから、例えばニットのセーターが流行するようになった時に、一般均衡がどう変化するかを分析するためには、無数の絡んだ糸を解きほぐすような複雑な作業が必要になる。それはあまりにも非現実的なので、経済学では多くの場合、何らかの変化が引き起こす影響を分析するために、一つの市場だけに焦点を絞った部分均衡を基にした**比較静学分析**を多用する。部分均衡分析とは、政策の変更や流行の変化など、何らかの変化が特定の財・サービスの市場に与える影響を、関連する他の財・サービスの市場への影響や、それが生み出す派生的連鎖を無視して、その財・サービスの市場への直接的影響だけに注目して分析する手法だった。比較静学分析とは、そのような部分均衡分析を使って、変化が起こる前の均衡と変化が起こった後の均衡を比較することで、変化の影響を分析する手法である。

本章では、部分均衡分析を基にした比較静学分析において、重要な役割を果たす**需要の価格弾力性**や**供給の価格弾力性**という概念を説明しつつ、比較静学分析のいくつかの具体例を解説する。

4.1.2　豊作貧乏現象と農家所得の分解

露地野菜という種類の野菜がある。温室などで育てられる施設野菜と違って、露天の耕地で育てられるキャベツや白菜などのことである。いったん作付けをしてしまった後、野菜の取り入れまでの1～2カ月間、つまり超短期では、露地野菜の収穫量は、天候に大きく左右される。悪天候になれば、傷物が増えて収穫量が減るが、好天が続けば豊作になる。豊作になればなるほど収穫量が増えるので、その分、農家の収入が増えるのが普通である。しかし、時に**豊作貧乏**と呼ばれる現象が起こる。それを示したのが、**図4−1**である。

天候が通常の時、超短期の白菜の生産はひと月当たり100万個であり、通常時の供給曲線は100万個で垂直な直線になる。白菜の需要曲線が図4−1のような形であれば、通常時の白菜市場の均衡はA点になり、白菜一個当たりの価格は300円になる。100万個の白菜が一個当たり300円で売れるのだから、日本全国の白菜農家の総月収は、100万×300＝3億円である。これに対して、全国が好天に恵まれて白菜が豊作になればその生産量はひと月当たり300万個になり、超短期の豊作時の供給曲線は300万個で垂直な直線になる。したがって豊

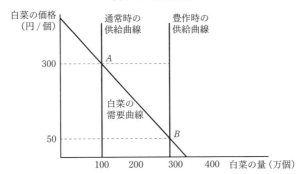

図 4-1　豊作貧乏

作時の均衡は、その供給曲線と需要曲線の交点 B 点になり、白菜一個当たりの価格は50円に激落する。300万個の白菜が一個当たり50円でしか売れないのだから、全国の白菜農家の総月収は、300万×50＝1億5千万円になる。生産量が増えたのに、総収入はかえって半減してしまったわけである。これがいわゆる豊作貧乏現象に他ならない。

　通常時の均衡 A 点から、好天に恵まれた場合の均衡 B 点へという、供給曲線のシフトによって起こった均衡点の変化を比較した比較静学分析によって得られたこの現象は、どのような理由で起こったと考えられるだろうか？　このことを考えるには、変化の前後における均衡において、農家の所得が農家の総供給量と白菜の価格の積になっている、という事実、つまり**農家の総所得＝総供給量×価格**という関係が成立していることを考える必要がある。他方、**消費者の総支出＝総需要量×価格**という関係も成立している。さらに、通常時の均衡 A 点と豊作時の均衡 B 点それぞれは均衡であり、**総需要＝総供給**という関係が成立している。したがって、**農家の総所得＝総需要量×価格＝消費者の総支出**という関係も成立している。

　そう考えると、通常時の均衡 A 点から豊作時の均衡 B 点へという、需要曲線沿いに起こったこの変化によって農家所得が半落した理由が、需要量が100万個から300万個へと3倍になったのに対して、価格が一個当たり300円から50円へと6分の1に激落したことにあることがわかる。つまり、需要量の増加割合に比べて、価格の下落割合が2倍だったからである。逆に言えば、需要量の

第4章　需要と供給の弾力性　049

増加率と価格の減少率が等しければ、農家所得は天候変化の前後で不変だっただろう。

4.1.3　需要の価格弾力性

このように考えると、供給曲線が何らかの理由でシフトした時、需給の均衡が変化し、結果として需要者の支出額（実は、この買い手の支出額が供給者側の受取収入に等しいことを思い出そう）がどう変化するかを考えるためには、次に説明する**需要の価格弾力性**が重要な役割を果たすことがわかるだろう。

　需要の価格弾力性とは、次のように定義される。いま、総需要の様々な決定要因とそれに伴って定まる総需要の値が決まった時に、他の決定要因は変わらずに、総需要の決定要因の一つである当該財・サービスの価格だけが、与えられた価格からわずかに下落するとしよう。例えば、その下落割合を１％とした時、その財・サービスの総需要が何％増加するか、という値を表した数値が、需要の価格弾力性である。例えば、需要の価格弾力性が２であれば、価格が１％下落した時、総需要は２％増えることになる。逆に、価格が１％上昇すれば、総需要は２％だけ減少する。注意すべきなのは、需要の価格弾力性とは、需要曲線上の一つの点から始まって、価格が微小な割合だけ変化した時に決まる値である。このことを、需要の価格弾力性とは、与えられた価格と需要で定義された、**局所的な概念**であるという。

　さて、先ほど述べたように、価格がある値から始まって、１％下落した時に総需要が同じ１％増加するならば、価格下落の効果と需要増加の効果がちょうど打ち消しあって、消費者の総支出は不変だろう。需要の価格弾力性という概念を使えば、価格が１％下落した時、需要が１％増加する（あるいは、価格が１％上昇した時、需要が１％減少する）ということは、需要の価格弾力性が１であることを意味しており、この場合には、価格がわずかに変化しても消費者の支出額は一定であることを表している。

4.1.4　価格非弾力的な需要

　豊作貧乏という現象が起きるのは、白菜価格が一個当たり300円の時に白菜需要の価格弾力性が１より小さく、価格が１％下落した時に総需要が１％未満

図 4 − 2　完全に価格（非）弾力的な需要曲線

しか増加しないために、消費者の白菜に対する総支出額、つまり白菜農家の白菜販売からの総収入額がかえって減少し、結果として農家所得の下落につながるからである。このように、価格弾力性が 1 より小さい場合を、**需要が価格に対して非弾力的**であるという。なお、上に述べたのは価格が下落した場合だが、例えば不作になって、価格が上昇するとどうなるだろうか。需要が価格に対して非弾力的な場合、価格が 1 ％上昇しても需要は 1 ％未満しか減少しないから、消費者の総支出額（つまり、供給者の総収入額）はかえって増加する。

　需要が価格に対して非弾力的である場合の最も極端なケースは、需要の価格弾力性がゼロであり、価格が 1 ％下落しても上昇しても、需要が全く変化しない場合である。このような場合を、**需要が価格に対して完全に非弾力的**であるという。例えば、白菜価格が与えられた価格から少し変化しても、総需要が 200 万個で変わらないなら、需要は完全に価格非弾力的になる。この場合、需要曲線は、その価格のところで局所的に垂直になる。

　価格がどんなに変わっても総需要が一定で変わらないなら、需要は**常**に完全に価格非弾力的になり、需要曲線は総需要が一定で垂直になる。**図 4 − 2** の総需要量が 200 万個のところで垂直な需要曲線が、ちょうどそのような場合に対応している。

4.1.5　価格弾力的な需要

　以上とは逆に、価格が 1 ％下落した時に総需要が 1 ％を超えて増加する（あるいは、価格が 1 ％上昇した時に総需要が 1 ％を超えて減少する）場合を、**需要が価**

格に対して弾力的であるという。この場合、豊作になって価格が1％下落すると需要は1％を超えて増加するから、消費者の総支出額（供給者の総収入額）は増加する。他方、不作になって価格が1％上昇すると、需要は1％を超えて減少するから、消費者の総支出額（供給者の総収入額）は減少する。

　需要が価格に対して弾力的な場合の最も極端な場合とは、価格がほんのわずかでも下落すれば、需要が無限に増加する、逆に価格がほんのわずかでも上昇すれば、需要がゼロになる、という場合である。このような場合を、需要が価格に対して**完全に弾力的**であるといい、需要の価格弾力性は無限大になるという。例えば、白菜価格が一個当たり150円のところで、需要曲線が、曲線上のある点で局所的に水平になっていれば、この価格での需要の価格弾力性は無限大である。

　また、図4-2の水平な需要曲線に示したように、白菜価格が一個当たり150円で水平になっていれば、白菜需要は曲線上のどの点でも**常**に完全に価格弾力的になる。結果として、供給曲線の形や位置にかかわらず、市場均衡では必ず白菜価格は一個当たり150円になる。

4.1.6　需要の価格弾力性と需要曲線

　ではより一般的に、価格の弾力性と需要曲線の形は、どのように関係づけられるだろうか。4.1.3節では、需要の価格弾力性がその点で1の値をとるならば、価格がわずかに変化しても消費者の支出額は変化しないことを学んだ。したがって、もし価格がどんなに変化しても支出額が一定ならば、需要曲線上のどの点でも需要の価格弾力性は常に1になるはずである。

　図4-3の実線で描かれた曲線ABCの場合、価格が一個当たり400円なら需要は100万個で支出額は4億円、価格が200円なら需要は200万個で支出額はやはり4億円、価格が100円でも需要は400万個になって支出額は4億円と、支出額は常に4億円で一定である。したがって、需要曲線ABCは、**どんな価格でも需要の価格弾力性が1の需要曲線**に他ならない。需要の価格弾力性が常に1の需要曲線が、図4-3に描かれたような曲線ABC（正確には、縦軸と横軸を漸近線とする直角双曲線）として表されるように、需要の価格弾力性がどんな価格でも常に一定の値をとる需要曲線は、直線ではなく曲線になる。

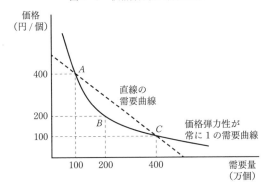

図4-3 価格弾力性と需要曲線

　これに対して、図4-3の点線のような、直線で表される需要曲線の場合、需要の価格弾力性はどのようになるだろうか。まず、図のA点をとって、直線の需要曲線と価格弾力性が常に1の需要曲線を比較してみよう。

　A点において二つの需要曲線は、400円という価格では100万個の需要があるということは共通しているが、直線の需要曲線の方が、弾力性が常に1の需要曲線ABCに比べて、傾きが小さい。このことは、価格が少し変化した時に、直線の需要曲線は、弾力性が常に1の需要曲線より多くの総需要の変化を生み出すことを示している。つまり、直線の需要曲線の場合、価格が1％変化すると総需要が1％以上変化する、言い換えると、需要の価格弾力性が1を超え、需要が価格弾力的であることを示している。このように、二つの需要曲線が交差している場合、傾きの小さな需要曲線の方が、傾きの大きな需要曲線に比べて、より価格弾力的な需要曲線を表していることになる。したがって、図のA点における直線の需要曲線の価格弾力性は、1より大きいことがわかる。

　これに対して図のC点の場合、直線の需要曲線の方が、弾力性が常に1の需要曲線ABCより傾きが大きい。したがって、価格がわずかに変化した場合、直線の需要曲線の方が、需要の変化が小さい。つまり、C点では直線の需要曲線は価格非弾力的であり、需要の価格弾力性は1を下回ることになる。このように、直線の需要曲線の場合、需要曲線上のどの点を取り出して考えるかによって、需要の価格弾力性の値が変わってくるのである。

4.2 需要の価格弾力性を決める要因

4.2.1 代替効果

　第2章で、需要曲線は右下がりになると述べた。他方、前節で述べたように、需要の価格弾力性は需要曲線の傾きに依存する。では、どうして需要曲線は右下がりになり、その傾きを決める要因にはどんなものがあるのだろうか。

　例えば、おにぎりの需要曲線を考えてみよう。この際、おにぎりの価格以外のおにぎり需要の決定要因は一定と考えているのだから、おにぎり価格の低下は、丼物やサンドウィッチなどの価格は一定で、おにぎり価格がそれらと比べて相対的に低下したことを意味している。それなら、価格が変わらない丼物やサンドウィッチの消費を減らし、相対的に安くなったおにぎりの需要を増やそうとするだろう。消費を丼物やサンドウィッチから、おにぎりに代替したためだという意味で、この効果を**代替効果**と呼ぶ。

　おにぎりなら、それを代替する丼物やサンドウィッチが存在するが、たばこの場合、それを代替する財はほとんど存在しない。**代替する財**が少なければ価格が低下しても他の財でほとんど代替できないので、需要の減少はわずかで需要は価格非弾力的になる。それに対して、代替する財が多ければ多いほど、需要は価格弾力的になる。

　このことは、**財・サービスの定義をどの程度広くとるか**によっても影響される。おにぎりのように財の範囲を比較的狭くとれば、丼物でも代替される。しかし、おにぎりも丼物もコメを原料としているから、コメ（あるいは、コメを使った食品すべて）の方が財の定義は広い。コメの価格が上がればおにぎりも丼物も価格が上がり、それだけ代替できる財が減るからである。そう考えれば、コメの需要はおにぎりの需要より、価格非弾力的だろう。財をもっと広く定義して、食料一般というような財を考えれば、食料を代替できる財はほとんど存在せず、食料の需要はよりいっそう非弾力的になる。

4.2.2 所得効果

　需要曲線を右下がりにするもう一つの効果は、**所得効果**と呼ばれている効果である。一個150円のおにぎりを毎日二つ食べている人は、おにぎりに毎日300

円支出している。ここでおにぎりの価格が一個100円に下がれば、同じ300円でおにぎりを三つ買えるようになる。おにぎりの価格が下がったことで、同じ300円という（名目）所得の実質的な価値が、おにぎり二つ分からおにぎり三つ分へと上昇したのである。ある財・サービスの価格が下がることは実質的な所得の上昇につながるので、その財・サービスの消費が増え、需要曲線が右下がりになるというわけである。

　ところで、財・サービスはそれがぜいたく品か必需品かによって、所得が増えた場合に需要の増え方に違いがある。ステーキやイタリア料理のような、余裕のある人だけが食べる**ぜいたく品**の場合、所得の少ないうちは需要がほとんどないが、ある程度所得が増えて余裕が出てくると需要は爆発的に増大する。ぜいたく品の場合、価格の低下は実質所得の増大につながり、それが需要を大きく刺激するから、需要は価格弾力的になる。他方、おにぎりや丼物は、多くの人が常に大量に消費する**必需品**である。必需品の場合、その価格が下がり実質所得が増えると、実質所得の増加分はぜいたく品の消費に回されるから、必需品の需要はあまり増えない。実質所得の増加によって消費者が必需品からぜいたく品に乗り換えるため、必需品の価格が下落すると必需品の需要が減少することさえある。第３章の3.1.2節で説明した**下級財**の場合である。このように、必需品はぜいたく品より、価格非弾力的なのである。

　本章の第１節で触れた豊作貧乏の例の場合、白菜は、冬場のなべ物が必需品であり、なべ物には白菜が定番であるのに、白菜には他の用途が少ない（つまり、代替品が少ない）ため、需要が価格非弾力的になりやすい。これが、白菜が豊作になった場合に、農家収入がかえって下落しやすい理由なのである。

4.3　供給の価格弾力性

4.3.1　供給の価格弾力性

　需要の価格弾力性を定義したのと同じように、供給の価格弾力性を定義することができる。供給曲線上の１点、つまりある価格と供給量の組み合わせをとり、そこから価格が１％上昇した時、供給量が何％増加するかを調べ、その値を**供給の価格弾力性**と呼ぶ。

　いまコメの市場を考え、図４−４の直線 OAB のように、原点を通る直線の

図 4-4　供給の価格弾力性

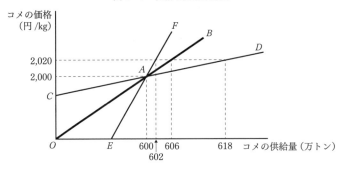

形をした供給曲線を考え、その上の任意の点、例えば A 点を考えてみよう。この時、価格が1％上昇すれば、コメの価格は一キログラム当たり2,000円から2,020円に上昇するが、その時の供給量は、供給曲線に沿って600万トンから606万トンへと増加する。この増加割合はちょうど1％だから、供給の価格弾力性はちょうど1に他ならない。言い換えると、直線 OAB のように、その傾きはどうあれ、原点を通る直線の形をした供給曲線上では、どの点をとっても供給の価格弾力性は1なのである。

　他方、図4-4の直線 CAD のように、A 点と原点を通る直線（図の OAB）と比べて、同じ A 点での傾きが小さいと、価格の変化の割合（例えば、2,000円から2,020円への1％の上昇）より供給の変化の割合（図の場合、600万トンから618万トンへの3％の増加）の方が大きいから、A 点での供給の価格弾力性は1より大きくなる（この場合、供給の価格弾力性は3である）。このことを、供給曲線 CAD は、A 点において**価格弾力的**であるという。逆に、図の直線 EAF のように、A 点と原点を通る直線（図の OAB）と比べて、同じ A 点での傾きが大きいと、価格変化の割合より供給変化の割合の方が小さいため、供給の価格弾力性は1より小さくなる。このことを、供給曲線 EAF は A 点において**価格非弾力的**であるという。

4.3.2　供給の価格弾力性を決める要因：短期

　では供給曲線の価格弾力性は、どんな要因によって決定されるのだろうか。第3章の3.2.2節で述べ、第5章でもう少し正確に説明するように、供給曲線

とは、生産・供給に必要な費用に関係した（第5章を先取りすれば、供給量に対応した「限界」費用を表した）曲線である。価格が上がれば収入が増えるから、より高い（限界）費用が必要なより大きな量の供給を行っても、採算がとれることになる。結果として、価格が上がれば供給量が増加することを表している。しかしこの供給量（生産量）の増加は、一般的にどのぐらいの時間をかけて生産調整が行われるかで、結果が異なる。このことをまずは、数カ月といった**短期**の生産調整と、数年という**長期**の生産調整の違いを考えることで、少し立ち入って説明しておこう。

供給曲線は、その財・サービスの市場が完全競争的で、各売り手がその財・サービスの価格を与えられたものとして行動する時に定義される。そこで、例えばコメの市場を例にとり、現在、その価格が一キログラム当たり2,000円で、売り手の農家たちが合わせて600万トンの供給を行っているとしよう。次に、価格が1割上がり一キログラム当たり2,200円に上昇したとしよう。売り手の農家たちはコメの生産が儲かるようになるため、短期でもできることで増産を図るだろう。例えば、いままでより肥料の投入を増やし、雑草取りなどの手間暇をかけることで生産量を増やすといった対応である。これらの結果、農地の単位面積当たり生産性は向上し、短期でも生産量は増えるだろう。そのためには、肥料代や労賃など、生産に必要な費用は上昇するだろうが、価格が1割上がっているので、費用の増加は吸収できる。結果として、生産量は例えば660万トンへと1割上昇することになる。短期の供給の価格弾力性は1だというわけである。

このように、短期的に供給曲線が右上がりなのは、コメの価格が上がれば生産を増やそうと、肥料や労働などの（すぐに投入可能な）投入物を増やし、（すぐには増やせない生産要素である）農地の単位面積当たり生産性を向上させようというインセンティブが働くからである。つまり、肥料も労働も農地も農業生産のための投入物、つまり生産活動に必要な要素という意味で**生産要素**だが、肥料や労働量といった生産要素は短い時間で投入量を調整できるが、農地面積は新たに開墾したり、他の農作物の耕作に使われている農地の用途を変更したりしない限り、投入量を変更できない生産要素だから、短期にはその投入量を調整できないという違いがある。このことを、肥料や労働量は短期に**可変的な**

生産要素だが、農地は短期には**固定的な生産要素**だという。したがって、コメの価格が1割上がっても、短期にコメの増産ができるのは、可変的な生産要素の投入を増やすことで実現可能な、1割、つまり60万トンという生産増だけに限られることになる。

4.3.3　供給の価格弾力性を決める要因：長期

　これに対して、数年という、十分長い時間的猶予が与えられれば、農家などの生産者は耕作放棄地を手入れし直してコメ生産を可能にし、いままで麦など、他の作物の耕作に使われていた農地をコメ作り用に転換するなどして、短期には固定的な生産要素である農地の投入量を増やすことが可能だろう。結果として、コメの生産増は短期より大きくなり、コメの価格が2,000円から2,200円へと1割上がっただけでも、例えば600万トンから780万トンへと3割の180万トンだけ供給量を増やすことが可能になるだろう。つまり、長期のコメの供給の価格弾力性は、3だということになる。

　このように、農業における耕地面積などの生産要素は、短期には投入量を調整できず、固定生産要素と考えられるが、長期には投入量を調整できる可変生産要素になり、それだけ長期には、生産量を弾力的に調整できることになる。このことは、農業の場合の農地に限らない。モノづくりの場合、新工場の建設に一定の時間がかかることや、コンビニなどの流通業の場合にも、新店舗の開設にはそのための準備や改装に時間がかかるから、工場の数や店舗の数は短期には固定的な生産要素と考えられるが、長期には可変生産要素になる。製品や商品の価格が上昇すれば、生産や販売がいままで以上に儲かるようになるから、工場や店舗を新設して、供給量を拡大しようとすることになる。結果として、供給の価格弾力性の値は、短期に比べて長期の方が大きくなるという一般的な傾向が生まれるのである。

4.3.4　比較静学：短期と長期の比較

　以上の説明を基に、需要曲線のシフトが、短期と長期に市場均衡をどのように変化させるかを比較検討してみよう。

　やや荒唐無稽だが、図4-5に従って、次のような状況を考えてみよう。コ

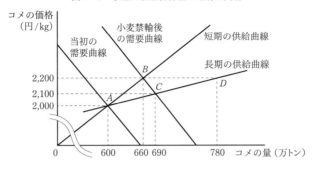

図4−5 供給の価格弾力性：短期と長期

メの市場を考え、当初の均衡では価格が一キログラム当たり2,000円で、需要量と供給量が600万トンで均衡していたと考えてみよう。ここで国際情勢が悪化して、日本が大量に海外から輸入している小麦を、輸出国側が禁輸して、日本への輸出を禁止したと考えてみよう。パンやうどんなどは、小麦を原料として作られているから、小麦の禁輸は小麦価格、ひいてはパンやうどんの価格の高騰を招く。結果として、パンやうどんの代替財であるコメの需要は大幅に増加し、図4−5に描いたように、当初の需要曲線から禁輸後の需要曲線へと、大きく右方向にシフトするだろう。

この時、禁輸開始後の数カ月といった短期には、市場均衡は短期の供給曲線沿いに図のAからBにシフトし、コメの生産量は660万トンへと1割増加するが、価格も一キログラム当たり2,000円から2,200円へと1割上昇するだろう。小麦の禁輸によって小麦価格が高騰するのにつれて、代替財のコメの価格も高騰してしまい、食料価格が全体として大きく影響されるというわけである。

しかし、このコメ価格の高騰は長くは続かない。コメの価格が1割上がると、耕作放棄地を手入れして、コメの作付けをしようとする人たちが出てくる。肥料だけでなく、新鋭機械を購入してコメ生産の生産性を高めようとする動きも出てくる。結果として価格が2,200円のままなら、コメの生産量は780万トンに増加し、結果として図の線分BDの長さ、つまり120万トンもの超過供給が発生し、コメ価格は長期的に下落しはじめる。それに伴って、生産は長期の供給曲線沿いにDからCへと移動し、最終的に図のC点、つまり価格は当初から比べて5％増の2,100円、需要と供給は15％増の690万トンに落ち着くことになる。

第5章

便益、費用、経済厚生

5.1 需要曲線と便益

5.1.1 望ましい需要量と供給量

　第2章の2.3節で見たように、分権的な市場でも、各財・サービスについて需要に見合った供給（生産）が行われ、供給（生産）に見合った需要が生まれるという意味で、市場の力とそれがもたらす価格調整は、見事な力を発揮する。さらに、第3章で見たように、市場経済では、関連市場同士の価格調整を通じて、自動的に社会全体のコーディネーションが行われる。しかしそれだけの理由で、市場が実現する資源配分が本当に望ましい力を発揮していると言い切れるだろうか。本章では、経済全体の一般均衡を議論するのは少し複雑すぎるので、一つの財・サービスの市場を取り上げて、その市場の均衡が、消費者と生産者それぞれの利益を合わせた合計金額を最大化するという意味でも、望ましい資源配分を実現していることを示すことにしよう。

　第2章の図2-4の場合、市場に任せれば毎日200万個のおにぎりが需要され、ちょうど同じ量が供給される状態が均衡になる。しかし、毎日200万個というおにぎりの需要・供給量は、社会にとって本当に望ましいだろうか。例えば、100万個しかおにぎりを作らないで、余った資源（原材料のコメやツナ、あるいは生産に携わった労働者）を他の用途に仕向けた方がより望ましいのではないだろうか。あるいは逆に、牛丼の生産を減らして、余ったコメや労働力をおにぎりの生産に向け、おにぎりの生産を300万個に増やした方が、社会にとって望ましくはないだろうか。

実は、市場が均衡として実現する毎日200万個というおにぎりの供給量＝需要量は、ある特定の意味で最適な量であることが知られている。具体的には、この供給量＝需要量は、おにぎり市場から得られる**経済厚生**の総額を最大にするような量だということが知られている。以下ではこの点を少し詳しく説明しよう。

5.1.2　市場需要曲線と個別需要曲線

　さて、第2章の図2-2の需要曲線は、社会（例えば、新宿駅前）全体のおにぎり需要を表していた。その意味で、この需要曲線は市場全体の需要を表しており、**市場需要曲線**と呼ばれる曲線である。しかし社会全体の需要とは、各消費者（家計）の需要を足し合わせたものに他ならない。一般に、各消費者の需要量も、価格が上がれば需要が減り、価格が下がれば需要が増えるという関係にある。この意味で、各消費者にも、与えられた市場価格と自分が選ぶ需要量の関係があり、それをグラフ化したものを個人の需要曲線という意味で、**個別需要曲線**と呼ぶ。

　例えば、**図5-1**に描かれているのは、大翔（ひろと）君という一人の消費者のおにぎりの個別需要曲線である。図から読み取れるのは、大翔君が次のような一日当たりの需要を持っているということである。もしおにぎり1個の価格が230円を超えるなら、大翔君はおにぎりを一つも買わない。230円以下で200円を超える価格なら、大翔君はおにぎりを毎日1個だけ買う。200円以下で180円を超える価格なら、おにぎりを2個買う。180円以下で150円を超えるなら、需要は3個、150円以下で125円を超えるなら需要は4個、……といった具合である。なお、おにぎりの数は1個単位で数えられ、0.5個とか0.25個のおにぎりは買えないので、個別需要曲線は図5-1のように折れ曲がった曲線で表されることになる。

5.1.3　支払意欲と限界効用逓減の法則

　以上のことは、次のように言い換えることもできる。大翔君は、一日当たり最初の1個のおにぎりに230円までならお金を支払う意欲がある。2個目のおにぎりには200円までのお金を支払う意欲がある……。このことを、1個目の

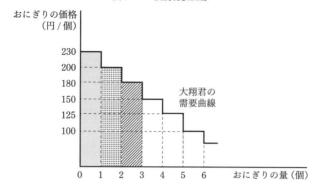

図5-1 個別需要曲線

おにぎりに対する大翔君の**支払意欲**（Willingness to Pay：WTP）が230円、2個目のおにぎりに対する支払意欲が200円、3個目に対する支払意欲が180円……、というような言い方をする。

ではなぜ、1個目のおにぎりに対する大翔君の支払意欲が230円なのだろうか。それは、大翔君が最初の1個のおにぎりから得られる「心理的な満足（より専門的には**効用**と呼ぶ）」を**金額**で**評価**すると、230円だからに他ならない。だからこそ、彼は1個目のおにぎりに対して230円以下なら喜んでお金を支払う意欲を持つし、230円を超えるお金を支払う意思を持たないのである。この、おにぎりの消費から得る「心理的な満足（効用）の金銭評価額」を**便益**と呼ぶ。同様に、2個目のおにぎりから得る便益は200円、3個目のおにぎりから得る便益は180円である。

おにぎりが1個しかなければ、大翔君にとっておにぎりは希少だから、それだけ得られる満足（効用）は大きい。2個目のおにぎりが手に入れば、おにぎりの希少さは少し薄れ、2個目から得られる追加的満足（経済学では追加的という言葉の代わりに「限界」という言葉を使うので、これを**限界効用**と呼ぶ）は1個目より小さくなる（逓減する）。3個目はさらに希少さが減るので、追加的満足（限界効用）はさらに下落する（逓減する）。このことをまとめて、**限界効用逓減の法則**と呼ぶこともある。このような性質があるために、限界効用は需要量とともに逓減し、需要曲線は需要量に対して右下がりの性質を持つことになる。

ここで注意しなければならないことがある。もし大翔君がおにぎりを3個消

費したら、得られる便益（満足あるいは効用の金銭評価額）は、1個目から得られる230円、2個目から得られる200円、3個目から得られる180円をすべて足し合わせた、230＋200＋180＝610円だという点である。このことを、大翔君がおにぎり3個を食べることで得る**総便益**が610円だ、という。これに対して、1個だけ消費した場合の総便益は230円、2個だけ消費した場合の総便益は230＋200＝430円である。

さて、2個目のおにぎりから得られる200円という便益は、大翔君のおにぎり消費が1個から2個に増えた時に得られる追加的な便益である。経済学では追加的という言葉の代わりに、限界という言葉を使うと述べた。したがって、大翔君の2個目のおにぎりの**限界便益**は200円だということになる。もっと詳しく言えば、おにぎり消費が0個から1個に増えた時の追加的便益は230円だから、1個目のおにぎりの限界便益が230円、2個目の限界便益が200円、3個目の限界便益が180円、というわけである。

5.1.4　限界便益と総便益：図解

さて、図5-1を使うと、大翔君の限界便益や総便益を図で表すことができる。まず、1個目のおにぎりから大翔君が得る限界便益は230円である。読者はこの230円が、図の大翔君の需要曲線の需要量が一個のときの高さだと思うかもしれないが、厳密に言うと、それは間違っている。なぜなら、図の縦軸はおにぎりの価格に対応しており、価格とはおにぎり1個当たりに必要な金額を円で表した値だからである。言い換えれば、図の需要曲線の高さは価格を表わしており、それは「一個あたりの金額（円／個）」であって、円で表した金額（円）である便益とは異なる。

では、1個目のおにぎりから大翔君が得る満足の金額に対応する限界便益は、図でどのように表したらよいだろうか。この限界便益は、図の灰色の長方形の面積に対応している。なぜなら、灰色の長方形の面積は、「長方形の高さ×長方形の底辺の長さ」として表され、230（円／個）×1（個）＝230円になるからである。つまり、灰色の長方形の面積が1個目のおにぎりの限界便益に他ならない。2個目のおにぎりから得る限界便益200円は、図の点で埋められた長方形の面積、200（円／個）×1（個）＝200円で表され、同様に3個目の

おにぎりの限界便益180円は、図の斜線で埋められた長方形の面積で表される。

限界便益がおにぎり1個の消費が追加されるたびに付け加えられる便益の額だったことを思い出せば、おにぎり3個から大翔君が得る**総便益**は、灰色、点、斜線で埋められた三つの長方形の面積を足し合わせたものになることがわかる。言い換えれば、ある個数（例えば3個）のおにぎりの消費から得られる総便益は、図の縦軸と横軸、その総個数（例えば3個）のところで引いた垂直線と需要曲線（図5-1の場合は折れ線）という4つの線によって囲まれた図形の面積に等しいことがわかる。

以上に述べたことは、個別需要曲線だけでなく、市場需要曲線にも当てはまる。ある価格における市場需要とは、その価格における（大翔君だけでなく、何万、何百万という数の）各消費者の個別需要量を足し合わせたものに他ならない。つまり、市場需要曲線とは、各消費者の個別需要曲線をすべて水平に足しあわせた曲線なのである。したがって、市場需要曲線も、厳密に言えば個別需要曲線と同様、ぎざぎざの形をしているわけだが、何万、何百万のぎざぎざの右下がりの曲線を水平に足し合わせれば、一つ一つのぎざぎざはほとんど無視できる。これが、市場需要曲線がスムースな右下がりの曲線として表される理由である。

こう考えてくれば、市場需要曲線を使って、経済全体の限界便益（消費者が全体としてある個数のおにぎりを消費している時に、もう一つおにぎりが消費できることになった時に、消費者全体が感じる追加的満足の金銭評価額）と総便益（社会の消費者が全体としてある個数のおにぎりを消費している時に感じる満足を、金額で評価した総額）を定義することができる。例えば、**図5-2**でいえば、市場全体で100万個のおにぎりが消費されている時、100万個目のおにぎりに対する社会全体の支払意欲額は200円であり、100万個目のおにぎりから得られる限界便益も200円である。また、社会全体が100万個のおにぎり消費から得る総便益は、縦軸、横軸、市場需要曲線、需要100万個のところに引いた垂直線の4本の線で囲まれた領域、つまり図の濃い灰色の領域と薄い灰色の領域を合わせた総面積に他ならない。

なお市場需要曲線とは、ここで見たように、社会における買い手の支払意欲（限界便益）を高い順に並べた曲線に他ならない。その意味で、市場需要曲線と

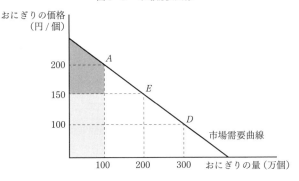

図 5-2　市場需要曲線

それから定義される総便益という概念は、市場の存在とは無関係に、例えば北朝鮮のような、市場や資本主義とは無縁な社会でも、定義することが可能なことがわかるだろう。

5.1.5　消費者余剰

さて、市場経済の場合には、消費者は対価を払って財・サービスを市場から購入し、結果としてその財・サービスを消費・利用することで満足（効用）を獲得する。その満足（効用）を金銭の額で評価したのが便益だった。例えば、図5-2で消費者たちが100万個のおにぎりを市場で購入するためには、おにぎりの価格という対価を支払わなければならない。例えばそれが、おにぎり一個当たり150円だったとしてみよう。その結果、得られる総便益は、図の濃く塗られた領域と薄く塗られた領域を合わせた総面積だったが、おにぎり消費から得られる満足の金銭評価額であるこの面積を獲得するために、市場経済の消費者たちは対価を支払っている。

では、この対価はどれだけになり、その額は図5-2でどのように表されるだろうか。一個当たり150円のおにぎりを100万個購入したのだから、消費者全体の購入額は「150円／個×100万個＝1億5千万円」である。このことを図に当てはめれば、図の薄く塗られた長方形の面積が「高さ×底辺の長さ＝150円／個×100万個」になるから、対価は薄く塗られた長方形の面積になることが確かめられる。

第5章　便益、費用、経済厚生

これをまとめると、消費者は全体として、薄く塗られた長方形の面積分の対価を支払って、濃い台形と薄い長方形の総面積分の便益を獲得したことになる。対価を超える余分の便益は、濃い台形の面積に他ならない。この、獲得した総便益のうち、支払った対価を超える部分を**消費者余剰**と呼び、図5-2の場合には、濃い台形の面積が消費者余剰を表していることになる。いわば、市場経済で、消費者が市場からおにぎりを購入することで得る利益に他ならない。

なお、第2章の最後にも述べたことだが、市場で需要者として行動する買い手は、消費者であるとは限らない。市場で取引の対象となっている財・サービスが、部品や機械などの中間生産物である場合、あるいは労働サービスなどの資源の場合、買い手は前者なら機械を購入する企業だし、後者なら労働サービスを使って製品を生産する企業である。したがって、これらの財・サービスの需要者は、それを市場で買うことによって、便益（あるいは満足・効用）ではなく（その財・サービスへの支払額を含めた）利益を得ることになる。また、上で述べた消費者余剰とは、その名称にもかかわらず、消費者が得る利益ではなく、企業が得る（その財・サービスへの支払額を差し引いた、本来の意味での）利益に他ならない。

5.2 供給曲線と費用

5.2.1 市場供給曲線と個別供給曲線

第2章の図2-3は、社会（新宿駅前地域）全体のおにぎりの供給を表していた。その意味で、この供給曲線は市場全体の供給を表しており、**市場供給曲線**と呼ばれる曲線である。しかし社会全体の供給とは、各売り手（企業）の供給を足し合わせたものに他ならない。各売り手の供給自体も、価格が変われば供給量が変わるという性質を持っている。一般に、各売り手の供給量も、価格が上がれば供給が増え、価格が下がれば供給が減るという関係にある。この意味で、各売り手にも市場価格と自分の供給量の関係があり、それをグラフ化したものを個人の供給曲線という意味で、**個別供給曲線**と呼ぶ。

例えば、**図5-3**に書かれているのは、エイトテン新宿店というコンビニの供給曲線を表している。図から読み取れるのは、この売り手が次のような供給

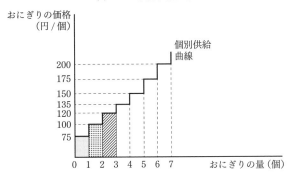

図 5-3　個別供給曲線

を行うということである。もしおにぎり 1 個の価格が75円を下回るなら、おにぎりを一つも売らない。75円以上で100円を下回る価格なら、おにぎりを 1 個だけ売る。100円以上で120円を下回る価格なら、おにぎりを 2 個売る。120円以上で135円を下回るなら供給は 3 個、135円以上で150円を下回るなら供給は 4 個、……といった具合である。なお、個別需要曲線と同じ理由で、個別供給曲線は図 5-3 のように折れ曲がった曲線で表されることになる。

5.2.2　限界費用

　以上のことから、次のようなことがわかる。エイトテン新宿店は、ビジネスをしているのだから損をしてまで商売はしないはずである。収入が最低でも費用を上回らなければ損失が出てしまうから、その品物は売らないはずである。

　そこで、最初の 1 個のおにぎりを考えてみよう。価格が75円を下回る場合、最初の 1 個のおにぎりから得られる収入は75円未満である。75円を下回る収入しか得られない場合、最初の 1 個のおにぎりを売らないということは、最初の 1 個のおにぎりを供給するための費用は、75円だということになる。費用が75円の場合、価格が75円になって初めて、収支トントンになるからである。

　最初の 1 個のおにぎりの費用ということは、おにぎりの供給を 0 個から 1 個に増やした場合の追加的な費用を考えていることに他ならない。限界便益を考えた時に使った限界という概念を使えば、最初のおにぎり 1 個の**限界費用**が75円だといってもよいだろう。

そう考えれば、2個目のおにぎりは100円の価格がつかなければ売らないのだから、2個目のおにぎりを供給するために必要な追加的費用、つまり2個目のおにぎりの限界費用は100円だ、3個目のおにぎりの限界費用は120円だ……、というように考えることができる。

限界便益を足しあわせた額が総便益だったように、限界費用を足しあわせた額が総費用になる。例えばエイトテンがおにぎりを3個供給するなら、必要な総費用は、1個目のための75円、2個目のための100円、3個目のための120円を足し合わせた、75 + 100 + 120 = 295円になる。このことを、エイトテンがおにぎり3個を供給するために必要な**総費用**は295円だ、ということになる。

5.2.3　固定費用と可変費用

ただし、これは正確な記述ではない。というのは、エイトテン新宿店はおにぎりを一つも売らなくても、店舗を持ち、従業員を雇わなければならない。そのためには費用がかかる。つまり、おにぎりの供給がゼロ個でも、エイトテンは店舗費用と販売担当の従業員給与などの費用を支払っているはずである。この、供給量がゼロでも支払わなければならない費用を**固定費用**と呼ぶ。固定費用は、おにぎりを何個供給するかにかかわらず、常に必要な費用であり、供給量と無関係に固定額が必要になるという意味で、固定費用と呼ばれる。

これに対して、おにぎりを供給するために必要な、おにぎり生産に必要な原材料の購入費や物流費用は、おにぎりを何個供給するかによって変わってくるという意味で、固定費用とは別に、**可変費用**と呼ぶ。

おにぎりの供給がゼロ個の場合でも固定費用はかかっており、1個目のおにぎりを供給するために追加的に必要な限界費用が75円なのだから、この75円は可変費用であり、正確には**限界可変費用**と呼ばれるべき費用である。これに対して、固定費用はおにぎりの供給量にかかわらず一定だから、限界固定費用は常にゼロである。したがって、限界可変費用と限界固定費用の和として定義されるべき限界費用は、限界可変費用と等しくなる。これが、5.2.2節でエイトテンの限界費用は、おにぎり1個目が75円、2個目が100円、3個目が120円などと述べた理由である。

ただし、これらの限界費用を単純に足し合わせた費用は、厳密には総費用と

は異なる概念である。例えば、上では、最初の3個分のおにぎりの限界費用を足しあわせた、75＋100＋120＝295円を総費用だと述べたが、厳密にはこの295円はおにぎり3個を提供するための**総可変費用**であり、総費用とは総可変費用に固定費用を足し合わせた額になる。つまり、総費用＝総可変費用＋固定費用である。例えば、固定費用が5万円なら、おにぎりを3個供給するために必要な総費用は、5万＋295＝5万295円になるのである。

5.2.4　限界費用と総費用：図解

図5-3を使うと、限界費用や総可変費用を図で表すことができる。まず、1個目のおにぎりにかかる限界費用は75円である。図の灰色の長方形の面積は、高さ×底辺の長さだから、75（円／個）×1（個）＝75円である。つまり、灰色の長方形の面積が1個目のおにぎりの限界費用に当たる75円に他ならない。2個目のおにぎりにかかる限界費用100円は、図の点で埋められた長方形の面積、100（円／個）×1（個）＝100円で表され、同様に3個目のおにぎりの限界費用120円は、図の斜線で埋められた長方形の面積に他ならない。

限界費用がおにぎり1個の供給が追加されるたびに必要な費用の額だったことから、おにぎり3個の供給に必要な総可変費用は、灰色、点、斜線で埋められた三つの長方形の面積を足し合わせたものになる。言い換えれば、ある個数（例えば3個）のおにぎりの供給に必要な総可変費用は、縦軸と横軸、その総個数（例えば3個）のところで引いた垂直線と供給曲線（図5-3の場合は折れ線）という4つの線によって囲まれた面積に等しい。

このことは、個別供給曲線に限らない。ある価格における市場供給とは、その価格における（エイトテン新宿店だけでなく、何万、何百万という数の）各売り手の個別供給量を足し合わせたものに他ならない。つまり、市場供給曲線とは、各売り手の個別供給曲線をすべて水平に足しあわせたものに他ならない。

したがって、市場供給曲線を使っても、経済全体の限界費用と総可変費用を図示することができる。例えば、**図5-4**でいえば、市場全体で100万個のおにぎりを供給するとき、100万個目のおにぎりの供給に必要な社会全体の限界費用は100円であり、社会全体が100万個のおにぎり供給に必要な総可変費用は、縦軸、横軸、市場供給曲線、供給100万個のところに引いた垂直線の4者で囲

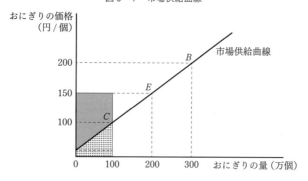

図5-4 市場供給曲線

まれた領域、つまり図5-4の点線の面積に他ならない。

　また、市場供給曲線とは、社会における売り手の限界費用を、小さい順、低い順に並べた曲線に他ならない。その意味で、この曲線は需要曲線と同様、市場やそこでの売買とは無関係に、北朝鮮のような資本主義や市場とは無縁の国でも定義できる曲線に他ならない。

5.2.5　生産者余剰

　さて、市場経済の場合、需要曲線を使って消費者余剰が定義できたように、供給曲線を使うと生産者余剰が定義できる。このことを、次に説明しよう。いま、図5-4で、100万個のおにぎりが、一個当たり150円の価格で売れたとしよう。この時、生産者全体が買い手から受け取る総収入は、150（円/個）× 100万（個）＝1億5千万円である。この額は図で、灰色で示した台形の面積と点で埋められた台形の面積の和で表されている。

　他方、100万個のおにぎりを生産するための総可変費用は、図5-4の点で埋められた台形の面積で表すことができた。この、総収入から総可変費用を差し引いた金額、つまり図の灰色の台形の面積を、**生産者余剰**と呼ぶ。生産者余剰は、総収入から総費用を差し引いた額だから、一見、生産者が受け取っている利潤の総額に等しいように見える。ただ、総費用＝総可変費用＋固定費用だったから、総可変費用＝総費用－固定費用に他ならない。こう考えれば、

　　　生産者余剰＝総収入－総可変費用＝総収入－総費用＋固定費用

$$= 利潤 + 固定費用$$

として表されることになり、生産者余剰とは、厳密には、利潤に固定費用を加えた金額になる。

5.3 経済厚生とその最大化

5.3.1 便益・費用と経済厚生

本章の5.1節と5.2節でみたように、おにぎりの供給は、社会に二つの効果をもたらす。それは便益と費用である。それを、図5-2と図5-4を合わせた**図5-5**で説明しよう。

例えば100万個のおにぎりを供給すると、社会全体では図5-5の濃い灰色の領域と薄い灰色の領域を合わせた面積分だけの総便益（金額で表された満足の総額）をもたらす。他方、100万個のおにぎりを供給するために、社会は図5-5の濃い灰色の領域の面積分だけの総費用（正確には総可変費用）が必要である。総便益を生み出すために必要なのが総（可変）費用だから、おにぎり100万個の供給から社会全体が受ける利益は、総便益から総（可変）費用を差し引いた金額になる。この、総便益から総（可変）費用を差し引いた額のことを、**経済厚生**と呼ぶ。以上で述べたことから、おにぎりを100万個供給する場合に生まれる経済厚生は、図5-5の薄い灰色の領域の面積になることが明らかである。

社会全体の立場からおにぎりの供給を考えれば、おにぎりの供給が生み出す経済厚生をできるだけ大きくするような供給量を選択することが望ましい。では、そのような供給量はどれだけになるだろうか。このことを考えるために、いま、社会で100万個のおにぎりが供給されているとして、おにぎりをもう1個追加的に供給すると、経済厚生は増えるか、減るかを考えてみればよい。

いま、100万個のおにぎりが供給されている時、消費者が獲得する総便益は、図5-5の薄い灰色の部分の面積と濃い灰色の部分の面積の和に他ならない。したがって、100万個からもう1個おにぎり供給を追加することで、総便益はそのおにぎりを食べた消費者の限界便益分だけ増加する。その値は図の A 点の高さ（厳密には「この高さ」×「1個」の面積であるが、以下では面倒なので、単に「高さ」と言う）に当たるから、ちょうど200円に他ならない。需要曲線とは、図に示したように、限界便益を表す曲線なのである。他方、おにぎりを100万

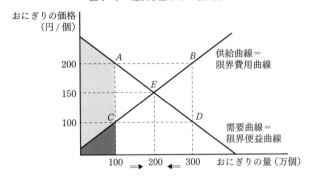

図5-5　経済厚生とその最大化

個供給するときの総費用は、図の濃い灰色の部分の面積に他ならない。したがって、おにぎり供給を100万個からもう1個追加供給するために必要な追加費用は、それを供給する売り手の限界費用に他ならない。その値は図のC点の高さに当たるから、ちょうど100円である。供給曲線は、図に示したように限界費用曲線でもあるのである。

したがって、100万個からおにぎりをもう1個追加的に供給すると、総経済厚生は、総便益の追加分である限界便益200円と、総費用の追加分である限界費用の100円の差額である、200－100＝100円だけ増加することになる。おにぎりの供給を増やすことで総経済厚生が増えるのだから、おにぎりの供給を増やすことは社会的に望ましいことになる。また、このようなことが起こるのは、おにぎりの限界便益を表す需要曲線の高さの方が、限界費用を表す供給曲線の高さを上回る場合、つまり、図5-5のE点に対応する供給量200万個より供給量が少ない場合である。つまり、E点に対応する供給量200万個より供給量が少ない場合、供給量を増やすことで総経済厚生が増加する。図の横軸の下に描かれている右向きの矢印は、それを表している。

逆に、E点より供給量が多い場合、需要曲線の高さを供給曲線の高さが上回る。例えば、おにぎりの供給量が300万個の場合、需要曲線の高さで表される限界便益は100円であり、供給曲線の高さで表される限界費用は200円である。このような場合、おにぎりの供給を増やすと、得られる追加的な便益は100円でしかないのに、それに必要な追加的費用は200円なので、総経済厚生は

かえって減ってしまう。この時望ましいのは、おにぎりの供給量を減らすことである。おにぎりの供給を1個減らせば、便益は100円減ってしまうが、費用は200円節約できる。結果として、総経済厚生は200－100＝100円だけ増加する。図の左向きの矢印が、それを表している。

5.3.2　アダム・スミスの神の見えざる手

　以上の考察をまとめれば、この社会において、おにぎりの最適な供給量は、総経済厚生を最大化する供給量であり、それは図5−5のE点、つまり需要曲線と供給曲線が交わる点に対応する供給量であることがわかる。この供給量が社会的に最適な供給量であることは、市場の存在や市場の取引とは無関係に、需要から得られる便益と供給に必要な費用という考え方から得られたものである。つまり、市場経済であれ北朝鮮のような計画経済であれ、図5−5のE点に対応する供給量が、社会の経済厚生を最大化する供給量＝需要量になる。ところが、市場メカニズムの場合、おにぎりの需要量・供給量が分権的な市場で決められているにもかかわらず、この最適な供給量が市場均衡として自動的に実現するのである。

　このように経済厚生を最大化するような需要と供給が実現していること、つまり経済厚生を最大化するような資源配分が実現していることを、資源配分が**効率的**であると呼ぶ。分権的で私益を追求する自由な市場経済の均衡は、効率的な資源配分を実現するということを、本章の分析は示している。この事実、つまり、各市場参加者が分権的（ばらばら）に自分の利益（私益）を追求するという市場メカニズムが、結果として経済厚生を最大化するという意味で、社会的に最も望ましい需要・供給量を実現するという、奇跡的な事柄を表している。経済学の創始者、アダム・スミスは、このことを**神の見えざる手**と呼んだし、現代の経済学はこのことを、小難しく**厚生経済学の基本定理**と呼んでいる。しかしこのことこそが、ミクロ経済学の一つの頂点であることに間違いない。

　とはいえ、市場均衡が経済厚生を最大化するという意味で、資源配分を効率化するという発見は、もろ手を挙げて祝うべきことではない。経済厚生を最大化するということは、人々の間の所得分配が公平で、格差が存在しないという

こととは全く別の判断であり、資源配分が効率的であっても所得分配はきわめて不公平であることが考えられる。事実、市場均衡が実現する資源配分は、大きな格差を生み出す可能性が高いのである。この点については、第6章の前半で立ち入って説明することにしたい。

また、市場均衡が経済厚生を最大化するためには、本章では立ち入った議論をしなかったいくつかの条件が満たされている必要がある。つまり、市場均衡が実現する資源配分が効率的であるためには、理想的な条件が満たされている必要があるのである。それらの理想的な条件が満たされていなければ、市場均衡が実現する資源配分は、効率性さえ実現しないのである。第6章の後半と第7章および第8章では、この問題について説明を行おう。

第6章

所得分配と独占

6.1 経済政策と所得再分配

6.1.1 分配と効率

　第5章では、市場の均衡が効率的な資源配分、つまり経済全体の総便益から経済全体の総（可変）費用を差し引いた値として定義される「経済厚生」を最大化するような資源配分を実現することを説明した。しかし資源配分の効率性は、資源配分に関わるもう一つの重要な基準である、**分配の公平**とは別の概念である。したがって、市場の均衡が効率的な資源配分を実現するからといって、所得分配の公平をも同時に満たす、本当に望ましい資源配分とは限らない。むしろ資本主義、つまり市場メカニズムの欠陥の一つは、所得分配の公平を満たせず、所得や資産の格差を生み出すことにあるといってもよい。特に21世紀に入ってから、各国内での富裕層と貧困層の間の格差の問題は、大きな社会・政治問題となっている。本章の前半では、この分配の問題について考えてみよう。

　第5章で述べたように、理想的な条件さえ満たされていれば、市場の均衡における資源配分は必ず経済厚生を最大化する。しかし経済厚生とは、その資源配分において、社会を構成するすべての人が感じる満足（効用）の金銭評価額の総額として定義される「便益」総額から、その資源配分を生み出すために必要な「費用」総額を差し引いたものであった。他方、分配の公平とは、便益の総額が、人々の間で公平・平等に分配されているか否かという問題である。独裁国では、独裁者が国富のほとんどを得ており、それから多額の便益を得る一

方、他の国民すべてはわずかな所得しか得られず、獲得する便益も非常に小さい。これに対して、すべての国民がほぼ同じ水準の所得を得ていれば、すべての国民が獲得する便益もほぼ等しいだろう。独裁国に比べて、後者の社会は明らかにより平等だが、独裁者が得る便益が非常に大きければ、独裁国の方が後者の社会に比べて、かえって便益総額が大きいということが起こりうる。

本章の6.1節ではまず、自由な市場均衡で実現される効率的な資源配分と比べて、政府が介入して実現される非効率な資源配分の方が、一部の人々にとってはより高い所得を生み出す望ましい資源配分であることを、現実の日本で行われているコメの輸入禁止政策を例にとって説明する。その上で6.2節では、経済厚生の最大化と所得分配の公平とは異なる概念であることを、より一般的な視点から説明し、最後に公平性についての二つの異なる概念——結果の平等と機会の均等——について説明する。

6.1.2 コメの輸入禁止政策

現在の日本では、無税で輸入できる少量のコメを除いて、基本的に輸入する際には非常に高い関税が課されている。結果として、外国米を輸入しようとしても、関税の支払額を上乗せすると、国内価格が国内米の価格と比べてあまりにも高くなり、販売不可能である。いわば無税で輸入できる少量のコメを無視すれば、外国米の輸入を事実上禁止する政策がとられていることになる。以下、この**外国米輸入禁止政策**が、効率と公平に与える効果を考えてみよう。

コメの輸入を禁止しているならば、コメの供給を行うのは国内農家だけである。そこで、**図6-1**の右上がりの直線 $p_0FE^*S_d$ を国内農家のコメの供給曲線だとしよう。他方、E^*ED が国内消費者の需要曲線だとすれば、輸入が禁止されている場合にはコメを供給できるのは国内農家だけだから、コメの市場の均衡は E^* になり、価格は p^*、需給量は X^* になる。この時、消費者余剰は a の面積、生産者余剰は $b+c$ の面積になることが明らかだろう。したがって、コメの市場が実現する総経済厚生の額は $a+b+c$ の面積である。

6.1.3 輸入自由化がもたらす効率面の効果

さて、この輸入禁止政策を中止して、コメの**輸入を自由化**した時、どんなこ

図6-1 コメの輸入禁止政策

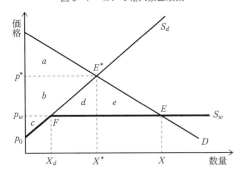

とが起こるだろうか。いま、国際的にコメが p_w の価格で取引されているとし、輸入したとき日本はこの価格で無制限に輸入が可能だとしてみよう。国内市場では、国内価格が p_w より低ければ輸入米は入ってこず、供給するのは国内農家だけだが、価格が p_w になると輸入米がまさり、供給量がどれだけ多くなっても、価格は p_w にとどまることになる。結果として、輸入米を含めた供給曲線は、図6-1の太い折れ線 p_0FES_w になる。

したがって輸入自由化後の国内市場均衡は、需要曲線と輸入米を含めた供給曲線の交点 E になる。輸入が禁止されていた場合に比べて、国内価格が p_w に下落する一方、需要量は X に増加し、そのうち国内農家が生産する量は X_d、残りの $X-X_d$ は外国から輸入されることになる。結果として、消費者が得る消費者余剰は図6-1の $a+b+d+e$ の面積に増加する一方、国内農家の受け取る生産者余剰は c の面積へと減少する。したがって、輸入自由化後の経済厚生の総額は $a+b+c+d+e$ の面積である。

以上をまとめると、コメの輸入自由化には二つの効果があることがわかる。一つが、総経済厚生への効果であり、普通、経済効率面の効果と呼ばれる部分である。輸入自由化によって総経済厚生は図6-1の $a+b+c$ の面積から $a+b+c+d+e$ の面積へと、$d+e$ の面積だけ増加する。第5章で見たように、経済厚生は資源配分の決定を市場均衡に任せた時(つまり、輸入を自由化した時)に最大化されるのであり、政府が輸入禁止という政策によって市場に介入すると、かえって経済厚生が減少してしまい、経済効率性が低下する。この政府の

市場介入によって失われた経済厚生の額、つまり $d+e$ の面積を**厚生損失**と呼ぶ。

6.1.4 輸入自由化がもたらす所得再分配

コメの輸入自由化がもたらすもう一つの効果が、農家と消費者の間の**所得再分配**である。輸入禁止政策がとられている間、均衡価格は図6-1の p^* になり、国内農家は $b+c$ の面積という大きな額の生産者余剰を獲得しているが、輸入自由化によってそのうちの b の面積分を失ってしまう。

これに対して消費者は、輸入自由化によって全体で $b+d+e$ の面積分だけ消費者余剰が増えることになる。このうち、$d+e$ の面積は、輸入禁止政策がもたらしていた厚生損失を消費者が新たに獲得したことを表しているが、b の面積は消費者が国内生産者(農家)から得た所得再分配に対応している。

このように、コメの輸入禁止政策を転換し、輸入を自由化すると、たしかに経済厚生は最大化されるが、結果として所得再分配が起こり、国内農家は損失を被る。経済厚生が最大化されることは、必ずしもすべての人の満足を増加させることにはつながらないことが、これでわかる。輸入自由化は国内農家に損失をもたらし、農家は政治活動などを通じて輸入自由化に反対するのである。

このコメ輸入の自由化や関税引き下げなどに対する反対運動は、農家の数が消費者の数より少ないために、いっそう激しくなる。米作に対しては、輸入禁止政策に加えて、1970年以来、生産調整を行う減反政策が採用され、米価が政策的に引き上げられている。減反政策はいずれ廃止されることになっているが、輸入禁止政策と同様、消費者と農家の間の所得再分配を生み出してきた。

少し古い推計だが、減反政策に伴う所得の再分配の額である上記 b の面積を現実の日本経済に当てはめて推計すると、年間1兆円を越える額の所得再分配が起きることが知られている。減反政策を廃止すると、農家から消費者へ年間1兆円の所得再分配が起こるわけである。ただ、稲作農家の総世帯数は小規模な兼業農家を含めて100万世帯程度であり、一世帯当たりでは少なくとも年間100万円程度の損失が発生する。専業農家の損失は少なくともその数倍以上だから、年間では数百万から1千万円程度の損失になり、彼らは必死になって減反政策廃止に反対してきた。これに対して、日本全国の消費者世帯数は3000万

世帯ほどだから、減反廃止を行っても得られる一世帯当たりの所得増は年間2万円程度にしかならない。

　コメの輸入自由化や減反政策廃止に限らず、特定の政策目的に関する政策や制度の改定は、潜在的に国民全員に影響を与える社会的決定だから、民主主義に基づいた政治的プロセスを通じて行われる。コメの輸入禁止政策に限らず、一般的にある政策や制度の改定は、経済厚生への影響だけでなく、それによって損をするグループから得をするグループへの所得再分配をもたらす。政策・制度の変更によって、損をするグループと得をするグループを比べたとき、グループの人数が少ないほど、一人当たりの損得が大きくなることになるから、グループの人数が少ないほど、政治活動を行うインセンティブが大きくなる。コメの輸入自由化で得をする消費者グループの人数は、損をする農家グループの人数に比べて圧倒的に多いため、一人当たりの損得が農家グループに比べて相対的に小さくなる。それが結果として、農家グループのコメの輸入自由化に対する反対運動が激しくなり、それに対して相対的に、消費者グループが輸入自由化に大きな関心を持たない一つの理由になっている。

6.2　支払意欲と便益：分配の視点から

6.2.1　支払意欲と限界便益

　本章の6.1節では、コメの輸入禁止政策を例にとり、その経済厚生への効果と、生産者と消費者の間の再分配を考えた。その結論は一般的に、ある政策や制度を採用したり改革したりすると、それが経済厚生を増加させ、資源配分の効率性を高めるとしても、それは同時に、あるグループから別のグループへの所得の再分配を伴う、ということをも併せて評価する必要があるということだった。コメの場合はともかく、一般的に言えば、ある政策転換が資源配分の効率性を高めるからといって、それに伴って、貧しいものから富んだものへの所得再分配が起こることもありうる。その場合には、政策転換が経済厚生を増加させる場合でも、所得再分配の問題を無視して、政策転換をすべきだと即断することは、必ずしも適切でない。

　現実の政策や制度の決定においては、効率面で望ましい政策が、しばしば分配面の影響に基づいた政治活動によって阻止されることが多い一方、分配面の

問題を十分に考えずに、効率面での評価だけで、政策・制度の妥当性を短絡的に主張する専門家も多い。経済政策の採用や経済制度の設計にあたっては、経済厚生への影響という資源配分の効率性に関わる視点と、所得再分配への影響という視点という、二つの視点を明示的に考えるとともに、その経済的な影響だけでなく、政治的な背景をも理解したうえで、バランスのとれた判断をしなければならないのである。

さて、このことは、消費者間の分配を考える場合でも同じである。以下では、第5章で考えた支払意欲と限界便益という概念を通じて、この問題を考えてみよう。

第5章では、おにぎりを例にとって、ある消費者（例えば図5-1なら大翔君）の個別需要曲線のある消費量（例えば図5-1の3個）における需要曲線の高さ（その場合、150円）が、その消費量からもう一つおにぎり消費を増やすために消費者が支払ってもよいと考えている**支払意欲（WTP）**、あるいはその消費が増えることから得られる**限界便益**（消費量が増えることで消費者が感じる追加的満足の金銭評価額）と密接に関係していることを説明した。同じことは、市場需要曲線についてもいえる。ところで、支払意欲とか満足の金銭評価額とは、円で支払う金額で評価した場合の支払意欲であり、得られる満足の額を表している。例えば、おにぎりの消費量が3個から4個に増える時、大翔君と愛莉さんの支払意欲がどう異なるかは、二つのことに依存する。

一つは、4個目のおにぎりから二人が得る満足の大きさである。異なる消費者は異なる満足を感じる。もし大翔君がおにぎり好きで、愛莉さんはおにぎり嫌いなら、大翔君が4個目のおにぎりから感じる満足は、愛莉さんが4個目のおにぎりから感じる満足より大きいだろう。そのため、4個目のおにぎりに対する支払意欲は、大翔君の方が愛莉さんより大きいことになるだろう。ただし、支払意欲は、消費者の間の好みの違いだけで説明できるわけではないことに注意が必要である。

支払意欲を決めるもう一つの要因は、その消費者の**支払能力**、つまりどのぐらい所得があり資産を持っているかという点である。例えば、愛莉さんは所得もたくさんあり、資産を大量に持っているとしよう。その場合、愛莉さんはあまり自分の好みではなくても、4個目のおにぎりから得られるわずかの満足に

対して、多額のお金を支払えるはずである。彼女の支払意欲はそのために高くなり、得られる満足の金銭評価額である限界便益も大きくなる。他方、大翔君は貧しくて資産も持っていなければ、いくら4個目のおにぎりから得られる満足が大きくても、そのために支払えるお金には限りがある。結果として、彼の支払意欲あるいは限界便益は小さくなる。

6.2.2 市場需要曲線と支払意欲

　市場需要曲線とは、各消費者が自分の消費量に応じて持つ支払意欲（限界便益）を、高い順に並べたものだと解釈できた。しかし、上に述べたように支払意欲の強さは、その財・サービスの消費から得られる満足の程度も反映しているだけでなく、その消費者の支払能力（所得や資産の額）の程度も反映している。例えば、第5章の図5-5の場合、自由で分権的な市場の均衡はE点であり、200万個のおにぎりが取引され、価格は一個当たり150円になるはずである。このとき、おにぎりを買うのは支払意欲が150円以上の消費者だけであり、支払意欲が150円未満の消費者は、おにぎりを購入できない。

　さて、問題点を明確にするために、すべての消費者がおにぎり消費から得られる満足は同一であり、消費者間の支払意欲の違いは、各消費者の支払能力の違いだけに依存しているとしよう。市場需要曲線とは、各消費者の支払意欲（限界便益）を高い順に並べたものだったから、この場合、市場需要曲線は、各消費者の支払能力（所得や資産の額）を大きい順に並べたものになる。需要曲線の左上にある点の方が、右下にある点に比べて、支払能力がより大きい高所得の消費者の需要を表している、というわけである。

　このとき、図5-5の均衡点より左側にあり、200万個のおにぎりを実際に購入しているのは、一個当たり150円を上回る支払意欲を持つ消費者であり、それらは支払能力のより大きい高所得の消費者の需要に他ならない。彼らより支払能力の小さい低所得の消費者のおにぎり需要は、均衡のE点より右側にあり、これらの低所得の消費者はおにぎりを消費できないことになる。つまり、この市場ではおにぎりを消費しているのは高所得者だけであり、低所得者はおにぎりを消費できないことになる。本来、おにぎりを本当に必要としている低所得者が、その支払能力の欠如のためにおにぎりを市場で購入できず、それは

ど必要としていない高所得者の方が、高い支払能力を背景に市場ですべてのおにぎりを購入できるというわけである。

　こう考えると、確かに市場メカニズムは、総便益から総費用を差し引いた差額である経済厚生を最大化するという意味で、資源配分の効率性を実現するが、消費者と生産者、あるいは消費者同士の間の分配の公平性を実現できるとは限らないし、社会全体の視点から見て、真に望ましい資源配分を実現できない可能性がある。そこで日本をはじめ多くの国では、累進的な所得税や相続税の仕組みを使って、分配の公平を高める努力をしている。累進的とは、所得や相続額が大きければ大きいほど、所得や相続額のより大きな割合を税として徴収することである。累進的な所得税や相続税から得られた税収を、生活保護などの財源に充てることで、富める者から貧しい者への所得や資産の再分配が行われ、結果として所得や資産の平等化が行われているのである。

6.2.3　結果の平等と機会の均等

　公平の問題の説明を終える前に、上で述べた分配の公平という概念の限界について説明しておこう。公平という概念には、**結果の平等**と**機会の均等**という二つの概念があり、上で述べた公平の概念は結果の平等に対応している。ここで、結果の平等とは**事後的**な平等の概念であり、機会の均等とは**事前的**な平等の概念という違いがある。アメリカなどと違って、わが国では事後的な平等を重視するという価値観があるが、それを強調しすぎることには実は大きな問題がある。

　まずは「結果の平等」という概念を説明しよう。人々がそれぞれどれだけの所得や資産を獲得するかは、その人の能力や、親から相続した資産の額や事業の成功・失敗など多くの偶然にも依存する。これらの能力や偶然に依存して、ある人の獲得する所得や資産の額は多くなり、別の人が獲得する所得や資産の額は少なくなる。結果として、所得や資産の事後的な**格差**が生まれる。これが、所得や資産の**結果としての不平等**に他ならない。この偶然がもたらす「結果の不平等」を何らかの手段で是正し、「結果の平等」を実現すべきだという考え方が、結果の平等という概念の背後にある。

　しかし結果として格差が生まれる理由は他にもある。努力する人は努力しな

い人に比べて、昇進し成功する可能性が高く、それだけ大きな所得や資産を手にすることができる。この時、「結果の不平等」を是正しようと、すべての人が事後的に同一の所得や資産を手にする「結果の平等」を実現しようとすると、それは、努力したために成功した人の所得を、努力しなかったために所得のない人に再分配することになりかねない。そのような仕組みは、人々の**努力しようというインセンティブ**をかえって損ねることになるだろう。つまり、所得や資産の格差を許すことは、努力した時に他人より大きな所得や資産を得られる可能性を高めることであり、それだけ努力しようというインセンティブを高めることに他ならない。

　結果の平等という概念に対して、機会の均等という概念は、このようなインセンティブを損ねずに、人々の間の公平を保とうとする考え方である。人が人々の人生の出発点を同じにすれば、事後的に生まれてくる格差は、その人がどれだけ努力したかに大きく依存することになるだろう。運にもよるかもしれないが、失敗した時にやり直せる仕組みをきちんと作っておけば、人々の努力しようというインセンティブを引き出すことが可能だろう。結果の平等と機会の均等という二つの概念をうまく組み合わせることで、社会における公平の仕組みをより良く作り出すことができると考えられる。

6.3　独占力

6.3.1　独占・寡占と独占力

　供給曲線という概念は、その市場に財・サービスを供給する生産者が完全競争という状況にあることを前提にしていた。完全競争市場では、生産者は価格を与えられたものとして行動し、自分にとって最適な供給量を決めるから、与えられた価格の下で決まった生産者の総供給量が供給曲線を表すわけである。完全競争とは、その財・サービスの供給者が無数におり、それぞれの生産者のマーケット・シェア（市場占有率）がほぼゼロに等しいため、生産者はお互いに激しいライバル競争を行っている状況を表していた。結果として、個々の生産者には市場の価格を決定する力がなく、価格は激しい競争の中で、超過供給や超過需要を背景に、「市場の力」を通じて自然に決まってくるものと考えられた。

これに対して、東海道新幹線は、JR 東海という会社が独占的に供給しているし、プリウスという自動車のタイプはトヨタが独占的に供給している。東京と大阪間の移動には、東海道新幹線以外にも JAL や全日空などの航空機を使った移動というライバルが、トヨタのプリウスにはホンダや日産などライバル自動車会社の様々な車種が存在する。このため、東海道新幹線やプリウスの**独占力**は、その代わりになる財、いわゆる「密接な代替財」を提供するライバルからの制約が加えられている。同じ目的を実現する代替財が多いほど、また、代替財が提供する品質やサービスの程度が似ていて、代替財の密接性が高まるほど、独占力は弱くなると考えられる。

したがって、プリウスという車種だけを取り出して市場を狭くとらえれば、それはトヨタの**独占市場**だが、2000cc 程度の大きさの乗用車の市場というより広い市場を考えれば、それはトヨタ、ホンダ、日産など、複数ではあるが少数の売り手の競争にさらされている**寡占（かせん）市場**だということになる。トヨタとホンダの供給する車種は、ブランドやデザイン、あるいはハイブリッドか否かなどの違いを通じて、**製品差別化**が行われている。東海道新幹線と航空機による移動は、必要時間、駅と空港利用の違い、移動の際の快適さなどを通じた、製品差別化が存在する。独占市場や寡占市場では、売り手が価格を設定する力、つまり**独占力**を持つことになる。以下では、独占力がもたらす資源配分の非効率性つまり独占力が生み出す厚生損失を、独占市場の場合について説明しよう。

6.3.2　独占と限界収入

完全競争市場では無数のライバル企業がいるため、各企業は市場価格 p を与えられたものとして行動していた。この場合、マーケットシェアがゼロの自分だけが供給量を変化させても、市場全体の総供給量は影響を受けず、価格は p のままである。さて、企業がいま Q という量を完全競争市場に供給しているとして、もう 1 個だけ供給を増やし供給量を $Q+1$ にしたとしてみよう。その場合、この企業が得られる収入は $p \times Q$ から $p \times (Q+1) = p \times Q + p$ に増加するから、追加収入（これを**限界収入**と呼ぶ）は $p \times 1 = p$ になり、限界収入は価格と等しくなる。完全競争市場における各企業の限界収入は、価格と等しく

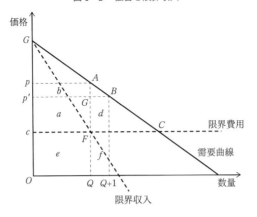

図6-2 独占と限界収入

なるのである。

　しかし、市場が一つの売り手によって独占されている場合、例えば、東京―大阪間の鉄道輸送を独占している JR 東海を考えてみよう。この独占企業、つまり JR 東海が、東京―大阪間の運賃価格を自由に設定することができるとすると、どのような価格を設定するだろうか。このことを、**図6-2**を使って説明しよう。

　独占しているのだから、JR 東海が直面するのは、この市場の需要曲線である。したがって、例えば図6-2で価格を p に設定すれば Q の量を、価格を p' にすれば $Q+1$ の量を販売することができるだろう。逆に、Q の量を供給すれば価格は市場で p に決まるし、$Q+1$ を供給すれば価格は p' に決まることになる。このように、独占企業は、価格自体を自分で自由に設定することも、供給量をコントロールすることで間接的に価格を自由に決めることもできるのである。これが、独占企業の持つ独占力に他ならない。

　では、独占力を持つ企業が、供給量を Q から $Q+1$ に増加させた時、得られる追加収入（限界収入）はどうなるだろうか。供給量が Q の時、価格は p だから、総収入は $p \times Q$、つまり図6-2の $OpAQ$ で囲まれた長方形の面積、あるいは図の $e+a+b$ の面積になる。これに対して、供給量が $Q+1$ に増加すれば価格は p' に下落するから、総収入は $p' \times (Q+1)$ になり、$Op'BQ+1$ で囲まれた長方形の面積、あるいは $e+a+f+d$ の面積になる。つまり、収入は

$f+d$ の面積だけ増え、b の面積だけ減るから、限界収入は $f+d-b$ だということになる。ところで、$f+d$ の長方形は底辺が 1 で、高さが p' だから、面積は $p'\times 1=p'$ である。さて、Q の大きさに比べて 1 の大きさが十分に小さいなら、p' の大きさは p とほとんど違わないだろう。つまり、$f+d \fallingdotseq p$ が成立することになり、限界収入である $f+d-b$ の面積は、ほぼ $p-b$ に等しくなり、限界収入は b の面積分だけ、価格より小さいという関係が成立する。このように、企業が独占力を持つ場合、限界収入は価格より小さく、したがって限界収入曲線は需要曲線より下方に位置するという性質を持つことになる。

少し技術的になるので詳細は述べないが、需要曲線が直線の場合、限界収入曲線はやはり直線になり、需要曲線と同じ縦軸の切片を通り、傾きが 2 倍になることが知られている。図 6-2 はこの関係を基にして描いたものである。

6.3.3 独占企業の行動

では、独占企業は自由に行動させると、どんな行動をとるのだろうか。資本主義という自由な経済では、企業は**利潤を最大化**するよう行動すると考えられる。ところで利潤は、収入から費用を差し引いたものである。つまり、

$$\text{利潤} = \text{収入} - \text{費用}$$

という関係が存在する。いま、ある供給量を供給している企業を考え、この企業が供給量を増やすべきか、減らすべきかを検討しているとしてみよう。そのためにカギとなる概念が、供給量を増やした時に得られる追加的収入（限界収入）と追加的費用（限界費用）の大小関係である。

もし、限界収入が限界費用を上回るなら、供給量を増やすことで費用増以上の収入増を得られることになるから、上記の式に照らして、利潤が増加することになる。つまり、限界収入が限界費用を上回るなら、供給量を増やすことで利潤を増やすことができるから、企業は供給を増やそうと考えるだろう。他方、もし限界収入が限界費用を下回るなら、供給量を増やすと収入増以上の費用増が生まれてしまう。この場合には、供給量を増やすより、供給量を減らすことで、利潤を増やすことができる。なぜならば、供給量を減らすことで、限界収入分の収入を失ってしまうが、限界費用分の費用を節約できるので、利潤が増えるからである。言い換えると、利潤を最大化するための（必要）条件

図 6-3 独占企業の行動

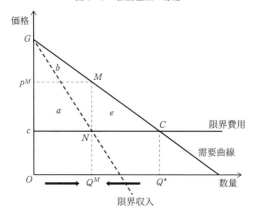

は、「限界収入＝限界費用」なのである。

図 6-3 には、限界費用が c の水準で一定のため、限界費用曲線が水平の場合の、独占企業の行動が示されている。供給量が Q^M より小さい場合、限界収入曲線の高さが限界費用曲線の高さを上回っているので、横軸の下の矢印が示すように、供給量を増やすことで利潤を増やすことができる。他方、供給量が Q^M を上回る場合、限界費用が限界収入を上回っているので、矢印のように供給量を減らすことで利潤を増やすことができる。

したがって、利潤を最大化する供給量は Q^M であることがわかる。供給量が Q^M ならば、需要量と供給量が一致する価格 p^M が実現するだろう。つまり、独占企業が選択するのは、需要曲線上の M 点が実現するよう行動することなのである。結果として、価格 p^M は限界費用 c を上回ることになる。

6.3.4　独占企業がもたらす市場の失敗：非効率性と所得分配

さて、このような独占企業の行動は、資源配分の効率性や所得分配の視点から、どう判断されるべきなのだろうか。それを考えるためには、この独占企業があたかも完全競争市場内にあると考えた場合と比較することが有益である。完全競争市場なら、経済厚生が最大化されて、資源配分が効率的になるからである。

ところで、完全競争市場なら価格は与えられたものとして行動し、限界収入は価格と等しくなった。したがって、利潤を最大化する原則である「限界収入＝限界費用」は、完全競争の場合は「価格＝限界費用」になる。つまり、その生産量での限界費用が市場価格に等しくなる水準の生産量を選ぶことが、完全競争市場における企業の行動原理になるのである。第5章でも説明したように、供給曲線が限界費用曲線に対応しているのは、このことを理由としている。

つまり、図6-3の独占企業が、あたかも完全競争市場にいるように行動したとしたら、限界費用曲線が供給曲線だと認識して行動することになる。結果として実現するのは限界費用曲線（供給曲線）と需要曲線の交点Cであり、価格はc、供給量はQ^*になっていたはずである。したがって、このC点が、経済厚生を最大化する点を表している。C点では、消費者余剰が図の$a+b+e$の面積、生産者余剰はゼロだから、経済厚生の総額も$a+b+e$の面積で表すことができる。

それに対して、独占企業が実現する図6-3のM点では、消費者余剰はb、独占利潤を表す生産者余剰はaになっており、経済厚生の総額は$a+b$になってしまっている。つまり、市場が一企業によって独占されると、経済厚生を最大化した場合に比べて、eの面積分の**経済厚生**が失われてしまう。eの面積の厚生損失が発生するのである。これを、独占が生み出す**資源配分の歪み**と呼ぶこともある。つまり、独占は資源配分の非効率性を生み出すのである。

独占が非効率性を生み出すのは、経済厚生を最大化する図6-3のC点に比べて、供給量を削減することによって、市場価格をcからp^Mに引き上げ、それによって消費者からより多くのお金を搾り取ろうとするからである。結果として、M点では消費者余剰の一部だったaの面積を、生産者余剰として独占企業が自分の手にすることになる。つまり、経済厚生を最大化するC点に比べると、独占企業はaの面積だけの利益を、消費者から奪い取っていることになる。消費者から独占企業への**所得の再分配**である。

6.4　独占に対する対処

6.4.1　独占に対する規制

実は数十年前には、政府自ら独占企業を経営したり、独占を政府から認めら

れたりしていた企業が多数あった。電信電話事業を独占していた日本電信電話公社、地域独占を認められていた東京電力などの九つの電力会社、郵便事業の独占を認められていた政府の郵政事業などである。現在、独占を認められているのは、信書の集配達事業の独占を認められている日本郵政がほぼ唯一の事業体である。これらの独占企業は、独占利潤を獲得することを禁じられる代わりに、当該事業における独占を政府から認められていた。供給量を少なくして価格を釣り上げることを禁止するために、価格を低くすることを強制され、その価格で需要に見合った供給量を供給することを強制される代わりに、当該事業における独占を、政府から独占免許として認められていたのである。

　これらの独占企業は、政府から当該事業を行う独占的な免許を受けることで、その事業における独占を保証される代わりに、例えば価格を平均費用に等しくすることを強制された。**平均費用料金規制**あるいは**総括原価方式**と呼ばれる規制である。この規制方式は、独占企業が正常利潤率（他の産業で実現できる平均的な利潤率）で操業できる価格を付けることと、その価格で存在する需要を満たす供給量を提供するよう、行動することを義務付けている。詳細は、もう少し上級の経済学の教科書を参照してもらうことにして、念のために少し付け加えておこう。図6-3では、限界費用から乖離した価格を付けることが独占企業の行動であると説明した。電信電話事業、電力事業、信書の集配達事業などでは、限界費用とは電報や電話、あるいは信書をもう1通供給するために必要な電気料金や労賃などであり、電力事業では電力供給をもう1キロワット増やすために必要な燃料費や労賃である。

　しかし、電信電話事業、電力事業、信書の集配達事業を営むためには、電話線のネットワークを建設・維持する費用、発電・送電のために必要な発電所や送電線ネットワークを建設・維持する費用、信書を集配達するために必要な郵便ポストや郵便局のネットワークを建設・維持する費用が必要になる。これらの費用は、電信電話の量、電力供給量、信書の集配達量とは無関係に必要になる費用であり、これらを**固定費用**と呼ぶ。固定費用は、供給量を増やしたからといって総額が増えないので、限界費用には無関係である。しかし、1通、あるいは1キロワット当たり、どれだけの**平均費用**がかかるかには、大きな影響をもたらす。平均費用とは、固定費用を含む総費用を生産量で割った値であ

り、固定費用が大きな場合、生産量が少なければ少ないほど平均費用は大きくなるが、生産量が増えるに従って平均費用は大きく逓減するからである。

このように大きな固定費用があると、生産量が大きいほど平均費用が小さくなり、結果としてライバルとの競争上優位に立てる。この性質こそが、独占が生まれる大きな理由（このことを、自然に独占化する傾向があるという意味で、**自然独占**と呼ぶ）であり、政府が免許を与えて独占を認めるとともに、価格を規制する理由となっている。

6.4.2　料金規制の問題点とその解決策

しかし総括原価方式のような料金規制を行うと、様々な問題が発生する。その一番の理由は、総費用と総収入が等しくなるような料金を強制されるため、正常利潤率以上の利潤を上げることができなくなることである。結果として、何をしても正常利潤率と同じ率の利潤しか実現できないから、費用をできるだけ切り下げて利潤を増やそう、サービスの品質を良くして収入を増やそう、そうすることで正常利潤率以上の利潤を得ようというインセンティブがなくなり、企業自体や経営者・従業員の活力がなくなることである。むしろ、費用が増えれば、それに正常利潤率を上乗せした高い価格をつけることを許されるから、増えた費用の負担を消費者に付け回すことができる。それならば、経営者や従業員は不要な出費を切り詰める必要性を感じないし、接待や私用の出費を増やすことで、費用を増やして自分が得をしようというインセンティブが生まれる。

そのため、1980年ごろから独占免許と料金規制の見直しが始まり、最近では料金規制の**規制緩和**を行い、独占企業が正常利潤以上の利潤を上げることを容認するようになってきている。その代わりに、独占免許を与えたり政府が自ら経営したりすることをやめ、当該産業に複数の企業が存在し、お互いが熾烈な競争をすることで費用の削減やサービスの向上が図られ、結果として消費者の利益になるような**民営化**政策、**競争導入**政策がとられている。

第7章

外部性と公共財

7.1 市場の失敗と外部性

7.1.1 外部性とは何か

本章では、**市場の失敗**が起こる典型的な場合として、外部性と公共財について説明する。市場の失敗とは、広く言えば、市場が実現する資源配分が経済厚生の最大化に失敗し、効率性を実現できない場合を指す。また別の定義としては、第1章で説明したように、その財・サービスの市場が何らかの理由で存在しない場合を指している。外部性と公共財、さらには第8章で説明する情報の非対称性は、後者の意味で市場の失敗が起こる場合である。

本章の前半では、まず、**外部性**について説明する。外部性とは、「ある消費者や一つの企業、あるいは消費者や企業のグループが何らかの行動をとる結果、自分でも取引相手でもない別の消費者や企業、つまり第三者に対して何らかの経済的影響を与えること」を指す。具体的な例を、二つ挙げてみよう。

一つの例は、第3章で扱ったように、天候の変化や消費者の好みの変化を反映して、ニットのセーターに対する需要が増加する（需要曲線が右方にシフトする）ために、ニットのセーターの価格が高騰し、セーターの原材料である毛糸自体に対する需要が増えるため、毛糸自体の価格も高騰する。ニットのセーターの取引という視点から見れば、第三者である毛糸の生産者である企業グループは、ニットのセーターを需要する消費者たちの購買行動から、利益を得たわけである。

もう一つの例は、宅配便などの、ガソリンを使ったトラック輸送事業であ

る。事業に伴ってトラックから排出される排気ガスには、大量の二酸化炭素が含まれている。良く知られているように、二酸化炭素は「温暖化ガス」と呼ばれ、地球温暖化の原因になる。つまり、世界中のトラック輸送事業の事業者たちがトラックを運転するために温暖化ガスが発生し、そのために世界中の気温が高まるとともに、干ばつや暴風雨などの異常気象が増える。トラック輸送事業の利用者たちが作り出す温暖化ガスの発生を通じて、トラック輸送事業とは無関係な人を含めて、世界中の人々が気候被害を蒙ることになる。いわゆる「地球環境問題」である。

　以上の二つの例は、上に述べた外部性の定義を満たしているように思えるが、微妙に異なる点がある。特に、市場の失敗やコーディネーションという視点から外部性を考えると、二つの例には違いがある。

　第一の例は、ニットのセーターの市場でニットのセーターの価格が変化するために、セーターの派生需要としての毛糸自体の価格が変化したことを反映している。これらの変化はすべて、市場メカニズムの内部で起こった変化を反映しており、市場の役割であるコーディネーションという視点から見ると、これこそが市場メカニズムが機能するための条件にこそ他ならない。したがって、これらの変化のために市場の失敗が起こるとは考えられない。このような外部性は**金銭的外部性**と呼ばれ、市場メカニズムの内部で起こる外部性であるために、それ以外に市場の失敗を引き起こすような原因がない限り、市場の失敗、したがって資源配分の非効率性は生まれない。

　これに対して、第二の例、つまり地球環境問題は、外部性を生み出す原因となっている「温暖化ガスの市場自体が存在しない」、つまり温暖化ガスの売買が行われないことから引き起こされる外部性である。いわば、温暖化ガスの「市場が存在することに失敗する」ために起こる現象であるため、このような現象を**市場の失敗**と呼ぶようになった。市場が存在しないために起こる市場の失敗は、外部性だけでなく、公共財や情報の非対称性でも起こるため、これらをまとめて市場の失敗と呼んでいる。また、第二の例のように、市場が存在しないために起こる外部性は、**技術的外部性**と呼ばれている。

7.1.2　外部経済と外部不経済

さて、ある人の行動が別の人や企業に、市場を通じずに影響を与える場合、それが良い影響か悪い影響かによって、外部性を外部経済と外部不経済の二つの概念に分けることができる。上記の温暖化ガスの発生に伴う地球環境問題は、それが異常気象などの悪影響を他の人々に与えるという意味で、**外部不経済**と呼ばれる。騒音、ばい煙、排気ガス、酸性雨、ごみなどの公害問題や環境問題は、外部不経済の典型例である。この場合、これらの公害や環境悪化を引き起こした人たちが、その被害者に外部不経済を与えるという言い方をする。また道路を利用する自動車の台数が増えると、道路が渋滞する。休日の観光地などで、ドライバーたちが同じ道路を同じ時間に利用するために道路が渋滞し、お互いが快適なドライブを楽しむ機会を妨げあうことになる。これも、外部不経済の典型例に他ならない。

しかし外部性が必ず悪影響を与えるとは限らない。例えば、鉄道会社が新しい路線を建設して、新駅を開業したとしよう。周辺の利便性が上がるために地価が上昇し、新駅の近くに土地を所有している住民は、自分の所有地の地価が上昇するというメリットを享受する。このような場合、鉄道会社は、新駅周辺の土地所有者に**外部経済**を与えるという。また、都市の規模が増大して、都市の人口やレストランの数などが増えると、レストランの多様性が増すために、都市の住民はたくさんのレストランの中から自分の好みにあった、その日の気分にあったレストランを選べるようになる。他方、人口が増すために、たくさんの多様なレストランは同時に多数のお客に恵まれることになる。このように、都市の規模の拡大は、住民とレストランそれぞれに、お互いに外部性を与えあう。これは、外部経済の典型である。

外部不経済と外部経済の両方を含めて、一般的に外部性あるいは**外部効果**と呼ぶ。では、外部性あるいは外部効果は、どのようにして資源配分の非効率性を生み出すのだろうか。また、それに対してどのような対応をとるべきだろうか。

7.2 外部性とその図解

7.2.1 外部性と市場均衡

　宅配便をはじめとする、トラック運送業の市場を考えてみよう。**図7-1**に示したように、トラック運送業の市場は、トラック運送に対する需要曲線と供給曲線によって表すことができる。したがって、自由な競争が実現する市場均衡は、図のE点になる。つまり産業全体でx_0トン・kmの量の運送が、一トン・km当たりの価格p_0円で行われることになる。以下では、図7-1の三角形HE^*Jの面積をa、平行四辺形JE^*GKの面積をb、三角形E^*GEの面積をc、台形$OKGx^*$の面積をd、三角形E^*FEの面積をe、台形x^*GEx_0の面積をfと呼ぶことにする。

7.2.2 私的限界費用と社会的限界費用

　ところで、トラック運送量が増えれば増えるほど、トラックの二酸化炭素排出量が増え、温暖化ガス排出量が増えるから、地球環境は悪化する。結果として、干ばつや氾濫などの異常気象が増え、農業をはじめとするトラック運送業には直接関係のない人たちへの被害が増えることになる。トラック運送量が1トン・km増えることによって発生する追加的な温暖化ガスが、社会にもたらすこの追加的被害額を、**限界外部損害**と呼ぶ。図7-1でトラック運送業の運送量がx_0トン・kmの時、運送量が1トン・km増加した時に生まれる限界外部損害の額を、図のEFの線分の長さで表そう。

　このことを、限界費用という視点から考えてみよう。第5章で述べたように、供給曲線とは、運送量をもう1トン・km増やすために必要な追加的費用（限界費用）を低い順に並べた曲線である。ここで追加的費用と呼んだのは、運送業者が運送量を増やすために必要なトラックや運転手、ガソリンなどのために自分が支払う追加的費用を表している。「自分が支払う」という意味で、この限界費用はしばしば**私的限界費用**と呼ばれる。図7-1の運送量がx_0の場合、私的限界費用は線分Ex_0の長さに他ならない。しかし社会全体の視点から見ると、運送量をx_0から少し増やすと、私的限界費用以外にも、温暖化ガスの追加的発生がもたらす地球温暖化現象のために、社会の誰かがその費用を

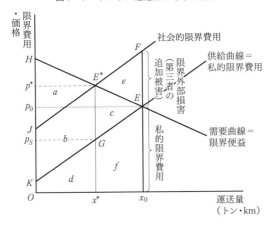

図7-1 トラック運送業と地球温暖化

負担する第三者への限界外部損害が発生する。それは線分 EF の長さに他ならない。私的限界費用に限界外部損害を加えた額、つまり図の Fx_0 の長さが、社会全体に発生する追加的費用（限界費用）に他ならない。それを**社会的限界費用**と呼ぶ。

7.2.3 効率的な運送量

さて第5章で説明したように、需要曲線とは、支払意欲あるいは限界便益（需要を1トン・km 増やすことで得られる消費者の追加的満足の金銭評価額）を高い順に並べた曲線だった。社会全体の視点からは、需要・供給を1トン・km 増やすことで得られる限界便益が社会的限界費用を上回っている限り、需要・供給を増やすことで経済厚生を増やすことができる。限界便益が社会的限界費用を下回る場合には、需要・供給を削減することで経済厚生を増やすことが可能である。したがって、社会的に最も**効率的な運送量**は、限界便益を表す需要曲線が、社会的限界費用曲線と交わる点、図7-1の E^* 点に対応する x^* トン・km である。つまり、自由な競争に任せた時の、言い換えれば、市場メカニズムに任せた時の均衡運送量 x_0 は、それを決定する運送業者が、自分の限界費用である私的限界費用しか計算に入れず行動するため、運送量が**過大**になっている。社会的に効率的なのは、運送量の増加によって発生する温暖化ガスがも

たらす限界外部損害も計算に入れた社会的限界費用が、限界便益に等しくなるような生産量 x^* であり、それは自由な競争の下で実現する運送量に比べて、限界外部損害分だけ少ない生産量なのである。

このことを、経済厚生という視点から確認してみよう。自由な競争に任せた場合、市場均衡における運送量は x_0 である。x_0 の運送量の下で消費者が受け取る「総便益」は、運送量が 0 の時に運送量が 1 トン・km だけ増えることで得られる限界便益 OH から、運送量が x_0 の時に運送量が 1 トン・km だけ増えることで得られる限界便益 x_0E までを足し合わせることで得られる総面積だから、図 7-1 の需要曲線=限界便益曲線と、縦軸、横軸、x_0 のところで引いた垂直線の四つの線によって囲まれる面積である $a+b+c+d+f$ になる。他方、x_0 の運送量で必要な「私的費用の総額」は、供給曲線=私的限界費用曲線と、縦軸、横軸、x_0 のところで引いた垂直線の四つの線によって囲まれる面積である $d+f$ になる。

また、自由な競争に任せた場合、市場均衡における運送量は x_0 であり、一トン・km の運送量当たり線分 $EF = GE^* = KJ$ の長さだけの限界外部損害が発生するから、全体では図 7-1 の $b+c+e$ だけの総外部損害が発生しているはずである。「社会的費用の総額」は、私的費用の総額 $(d+f)$ と総外部損害 $(b+c+e)$ の和と定義されるから、社会的費用の総額は $(d+f)+(b+c+e)$ になる。

さて、自由な競争に任せた時の運送量 x_0 の下で得られる経済厚生は、消費者が受け取る総便益 $(a+b+c+d+f)$ から、運送業者が支払う私的費用の総額 $(d+f)$ と環境被害を蒙る人が受ける総外部損害 $(b+c+e)$ を差し引いた額に他ならない。簡単な引き算によって、それは、$a+b+c+d+f-(b+c+d+e+f) = a-e$ になることがわかる。市場均衡で実現する経済厚生は、$a-e$ なのである。

他方、もし運送量の決定を市場に任せず、何らかの仕組みで効率的な運送量 x^* を実現すれば、価格は p^* に決まるだろう。この時、消費者が受け取る総便益は、図 7-1 の台形 OHE^*x^* の面積になり、$a+b+d$ で表される。他方、運送業者が支払う私的費用の総額は台形 $OKGx^*$ の面積に等しくなるはずだから、その額は d で表される。最後に、環境被害を蒙る人が受け取る総外部損

害は、台形KJE^*Gの面積に等しくなるはずであり、その額はbで表される。したがって、効率的な運送量x^*が実現した時に得られる経済厚生の総額は、消費者が受け取る総便益$(a+b+d)$から、私的費用の総額(d)と総外部損害の総額(b)を差し引いた額になるはずであり、それを計算すると$a+b+d-(b+d)=a$となる。この経済厚生の総額は、上で説明した市場に任せた場合の経済厚生の総額$a-e$より、明らかにeの大きさだけ大きいから、市場に任せず、何らかの方法によって運送量をx^*に抑えることが、資源配分上望ましいことがわかる。

7.3 外部性の内部化

7.3.1 内部化による外部性の解決

では、どうすれば資源配分が効率的になる運送量x^*を実現することができるだろうか。言うまでもなく、自由な市場取引に任せておけば運送量はx_0になり、効率的な運送量に比べて過大になる。それを避けて効率的な資源配分を実現するためには、政府の介入が必要になる。第1章で述べたように、市場と政府が補完しあう**混合経済メカニズム**が必要なのである。

では、具体的にどのような市場の介入を使えば、外部性の下でも効率的な資源配分が実現できるだろうか。外部性とは、市場で取引されないため、いわば「市場の外部で起こる経済現象」が非効率的な資源配分を実現していた。だとすれば、市場の外部で起こる経済現象を、市場の内部に取り込めば、外部性を解決できるだろう。その意味で、外部性の解決策は、外部性の**内部化**と呼ばれている。では、内部化の方法としてどんな方法があるだろうか。

7.3.2 直接規制による内部化

一つのわかりやすい方法は、産業全体の生産量（運送量）を効率的な水準x^*にするよう、政府が規制することである。このような手法を**直接規制**あるいは**量的規制**と呼ぶ。ただ、この手法によって望ましい生産量を実現するためには、いくつかの問題が存在する。

直接規制の第一の問題は、産業全体で効率的になるような生産量x^*を選んでも、それをどのように個別企業に割り振るかという問題である。第5章で述

べたように、図7-1の私的限界費用曲線（供給曲線）は、各企業の生産量（運送量）を、私的限界費用の低い順に並べたものである。運送業全体の総生産量（運送量）をx^*に抑えることが望ましいといった場合、それは単に総生産量をx^*に抑えることだけにとどまらず、総生産量x^*を、ヤマト運輸、佐川急便、日本郵便、日本通運などの各個別運送業者に割り振って、個々の業者がそれぞれどれだけの運送量を実現するかを決めることも必要である。

この個々の業者への運送量の割り振りは、恣意的に決めてよいものではない。図7-1の私的限界費用曲線（供給曲線）からわかるように、x^*の総生産量は、私的限界費用が図のp_Sと等しいかそれより小さいような生産量（運送量）に対応している。したがって、それを個々の企業の生産量（運送量）に割り振る場合にも、各企業に割り振られた生産量の私的限界費用が、p_Sを超えないという条件を満たすように割り振ることが必要である。しかし私的限界費用は、各企業だけが知っている情報であり、政府やそれを割り振る業界団体などにはわからない情報である。割り振り方を間違えると、かえって非効率性が増しかねない。これが直接規制の第一の問題である。

直接規制の問題の第二は、例えば運送業をとってみれば、膨大な数の業者が存在する。自由主義経済である日本経済では、各運送会社は自由に自分の運送量を選択できるはずであり、各社の運送量の合計を、市場均衡とは異なるx^*にさせるよう、各運送会社に運送量を選ばせることは容易ではない。日本では地球温暖化問題に対処するため、各産業の温暖化ガス排出量を直接規制によって決めることが行われてきたが、その具体的仕組みは次のようなものである。経済団体連合会（経団連）という、業界団体を束ねた財界団体を通じて、各業界団体に産業レベルの目標生産量を割り当て、業界団体が産業レベルの目標を企業ごとの目標生産量に割り振り、各企業がその目標生産量を実行しているかどうかを監視する、という仕組みである。この**自主規制**の仕組みは、大企業についてはある程度効果的だが、膨大な数の中小企業（中小運送業者）がそれぞれの目標を実行しているかどうかを監視するためには、膨大な監視費用がかかるため、実効性が小さいことが知られている。

図7-2 経済的規制(ピグー課税)

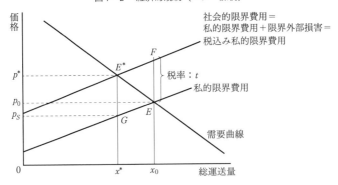

7.3.3 経済的規制あるいはピグー課税

　直接規制のように、生産量などの**量**を規制することには、上記に述べた問題が存在するので、代わりに**価格**を使って規制しようという考え方が存在する。経済的にはきわめてもっともな考え方なので、これを**経済的規制**と呼び、それを最初に提唱した経済学者であるピグーの名前を使って、**ピグー課税**と呼ぶことがある。以下、簡単にそれを説明しよう。

　図7-2に再掲したように、外部性を放置すると、運送業者はトラック輸送を1トン・km増加させることに伴って追加的に発生する温暖化ガスが、トラック輸送とは関係のない第三者に発生する限界外部損害を無視するために、産業全体の総運送量はx_0になる。各運送業者は、トラック輸送の増加に伴って必要とする追加的費用が、自らが負担するトラックやドライバー、ガソリンなどの私的限界費用だけだと考えるからである。しかし社会的には、トラック輸送の増加は、第三者に限界外部損害を与え、その分も含めた社会的限界費用が真の限界費用であり、それを考えれば、社会的に最も効率的な総運送量はx^*である。そう考えれば、望ましいことは運送業者が自分が負担すると認識する限界費用を、私的限界費用ではなく、社会的限界費用にすることである。言い換えれば、限界外部損害分をも、自分が負担する私的限界費用の一部だと認識させることが望ましい。これが、ピグー税を使った内部化の考え方の基礎である。

　そのためには限界外部損害分を運送業者に課税して、運送業者が税金として

負担するようにすればよいだろう。具体的には、運送量が1トン・km増えるたびに発生する限界外部損害分である図7-2の線分 FE や E^*G の長さを、以下 t（円／トン・km）としよう。運送業者が x トン・km だけの荷物を運べば、$t \times x$ 円だけの外部損害が発生する。したがって、運送業者の運送量 x トン・km に対して $t \times x$ 円の税金を、あるいは同じことだが、輸送量1トン・km 当たり t 円の税をピグー税として課税することを考えてみよう。運送業者たちは、この税金を自分で負担しなければならないから、輸送量を1トン・km 増やすたびに t 円の税金を追加的に負担せざるを得ない。税金を含めた**税込みの私的限界費用**は、図のように t 円分だけ本来の私的限界費用より上方にシフトする。したがって、課税後の運送業者の供給曲線は、図の税込みの私的限界費用と書いた曲線になり、市場での均衡は E^* 点になり、均衡での運送量は効率的な x^* トン・km に落ち着くことになる。ピグー税によって、効率的な生産量（運送量）を実現できるわけである。

　このピグー課税を用いた経済的規制には、直接規制が持っていた欠陥がないという意味で、より望ましい内部化の方法だが、別の問題が存在することも忘れてはならない。それは、経済的規制を行うためには、限界外部損害の額を政府が正しく把握できなくてはならないという点である。ただ地球温暖化問題の場合、温暖化ガスは、ガソリンなどを燃焼させることによって発生する二酸化炭素に他ならない。二酸化炭素は、ガソリンを燃焼させることで、ガソリンの中に含まれる炭素が、空気中の酸素と化合することによって発生する。つまり、二酸化炭素は、ガソリンに含まれる炭素の量に比例する。したがって、ガソリンや天然ガスなどの化石燃料に対して、それらが含む炭素の量に応じて適切な額を課税することで、化石燃料の利用者に、自らが発生する地球温暖化ガスがもたらす損害額に比例した課税をすることができる。このような税を**環境税**と呼ぶ。読者の一部は、日本でも最近、環境税が導入されたことをご存知かもしれない。

7.4　公共財

7.4.1　公共財とは何か

　有料道路ではない一般道路、自分が住む街の公園、火事になった時の消防サ

ービスなど、無料で利用できる財・サービスはたくさんある。これらの財・サービスは、それを利用するためにその対価を支払わなくてよいという意味で、通常の市場で取引されている財・サービスとは異なる。それが可能なのは、国や地方政府がそれらの財・サービスを無償で提供するからである。**公共財**の一つの特徴は、このように無料で利用できるという性質である。

　これらの財には、もう一つの特徴がある。道路や公園は多数の人が同時に利用できる。消防サービスも、万一自宅が火事になった時には、誰の自宅であれ、消防隊が駆けつけてくれるという意味で、潜在的に無数の人が同時に利用できるサービスである。公共財の特徴のもう一つは、多数の人が同時に利用できるという性質である。公共財とは、これら二つの性質のどちらかを持っている財・サービスである。

　これに対して、衣食住のために必要な衣料、食料、住居などの財・サービスは、その利用・消費のために対価を支払うことが必要だし、誰かが消費・使用している場合には他の人は使えないという性質を持っている。このような財・サービスは、公共財に対して**私的財**と呼ばれる。

7.4.2　排除不可能性と排除費用

　有料道路以外の一般道路や公園を、国または地方政府が無料で建設・提供するのは、その利用に対して対価をとることが困難だからである。いわば、私的財の場合には当然のことである、「対価を払わない（権利を持たない）利用者の利用を排除する」という行為自体が、一般道路や公園の場合には不可能なのである。一般道路や公園の持つこのような性質を、**排除不可能性**と呼ぶ。

　しかし正確に言えば、この排除不可能性という性質は、排除可能か排除不可能かのどちらかに、厳密に二分できるわけではない。例えば、道路の例を考えてみよう。道路には、高速道路と無料の一般道路の二種類がある。高速道路の場合には、利用しようとすると、ゲートで利用料を支払わされるか、ETCカードを通じて利用料を徴収される。この意味で、有料道路は排除可能性を持っている。他方、一般道路では、有料道路のようなゲートが存在せず、お金を払わずに利用できる。この違いはどこにあるのだろうか。

　有料道路は予めそのように設計されているために、10kmか20kmごとにし

か出入り口（インターチェンジ）がなく、各出入り口にはETCゲートとしても使える料金徴収ゲートが設置されている。インターチェンジ以外に高速道路に出入りできる出入り口は存在しない。したがって、有料道路を利用しようとするドライバーは、ゲートを通らずには有料道路を利用できない。利用料金を徴収するためには、各出入り口にゲートを設置して、そこに係員やETCの機械を設置しなくてはならないから、それなりの費用（これを**排除費用**と呼ぶ）がかかる。しかし、ゲートの数が限られている有料道路の場合には、一つ一つのゲートの利用者が多数いるため、料金徴収のための排除費用を上回る料金収入を上げることができる。つまり、有料道路は、ゲートごとの料金収入に比べて、排除費用がかなり割安になるよう、道路自体が予め設計されているのである。

これに対して、予め対価をとるような設計をされていない一般道路、例えば銀座通りの場合、両端にゲートを設けても、その間に銀座通りに出入りできる無数の脇道が存在する。そのため、効果的に料金を徴収するには、すべての脇道との交差点にもゲートを作らなくてはならない。そのためには、各脇道の交差点にゲートを作り、ゲートごとに料金徴収員やETCの機械を設置しなくてはならないから、膨大な排除費用がかかる。ゲートの数が多い分、各ゲートの利用者の数は少なくならざるを得ず、得られる収入に比べて排除費用が高すぎることになる。いわば、有料道路化しようとしても、経費倒れになるというわけである。

このように、無理に排除可能にしたとしても、得られる収入に比べて排除費用が高すぎる財・サービスが、排除不可能な財・サービスであり、その場合には、無償でその財・サービスを提供した方が、社会全体の効率性の視点から望ましい。逆に、得られる収入に比べて排除費用が低ければ、そのような財・サービスは対価をとって提供する方が良い。つまり、得られる収入に対して排除費用が高いということが、排除不可能性の源泉であり、それが、公共財が生まれる一つの理由である。排除費用が大きい場合、無償での利用が認められるために、市場が存在しないことになる。外部性と同様、市場の失敗が発生する理由の一つがここにある。

7.4.3 消費の集合性（非競合性）と混雑費用

道路や公園、消防サービスなど、公共財と呼ばれる財のもう一つの特徴は、複数の人が同時に利用・消費できることである。このような性質のことを、**消費の集合性**あるいは**消費の非競合性**と呼ぶ。

衣食住のような私的財の場合、おにぎりやセーターなどのように、誰かが消費すると別の人は消費できない。消費は単独の消費者しか行えないのである。私的財の場合、複数の消費者が、無理に同じ財・サービスを同時に消費しようとすると、各消費者は、おにぎりの一部しか食べられないとか、セーターをまっぷたつにして着用するというように、消費者同士の消費・利用がお互いに競合し、財・サービスの品質が劣化してしまう。これに対して、道路や公園の場合には、複数の消費者がそれらの財・サービスを同時に利用しても、お互いの利用が競合せず、道路や公園が提供するサービスの品質はほとんど劣化しない。

とはいえ、様々な財・サービスは、消費が競合するか、集合的かという形で二分されるわけではない。消費の集合性も排除不可能性と同様、程度の問題なのである。具体的に説明しよう。

多くの消費者が同時に利用すると、公共財でもその品質が劣化することがある。道路でも公園でも、あまりにも多くの利用者が同時にその財・サービスを利用すると、渋滞が発生し、混雑現象が生まれる。結果として、その財・サービスの品質が劣化する。その劣化によって利用者が被る損害を、**混雑費用**と呼ぶ。私的財のように消費の競合性が極端なために、複数の消費者が同時に利用しようとすると、その財・サービスの品質が極度に劣化し、消費者の受け取る満足度が大きく低下するなら、混雑費用はきわめて大きくなる。つまり、私的財とは混雑費用が大きい財・サービスで、公共財とは混雑費用が比較的小さい財・サービスだという形で、財・サービスを分類することが可能である。

7.5 公共財とその分類

7.5.1 公共財の分類

このように考えると、すべての財・サービスは、排除不可能性の有無と消費の集合性の有無によって、四分類できることになる。ただし、排除不可能性の

図7-3 公共財と私的財

		混雑費用 小	混雑費用 大
排除費用	大	純粋公共財 安全保障、外交、景観	コモンズ 一般道路、漁場、灌漑
排除費用	小	クラブ財 CATV、野球場 ゴルフ場 地方公共財 公園、図書館 ゴミ回収	私的財 住宅、食物 衣料

有無という二分類は、実は排除費用の大きさによって連続的に区分けできること、また消費の集合性の有無という二分類は、実は混雑費用の大きさによって連続的に区分けできることを考えれば、公共財という財・サービスは、**図7-3**のように、排除費用の大きさと混雑費用の大きさで区別した、二次元の平面上で仕分けする方が良いかもしれない。

　図7-3の右下の端は、排除費用がゼロで混雑費用が無限大の場合を表している。排除費用がゼロだから排除可能であり、混雑費用が無限大だから消費は競合する。このような財は、対価を支払って購入する必要があり、他人とシェアすることができないのだから、衣食住などの私的財がこれに相当する。

7.5.2　純粋公共財

　図7-3の左上の端は、排除費用が無限大で混雑費用がゼロの場合を表している。排除費用が無限大だから排除不可能であり、混雑費用がゼロだから消費は集合的（非競合的）で、関係する人々すべてが消費できる。このような財は**純粋公共財**と呼ばれ、私的財とは対極にある。

　純粋公共財の典型例としては、例えば国防や外交による安全保障活動サービスがあげられる。国防や外交活動とは、日本国民すべてを同時に外国からの軍事的・外交的脅威から守るために、自衛隊や外務省が行っているサービスであり、これらの活動があるからこそ、日本国民の安全が保障されている。とはいえ、これらは日本の国土に住んでいる日本国民なら自動的に享受できるサービ

スであり、ある人だけを対象に「対価を支払わない限りこのサービスを与えない」というように、権利を持たない人の利用を制限することが不可能である。また、日本国に居住するすべての国民が同時に、このサービスから得られる便益を同程度に享受できるから、消費の集合性も存在する。この意味で、安全保障活動サービスは、排除不可能性と消費の集合性を併せ持つ純粋公共財であることがわかる。

また富士山の景観も、富士山の周りを非常に高い塀で覆ってしまわない限り、その消費を排除することはできないし、何人もの人が同時にその景観を「消費」しても、景観の品質は劣化しない。その意味で、富士山のような大規模な景観は、排除費用が無限大で混雑費用がゼロの純粋公共財であることがわかる。

7.5.3　コモンズ（共有地）

私的財でも純粋公共財でもない財・サービス、つまり、排除費用がゼロかつ混雑費用が無限大の場合と、排除費用が無限大かつ混雑費用がゼロの場合を除く、それ以外の財・サービスを**準公共財**と呼ぶ。

準公共財のうち、排除費用が高く権利を持たない人の消費の排除が困難なために、無償で提供されるのに、混雑費用が比較的高く、多数の人が同時に消費すると混雑現象が発生する財・サービスを、**コモンズ（共有地）**と呼ぶ。コモンズの典型例は、無料で提供されるが、多数が同時に利用すると渋滞が起きる一般道路である。海の漁場や水田の灌漑用水も、密漁をしたり灌漑用水を盗んだりしていないかを監視するのが困難で排除費用が大きいが、あまり多くの漁師が同時に漁をすると乱獲が発生し、あまり多くの人が灌漑用水を盗むと水そのものがなくなって灌漑に支障をきたすため、混雑費用が大きくなるという意味で、コモンズの一つと言える。

漁場や灌漑用水は、これらの問題があるために歴史的には、漁師や灌漑用水の受益者の共有地（コモンズ）として扱われ、関係者の自治によって管理されてきた。一般道路は利用者の自治によって管理されているわけではないが、漁場や灌漑と同じ性質を持っているために、コモンズ（共有地）に区分けされる。

純粋公共財やコモンズは、排除費用が大きいために無料での利用を許すこと

になる。しかし、自衛隊という国防サービスや一般道路を考えればわかるように、これらの財・サービスを提供するには、自衛隊員を雇ったり自衛艦を建造するために、あるいは道路を建設・修理するために、多額の費用が必要である。排除費用が高いためにこれらの財は、国や地方の政府が無償で提供し、そのための費用を政府が負担することになる。とはいえ、政府がその費用を負担できるのは、国民や住民からの税収があるからであり、いわば、利用者の税支払いという間接的な負担の下に、政府がこれらの財・サービスを提供しているわけである。

7.5.4　クラブ財と地方公共財

　野球場での観戦やゴルフ場でのプレイは、排除可能性があって対価をとられるが、多数の人が同時に消費できるという準公共財であり、このような財を**クラブ財**と呼ぶ。対価をとれるために、クラブ財は民間の企業やクラブが提供する。ただ、野球場やゴルフ場の建設には膨大な費用がかかり、固定費が大きい。固定費の高い財を民間が提供するために、クラブ財の価格付けは、普通の財と異なることが多い。内野席と外野席で価格が違う野球場のチケット、それを購入するとプレイ代が安くなるゴルフ場の会員権の価格などは、その例である。

　ごみの回収や公共図書館は、地域政府によって提供・運営され、地域住民だけが無償で利用する準公共財であり、**地方公共財**と呼ばれる。純粋公共財と異なって地方公共財は、普通と違う意味での排除可能性を持っているため、無償で提供される。具体的に説明しよう。

　東京の渋谷区のごみの回収や公共図書館は、渋谷区民のためのサービスである。いくら無償で提供されているからといって、このサービスを横浜や大阪の人が利用しようとは思わないだろう。なぜなら、利用するためには多額の交通費がかかるため、コスト倒れになってしまうからである。言い換えると、これらのサービスは、地域外の人が利用しようとしても交通費のために利用が自動的に排除されるから、地域内の人の利用だけに限定されることになる。したがって、地方公共財は、地方政府（県や市、区などの地方公共団体）が地方住民に（地方税を財源として）無償で提供することが適切だと考えられ、事実、そのよ

うに提供されている。

7.6　公共財の民間供給とただ乗り

7.6.1　公共財の民間供給とただ乗り現象

いま、排除不可能性と消費の集合性を兼ね備えた財、例えば川を渡る橋を、民間の人々が建設供給するかどうかを考えてみよう。本来なら、橋を建設すればたくさんの人がそれを使い、そのたびに通行料を徴収することで、建設費用を賄うことができるはずである。しかし、排除不可能性がある（ゲートを作って料金徴収人を置くという排除費用が、通行料収入を上回る）場合、橋を建設しても、橋を利用する人から対価を徴収しない方が安く済む。結果として、橋を建設する人は、自分自身がそれを利用することで得られる便益（満足）が建設費用を上回る人だけになってしまう。そんな人はめったにいないだろうから、民間で建設される橋の数は、社会的に見れば過小になってしまう。

実は、民間が供給する公共財の量が過小になるのには、もう一つ理由がある。それは、消費の集合性に基づく**ただ乗り（フリーライド）現象**があるからである。いま、上記の橋の建設の例をとってみよう。

Aさんは、自分がそれを利用することで得られる便益が橋の建設費用を上回るとしてみよう。ではAさんは必ず、自分の橋を建設するだろうか。答えは、「必ずしもそうとは言えない」というものである。なぜなら、ひょっとしたら、Bさんがすでに橋を建設しているかもしれない。その場合には、排除不可能性のために、Bさんだけでなく Aさんも、Bさんが建設した橋を無償で利用できる。消費の集合性のために、Bさんに加えて Aさんが利用しても、橋から得られるサービスの質は変わらない。それなら、Aさんは自分用の橋を新たに建設するより、Bさんが建設した橋を無償で利用する（このことを「ただ乗り」、英語では「フリーライドする」と呼ぶ）方がはるかに有利である。結果として、建設される橋の数は、ただ乗り現象のために、社会的にさらに過小になってしまう。

7.6.2　公共財と公的供給の必要性

本章の7.6.1節で見たように、排除不可能性と消費の集合性を併せ持った公

共財は、民間の供給に任せると、社会的な視点から見て過小な供給しか行われない。結果として、資源配分の非効率性が生じて市場の失敗が起こることになる。このため、クラブ財を除いてほとんどの公共財は、民間ではなく、国または地方の政府が公的に供給することが望ましいし、それが普通である。しかし、公的な供給には二つの問題が付きまとう。一つは、市場均衡で供給量が決まる市場を通じた民間の供給と異なって、政府が供給する場合にはその供給量をどれだけにするかの基準が明らかではない。どんな基準が社会的に望ましいのかは、紙幅の関係でここでは述べない。また、道路や橋といった公共事業に典型的に表れるように、政府が供給する公共財の供給量は、主として政治的に決定される。その場合、政治的な理由で、社会的に過剰な供給が行われやすいという問題がある。

　もう一つは、すでに触れたように、公共財の多くが国や地方政府によって無償で提供されるからと言って、社会全体の視点からも、そのための費用自体がただというわけではない。政府は公共財の提供費用を、国民からの税収によって賄わなければならないからである。その場合、二つの考え方がある。

　一つは、支払能力の高いお金持ちの国民に多くの税を負担してもらい、支払能力の低いお金のない国民の負担を抑えるという方法である。これを、**応能原則**による負担という。しかし、累進的な所得税や相続税、あるいは社会保障の仕組みを使って、貧富の公平を図ること自体が、政府の役割でもある。資源配分の非効率性を正すために行われる公共財の公的供給の際にも、その負担の在り方を使って貧富の公平を図ることは行き過ぎだという考え方も強い。分配の公平を図る政府の役割と、市場の失敗がもたらす非効率性を是正する政府の役割を明確に区別することが、政府活動の透明性を高めることになるからである。

　これに対するもう一つの考え方が、貧富とは別に、公共財の供給によって大きな利益を受ける人ほど、そのための費用負担をより多く負担すべきだという考え方である。**応益原則（受益者負担原則）**と呼ばれる負担である。ガソリン税などの税収を使って、道路の建設費用や維持修繕費用を賄うというわが国のやり方は、道路をより多く使うためにガソリンをより多く消費する人がより多くの税額を負担するという意味で、この受益者負担の考え方を基礎にしている。

第8章
情報の非対称性とゲーム理論

8.1 契約前の情報の非対称性

8.1.1 情報の非対称性とは

買い手と売り手が、経済取引を行う状況を考えてみよう。例えば、中古マンションの売買などがその典型例である。売買だから、売り手と買い手がいるわけだが、しばしば、取引時点（つまり、売買契約を行う時点）で、売買の対象物である中古マンションに対して、「売り手が知っていることを、買い手は知らない」ということが起こる。例えば、売り手は長い間このマンションに住んでいたわけだから、壁のある場所にひびがあるとか、トイレの水の出が悪いといった、マンションの欠陥について熟知している。他方、マンションを買いにきた買い手の方は、1時間程度下見しただけでは、これらの欠陥がわからないことが多い。また、しばしば、夜になるとマンションの前の道路を暴走族が走ってうるさくて眠れないなどといった、マンションの周辺環境も売り手は熟知しているが、昼間に下見にきた買い手にはわからない。

このように、何らかの経済関係の当事者間で、ある当事者が知っている情報を、別の当事者は知らないということが起こる時、**情報の非対称性**が存在する、あるいは**情報が偏在する**という。また、情報を知っている人、上の例でいえば、中古マンションの売り手だけが知っている、マンションの欠陥とか周辺環境に関する情報を、情報を知っている人の**私的情報**と呼ぶ。上記の例でいえば、壁のひびや暴走族の存在は、マンションの売り手の私的情報だ、というわけである。

8.1.2　情報の非対称性と情報の独占

　情報の非対称性が引き起こす問題は、取引契約の前から存在していた情報の非対称性と、取引契約の後に生まれる情報の非対称性の二つに区分することが普通である。まず、中古のマンションの売買を例にとって、**契約前の情報の非対称性**を説明しよう。

　情報の非対称性があると、私的情報の保有者は、相手に対して、その情報を独占的に保有していることになるから、独占力を行使できる。結果として、資源配分の非効率性が生まれることになる。このことを少し言い換えると、次のように述べることもできる。

　もし情報が完全なら存在したはずの市場が、情報の非対称性のために存在しないことになり、市場の失敗が生まれるのである。例えば、上記の例で、壁のひびがあるかどうか、夜に暴走族が通るかどうかを、売り手も買い手も知っていれば、情報は完全であるだけでなく、情報は売り手と買い手の間で対称的である。そうならば、壁にひびがなく暴走族も通らない品質の高いマンションは、高品質の中古マンションとして取引され、高い価格がつくだろう。他方、壁にひびがあったり暴走族が通ったりする低品質のマンションは、「別の品質のマンション」として取引され、低い価格がつくだろう。情報が完全なら、高品質のマンションと低品質のマンションという、二つのマンションの市場が生まれ、それぞれが異なる価格で取引されることになる。

　それに対して、買い手が品質情報を持たない情報の非対称性がある市場では、欠陥がある低品質のマンションと欠陥がない高品質のマンションを買い手は区別できない。もちろん、高品質のマンションの売り手は、それが自分の私的情報だから、自分の売ろうとするマンションは高品質であることを買い手に教えようとするだろう。しかし、低品質のマンションの売り手が、「自分のマンションには欠陥がある」と自己申告するだろうか。もし、自己申告すれば、そのマンションは低品質だということになって、低い価格がつき、売り手は損をする。それなら、「自分のマンションは高品質だ」と嘘をつき、できるだけ高い価格で売ろうとするだろう。自分が買おうとしているマンションが、高品質なのか低品質なのかを知らない買い手にとっては、高品質のマンションの売り手も、低品質のマンションの売り手も、同じように「自分が売ろうとしてい

るマンションは高品質だ」というわけだから、両者の区別がつかないことになる。

　結果として、買い手には自分が買おうとしているマンションの品質がわからない。そのため、買い手は低品質の中古マンションにも高品質のマンションと同じ価格を付けるしかないことになる。つまり、情報の非対称性の下では、高品質のマンションの市場は存在しなくなり、中古マンション全体の市場しかなくなってしまう。欠陥のない高品質のマンションだけの市場がなくなってしまうという意味で、市場が存在せず、外部性と同じように**市場の失敗**が生まれるのである。

8.1.3　契約前の情報の非対称性と逆選択

　いま、中古マンションには、欠陥のない高品質と欠陥のある低品質という二種類のマンションだけが存在するとし、前者の価値は2000万円、後者の価値は1000万円としよう。買い手は、自分が買おうとしているマンションがどちらなのかを識別することができないが、市場には半々の割合で、高品質と低品質のマンションが売りに出されていることは知っているとしよう。この時、買い手は自分が取引しようとしているマンションが、5割の確率で2000万円、5割の確率で1000万円の価値を持つことしかわからないのだから、出してもよいと思うお金は、その平均の1500万円までだろう。つまり、情報の非対称性が存在する市場では、高品質であれ低品質であれ、中古マンションの価格はすべて1500万円以下になってしまう。

　さてこの時、高品質のマンションを保有している売り手はどうするだろうか。この売り手は、自分のマンションは高品質で、その価値は2000万円であることを知っているわけだから、わざわざ1500万円以下でそれを手放そうとは思わないだろう。結果として、高品質のマンションの保有者は、自分のマンションを売ることをやめてしまい、市場で供給されるのは、すべて低品質のマンションになってしまう。

　買い手たちもいずれ、中古マンションの市場では、1000万円の価値しかない低品質のマンションしか売られていないことに気づくだろうから、中古マンションに支払う値段は1000万円に低下することになる。こうして、中古マンショ

ンの市場から、高品質のマンションは消えてしまい、低品質のマンションだけが残って、その市場価値（1000万円）で取引されることになる。いわば、「低品質のマンションが、高品質のマンションを市場から駆逐した」わけである。このことを、情報の非対称性に基づく**逆選択**（逆淘汰）と呼ぶ。

　逆選択のために、情報が完全だったなら取引できた高品質のマンションは、市場から消え去り、取引が行われなくなる。結果として、取引が行われたらお互いに利益を得たであろう「高品質マンションの売り手」と「高品質マンションの買い手」は、情報が完全だったなら得られた取引の利益を失ってしまう。市場の失敗が、こうして起こるのである。

8.2　契約後の情報の非対称性

8.2.1　情報の非対称性とインセンティブ

　情報の非対称性は、取引契約を結んだ後に発生することもある。これを、**契約後の情報の非対称性**と呼ぶ。例えば、タクシー会社とタクシー運転手が雇用契約を結んだ後のことを考えてみよう。

　タクシー運転手の労働環境は、普通の事務従業員や工場労働者の労働環境とは大きく異なる。事務従業員や工場労働者が働くのは、上司や同僚と席を並べて働くわけで、真面目に働いているのか、サボっているのかが、会社側からも一目瞭然である。これに対して、タクシー運転手は一人一人が孤立して仕事をしているから、特定の運転手がどれだけ真面目に仕事に励んでいるかを、会社側は知るすべがない。運転手自身は当然、自分が真面目に働いているかどうかわかっているが、雇っている会社側には彼がまじめに働いているかどうかわからないという、契約後の情報の非対称性が存在するのである。

　しかし運転手が仕事をサボって、公園で昼寝をしたり、客をとらずに観光をしたりしていると、会社側にそのことがわからないだけでなく、会社の収入が減ってしまい、儲けがなくなる。会社側としては、運転手に真面目に客商売に励んでもらわなければ困るわけである。そのためには、一人で孤立して働いている運転手に、真面目に客商売に励むような動機付け、あるいは誘因を与えることが望ましい。この、「動機付け」あるいは「誘因」のことを**インセンティブ**という。運転手の側からいえば、真面目に働こうとするインセンティブが存

在すれば、上司の目が光っていなくても、自分の意志で真面目に働こうという動機が生まれることになる。では、どんな仕組みを作れば、情報の非対称性があっても、運転手は真面目に働こうとするインセンティブを持つだろうか。

8.2.2 固定給とインセンティブ

このことを考えるために、固定給という仕組みを考えてみよう。サラリーマンなどのデスクワークをする会社員の場合、一日8時間業務で月額25万円といった月給が決まっており、残業をしない限り、勤め先からもらう給料の額は固定されている。このような報酬体系のあり方を**固定給**制度と呼ぶ。

いま、タクシー運転手に固定給が支払われるとして、運転手側に真面目に働こうとするインセンティブが生まれるかどうかを考えてみよう。運転手は真面目に働かなくとも、固定給だからもらえる月給はサボった時と同じである。だとしたら、楽をするために、車を停めて昼寝をしたり、観光地にドライブに行ったりした方が得だと考えるのではないだろうか。昼寝をしたりドライブをしたりしてサボったからと言って、会社側にはそれがわからない。会社から、「どうして売り上げがこんなに少ないのか」と聞かれたら、「どういうわけか、今日は客が見つからなかった」と答えればよいだけの話だからである。

このように、固定給の仕組みは、デスクワークのように、どれだけ真面目に働いているかが上司や同僚にも一目瞭然な、**情報の対称性**が存在する場合に当てはまる仕組みである。情報が対称なら、サボっていれば上司にもそれがわかり、給与を引き下げられたり、昇進が遅れたり、最悪の場合、クビを切られることになりかねない。それに対して、情報が非対称なタクシー運転手の場合、固定給の仕組みでは、真面目に働こうというインセンティブが生まれないのである。

8.2.3 歩合給とインセンティブ

現実のタクシー運転手の報酬は、固定給ではなく**歩合給**という仕組みで支払われるのが普通である。歩合給とは、その日の運転手の売り上げの一定割合、例えば6割が運転手に支払われ、残りの4割を会社が受け取るという仕組みである。歩合給の仕組みでは、運転手は自分の売り上げが大きくなればなるほ

ど、自分の受け取る報酬が増えることになる。当然、自分の売り上げを増やそうという努力をするインセンティブが生まれる。自分の売り上げを増やすためには、客のいそうな場所に車を走らせ、鵜の目鷹の目で客を探そうとするだろう。結果として、運転手として真面目に働こうという努力をすることになるわけである。

歩合給という仕組みが、情報の非対称性の下でも運転手に真面目に働くインセンティブを与えるのは、次のような理由によっている。それは、運転手がまじめに働くかどうかで、売り上げの額が決まる一方、売り上げの額自体は、料金メーターという仕組みを通じて、会社側も運転手自身もきちんと把握できる情報である。つまり、「売り上げの額」という情報は、会社と運転手の間で対称的なのである。対称な情報である売り上げ額を使って、運転手に真面目に働くインセンティブを作り出しているのが、歩合給の仕組みである。

念のために述べておくと、現実の世界では、タクシーの売り上げは、運転手がまじめに働くかどうかだけではなく、景気の良し悪しとか、天気の良し悪し、あるいは季節の違いなどによっても変化する。そのため、真面目に働いていても、売り上げが変化し、歩合給で働く運転手の収入が少なくなってしまうことも多い。このため、現実のタクシー運転手の給料は、固定給と歩合給を組み合わせたものになっていることが多い。例えば、月額10万円は保証する（つまり10万円の固定給）が、それに加えて、売り上げの5割（つまり5割の歩合給）をそれに上乗せする、といった形である。

8.3 ゲーム理論

8.3.1 はじめに

さて、ここまで説明してきたことは、伝統的なミクロ経済学の入門的解説である。ところで、ここ数十年の間に新しく生まれたアプローチに、**ゲーム理論**がある。本章の残された部分では、ゲーム理論の簡単な解説を行うことにしよう。

伝統的な経済学では、人や企業の行動は、置かれた環境の中で何をするのが最適かを考えればよい、とされてきた。需要曲線や供給曲線は、与えられた市場価格の下で、それぞれの買い手や売り手がどれだけの需要や供給を行うの

が、自分の満足や利益を最大にするのかを考え、それらを集計した値としての総需要や総供給が、市場価格とどんな関係にあるかを関係付けた曲線に他ならない。独占企業も、自分が独占している市場の需要曲線を基にして、自分の利潤を最大化する価格（あるいは総供給量）は何かを考え、利潤を最大化する価格（あるいは総供給量）を選択すると考えるのである。

　だが、このような考え方が成立するのは、ほんのわずかな場合に限られている。経済関係の多くでは、相手がどんな行動をとるかで自分の置かれた環境が大きく変わり、最適な行動も大きく変わってくる。ライバル企業と自分との価格競争、野球のピッチャーと打者の駆け引き、あるいは恋人などの自分にとって大切な、しかし自分がどんな行動をとるかで相手の気持ちが変わる場合などである。これらの場合、相手がどんな行動をとるかで自分の環境が変化し、自分が選択する行動も変わることになる。このことを、これらの経済関係では**戦略的相互依存関係**が存在するという。ゲーム理論とは、このような戦略的相互依存関係がある場合に、ライバル企業同士が自社製品の価格をどう付けるかという出し抜きあいや、恋人の心を引き付けるための方法の適切な選択など、人や企業がお互いにどんな駆け引きを行うのか、その際、どうすれば自分にとって望ましい結果を実現できるのか、といったことを考える理論である。

8.3.2　ペナルティ・キックのゲーム

　具体的な例を使って説明してみよう。表 8-1 は、サッカーのペナルティ・キックの状況を表している。ペナルティ・キックでは、キッカーとゴールキーパーが一対一で対戦する。この時、キッカーがゴールの右端に蹴ることと、左端に蹴ることのどちらが望ましいかは、キーパーの動きにかかっている。もし、キーパーが自分の左側に跳ぶ（したがって、キッカーから見れば向かって右に跳ぶ）ならば、キッカーはゴールの左を狙えば得点できる。これに対して、キーパーが自分の右側に跳ぶ（したがって、キッカーから見れば向かって左側に跳ぶ）ならば、キッカーはゴールの右を狙えば得点できる。キッカーは、相手のキーパーがどちらに跳ぶと予想するかで、自分の最適な行動（ゴールのどちら側に蹴るか）が変わってくるわけである。

　以上の状況を簡潔に表したのが、4行4列からなる表 8-1 であり、これを

表 8-1 キーパーとキッカーのゲーム

		キーパーの戦略	
		左に跳ぶ	右に跳ぶ
キッカーの戦略	左に蹴る	1, −1	−1, 1
	右に蹴る	−1, 1	1, −1

（ペナルティ・キック）ゲームの**戦略形表現**という。戦略形表現では、（プレイヤー、戦略、利得）の三つでゲームを表す。このゲームの場合、キッカーとキーパーという二人の**プレイヤー**がいる。キッカーの選択肢は表の下の 2 行に、キーパーの選択肢は表の右の 2 列に表されている。キッカーには、二つの可能な選択肢（これを**戦略**と呼ぶ）がある。図の下から 2 行目の「左に蹴る」と最下行の「右に蹴る」である。同様にキーパーには、二つの戦略がある。右から 2 列目の「左に跳ぶ」と右端の列の「右に跳ぶ」である。

右下の 2 行 2 列には、**利得**が示されている。例えば、下から 2 行目と右から 2 列目の**セル**（升目）に示された（1, −1）という二つの数字は、キッカーが「左に蹴る」を選択し、キーパーが「左に跳ぶ」を選択した場合の利得を示している。すでに述べたように、この場合には、キッカーが得点できるので、キッカーは大きな満足を得る。この満足（利得）を 1 という数字で表すことにしよう。このセルに書き込んだ左側の 1 という数字は、このセルが実現した場合のキッカーの利得を表している。他方、下から 2 行目と右から 2 列目のセルが実現すると、キーパーは得点を許してしまい、悲しむべき結果になる。この不満足（利得）を −1 という数字で表すことにする。このセルに書き込まれた右側の −1 という数字は、このセルが実現した場合のキーパーの利得を表している。他のセルが実現した場合の数字も、同様のことを表している。

8.3.3 最適反応

では、ペナルティ・キックのゲームで、キッカーはどのように行動するだろうか。あるいはより一般的に、与えられたゲームで、あるプレイヤーはどのよ

うに行動するだろうか。答えは、「相手の行動（戦略の選択）をどう予想するか、に依存する」である。

例えば、キッカーが「キーパーは左に跳ぶ（したがって、キッカーから見て右側に跳ぶ）」と予想するとしよう。表8-1の右から2列目が実現すると予想するわけである。この時、キッカーが左に蹴ればゴールになり、キッカーの利得として1が得られる。これに対して、キッカーが右に蹴ればボールは止められ、キッカーの利得は－1になる。キッカーは当然利得の大きい左に蹴ろうとするだろう。このことを、「キーパーが左に跳ぶという戦略」の予想に対する**最適反応**は、キッカーが「左に蹴る」という戦略だという。

これに対して、キッカーの予想が、「キーパーは右に跳ぶ」だとすると、キッカーの利得を比べれば、キッカーは右に蹴る方が利得は大きい。この予想に対するキッカーの最適反応は、「右に蹴る」である。したがって、キッカーの最適反応あるいは最適な戦略選択は、相手であるキーパーがどちらの戦略を選ぶと予想するかに依存して異なる。同様の結果は、キーパーの行動選択にもいえる。つまり、キッカーがどちらに蹴ると予想するかで、キーパーの最適反応は異なるから、キッカーがどちらの戦略を選ぶと予想するかで、キーパーの最適な戦略の選択は異なることになる。

このようにペナルティ・キックのゲームでは、キッカーとキーパーがお互いの戦略の選択を予想し合い、相手を出し抜いた方がゲームに勝てるのである。つまり、このゲームで大事なのは、相手の行動をどう的確に予想するか、また、相手の予想をどううまく出し抜くか、という点にある。これが、このゲームが駆け引きのゲーム、読み合いのゲームと言われるゆえんである。駆け引きや読み合いは、ペナルティ・キックのゲームに限らない。多くのゲームに共通の性質なのである。ではそのような場合、何が起こるのだろうか。そのことを考える前に、相手の戦略を予想するのが不要な、しかし逆説的な結果が生まれるゲームを考えてみよう。

8.4 囚人のジレンマ

8.4.1 囚人のジレンマのゲーム

二人のプレイヤーAとBが共同で作業をして、その成果を分け合うという

表8-2　囚人のジレンマのゲーム

		プレイヤーBの戦略	
		頑張る	サボる
プレイヤーAの戦略	頑張る	3, 3	−2, 5
	サボる	5, −2	0, 0

　ゲームを考える。二人のプレイヤーは、それぞれ「頑張る」か「サボる」かという二つの戦略を持っている。二人がともに頑張れば、成果は20万円になり、それを二人で10万円ずつ分け合う。一人が頑張り、もう一人がサボれば、成果は半分の10万円になり、それを二人で5万円ずつ分け合う。二人ともがサボれば、成果は0になり、二人とも受け取るのは0円になる。作業をサボるのにコストはかからないが、頑張って作業をするとコストがかかる。それぞれのプレイヤーが頑張ると、本人にかかるコストは7万円だとしよう。したがって、各プレイヤーが獲得する利得は、分け合った成果から作業にかかるコストを差し引いた額になる。

　結果として実現するのが、**表8-2の囚人のジレンマのゲーム**である。二人がともに頑張れば、各自が受け取る成果は10万円で、7万円のコストを差し引いても、それぞれが3万円の利得が得られる。片方が頑張り他方がサボれば、各自が受け取る成果は5万円になり、頑張った方は7万円のコストがかかるから、利得は−2万円になる。サボった方はコストがゼロだから、利得は5万円になる。両方がサボれば、成果もコストもゼロだから、両者の利得はゼロになる。一見すればわかるように、両者にとって一番良い結果は、お互いが頑張って、3万円ずつの利得を得ることである。では、そのような戦略の組み合わせ、(「頑張る」、「頑張る」) は実際に実現できるだろうか。

8.4.2　囚人のジレンマと支配戦略、支配戦略均衡

　表8-2の囚人のジレンマのゲームを、表8-1のペナルティ・キックのゲームにならって、各プレイヤーが相手の戦略をどう予想するか、その予想に対して自分はどんな戦略をとろうとするか、という視点から考えてみよう。

まず、プレイヤーAの立場に立って、相手のプレイヤーBが「頑張る」と予想した場合、Aはどの戦略をとるのが最適かを考えてみよう。この場合、Aは自分が頑張れば3万円の利得しか得られないのに、自分がサボれば5万円を得られる。つまり、Bが「頑張る」と予想した時のAの最適反応は、「サボる」である。他方、Bが「サボる」と予想した時にも、Aは自分が頑張れば－2万円の利得（2万円の損失）を被るのに、自分がサボれば利得はゼロですむ。つまり、Bが「サボる」と予想した時のAの最適反応も、「サボる」である。言い換えると、相手のBがどちらの戦略を選ぶと予想しても、自分は常に「サボる」を選ぶのが最適である。このように、相手の戦略選択の予想にかかわらず、自分は「サボる」ことが最適な場合、「サボる」という戦略はプレイヤーAの**支配戦略**であるという。支配戦略があれば、相手の戦略選択を予想する必要はなく、支配戦略である戦略を選択するのが、自分にとって常に最善だということになる。当然、プレイヤーは相手の戦略を予想するまでもなく、支配戦略を選択するだろう。

囚人のジレンマのゲームは二人のプレイヤーのどちらから見ても同じ構造をしているという意味で、対称的なゲームだから、「サボる」という戦略はプレイヤーBの支配戦略でもある。つまり、このゲームでは、どちらのプレイヤーも相手の戦略選択の予想をするまでもなく、支配戦略である「サボる」という戦略を選択するはずである。結果として実現するのは、（サボる、サボる）という戦略の組み合わせであり、これが支配戦略によって実現されているという意味で、この戦略の組み合わせは、**支配戦略均衡**であると呼ぶ。しかし、この支配戦略均衡が実現するのは、（「サボる」、「サボる」）という結果である。それでは各プレイヤーが得る利得はゼロであり、双方が頑張れば得られたはずの利得、3万円より少ない。このような逆説的な結果が得られるために、このゲームには、囚人の「ジレンマ」という名前が付けられているのである。

8.5 ナッシュ均衡

8.5.1 コーディネーションのゲーム

支配戦略が存在すれば、相手の戦略を読みあったり、お互いに駆け引きをしたりするまでもなく、各プレイヤーは支配戦略を選択するだろう。しかし実

表8-3 コーディネーションのゲーム

		運転手Bの戦略	
		左側	右側
運転手Aの戦略	左側	1, 1	−1, −1
	右側	−1, −1	1, 1

は、支配戦略が存在するゲームは数少ない。**表8-3**に表した**コーディネーションのゲーム**も、支配戦略が存在しないゲームである。

　この表には、お互いが反対側から近づいてくる二台の自動車の運転手AとBが、道路の左側と右側のどちらを通行するかを選択し、結果として得られる利得を表している。二人の運転手それぞれが左側を通行すれば、車が衝突することはなく、お互いに満足できる結果を表す利得1が得られる。お互いが右側を通行した場合も同様である。しかし、片方が左側を通行し、他方が右側を通行する場合、二人の車は衝突してしまう。結果として得られる利得はマイナスの値、−1になる。

　このゲームでは、どちらの運転手も、相手が左側を選択すると予想すれば、左側が最適反応になり、自分も左側を選択するだろう。相手が右側を選択すると予想すれば、右側が最適反応になり、自分も右側を選択するだろう。相手の戦略選択をどう予想するかで、自分の最適反応が異なるから、このゲームには支配戦略は存在しない。では、このゲームが実際にプレイされる場合、どんなことが起こるだろうか。そのカギとなるのが、**ナッシュ均衡**という概念である。

8.5.2　ナッシュ均衡

　表8-1や表8-3のゲームをプレイする場合、各プレイヤーはそれぞれ、(1)相手のプレイヤーの戦略選択の予想、(2)実際に自分がプレイする戦略の選択、の二つを考える必要がある。

ナッシュ均衡の定義1:

ナッシュ均衡とは、両方のプレイヤーについて、相手の戦略選択の予想と自分の戦略の選択が、次の二つの条件を同時に満たしているような状態である。

(A1) **最適反応**:自分の戦略選択が、相手の戦略の予想に対する最適反応であること。

(A2) **合理的予想**:相手の戦略選択の予想が、相手が実際に選択する戦略と等しいこと。

ここで、(A1) の条件は、両方のプレイヤーが**合理的**であり、「自分の予想のもとで、自分にとって最善な選択を行っている」ことを表している。(A2) の条件は、両方のプレイヤーが、「結果として正しい予想を行っている」ことを示している。このような予想は、しばしば「合理的予想」と呼ばれる。

ここで、(A2) の条件から、相手の戦略の予想は、相手が実際に選択する戦略になるから、相手が選択すると予想する戦略と、相手が実際に選択する戦略は必ず等しくなり、両者をわざわざ分けて考える必要がなくなる。したがって、(A1) と (A2) の条件は、次のような条件に等しいと言い換えることができる。

ナッシュ均衡の定義2:

ナッシュ均衡とは、両方のプレイヤーの戦略の組み合わせが、次の条件を同時に満たしている状態である。

(B) **最適反応**:自分の戦略の選択が、相手の選択している戦略の最適反応であること。

なお、定義が簡単なので、ナッシュ均衡の定義としてはしばしば「定義2」が使われるが、背後の意味まで考えているという意味で、本来は「定義1」の方が丁寧な定義である。

8.5.3 コーディネーションのゲームとナッシュ均衡

ナッシュ均衡が定義されたので、具体的なゲームで何がナッシュ均衡になるかを考えてみよう。まず、表8-3のコーディネーションのゲームを考えてみる。実は、このゲームには二つのナッシュ均衡がある。一つは、両方のプレイヤーが左側通行を選択する場合、つまり（左側、左側）という戦略の組み合わせであり、もう一つは、両方のプレイヤーが右側通行を選択する場合、つまり（右側、右側）という戦略の組み合わせである。

まず、前者を考えてみよう。両方のプレイヤーが、相手は左側を通行すると予想するなら、明らかに自分も左側を通行した方が、安全で利得が高いから、自分も左側通行を選ぶだろう。結果として、相手が左側を通行するという予想は、正しい合理的予想になり、（左側、左側）という戦略の組み合わせは、ナッシュ均衡の条件を満たすことになる。同様に、（右側、右側）という戦略の組み合わせも、相手は右側を通行すると予想すれば、自分も右側を通行する方が安全で利得が高いから、自分も右側通行を選ぶことになり、ナッシュ均衡の定義を満たしている。

どちらの均衡が実際に選ばれるのかということを考える前に、表8-2のゲーム、つまり囚人のジレンマのゲームにおけるナッシュ均衡を検討しておこう。囚人のジレンマのゲームでは、両方のプレイヤーにとって、自分がサボることが支配戦略だった。「自分がサボることが支配戦略である」とは、相手の戦略選択の予想にかかわらず、自分がサボることが常に最適反応であることを意味していた。つまり、「相手がサボる」と予想した場合でも、「自分がサボる」ことが最適反応になる。したがって、囚人のジレンマのゲームでは、（サボる、サボる）という戦略の組み合わせは、ナッシュ均衡である。より一般的に、**支配戦略均衡が存在すれば、それは必ずナッシュ均衡でもある**、という結論が得られる。

8.5.4 法律とナッシュ均衡の均衡選択

では、表8-3で表したコーディネーションのゲームでは、二つのナッシュ均衡のどちらが実現されるのだろうか。この問題は、**均衡選択**の問題と呼ばれる。均衡選択を考えるためには、このゲームがどんな文脈でプレイされている

のかを考えることが必要である。一番わかりやすいのは、次のような状況だろう。

現実の社会で車を運転する場合、無数の対向車と行き合う。この場合、対向車一台ごとに、異なる他人が運転している車と、「コーディネーションのゲーム」をプレイしていることになる。車社会で車を運転していると、瞬間ごとに無数の運転手たちの中から、ある運転手が無作為に選ばれ、その運転手と「コーディネーションのゲーム」をプレイする、という状況が、次々に繰り返されるのである。では、この時、人々は右側と左側のどちらを選ぶだろうか。

日本社会の場合、その答えは「左側」である。なぜなら、道路交通法という**法律**があり、車は左側通行が義務付けられているからである。ただ、ここで考えてほしい。法律があれば、それは必ず守られるだろうか。例えば、同じ道路交通法に、速度制限という条項がある。しかし、高速道路で速度違反をしている車はやまほどいる。法律があるだけでは、それが守られるとは限らないのである。では、速度制限という法律条項は必ずしも守られないのに、左側通行という法律条項は、どうして守られているのだろうか。

答えは、左側通行を守ることが、実は車社会で無作為に選ばれた相手と「コーディネーションのゲーム」を繰り返しプレイするという状況での、ナッシュ均衡になっているからである。相手の運転手がどちら側を通行するかと考えれば、事故になった場合、右側通行をした運転手は、責任をとらされる。だとしたら、相手の運転手は、法律を守って左側を通行するだろうと予想するだろう。もし、相手が法律を守って左側を通行するなら、自分も左側を通行するのが、事故を避けることができて最善である。結果として、自分も法律を守って左側を通行することを選ぶ。誰もがこう考えるから、(左側、左側)という、法律を守った戦略の組み合わせが選ばれることになる。

8.5.5　慣習と均衡選択

車社会では、法律の存在がどちらのナッシュ均衡をプレイするかを決めたが、別の文脈では法律が存在しない場合もある。例えば、地下鉄の駅のエスカレーターでは、立ち止まってエスカレーターの動きに任せる人と、エスカレーターの階段を歩くことで、少しでも早く進もうとする人がいる。両者がエスカ

レーターの同じ側、例えば左側を選ぶと、左側を歩く人が左側で立ち止まっている人にぶつかってしまい、面倒なことになる。これらの人たちをスムーズにさばくには、立ち止まる人が立ち止まる側とは異なる側を、歩く人が歩くことが望ましい。いわば、ここでも「コーディネーションのゲーム」が、次々に見知らぬ人との間でプレイされているのである。

ところで、車社会と違って、エスカレーターの場合、法律はない。この場合、どちらのナッシュ均衡が選ばれるかを決めるのは何だろうか。答えは、**慣習**である。

日本の駅でエスカレーターに乗って、さらにエスカレーターの上で歩こうとすると、右側に立つか左側に立つかは、地域によって違いがある。東京をはじめとする東日本では、右側は歩く人のために空け、歩かない人は左側に立つという慣習がある。通行する（歩く）なら右側という、（右側、右側）という戦略の組み合わせが、エスカレーター上での「コーディネーションのゲーム」の慣習になっているわけである。もちろん、この戦略の組み合わせは、表8-3で見たようにこのゲームのナッシュ均衡の一つである。ところが、大阪をはじめとした西日本では、エスカレーターの上で歩く（通行する）なら左側であり、右側は立ち止まる人のためにあるという慣習が成立している。（左側、左側）という戦略の組み合わせが、西日本の慣習であり、それはもう一つのナッシュ均衡だというわけである。

このように、ゲームで実現する戦略の組み合わせは、通常ナッシュ均衡であり、ナッシュ均衡が複数存在する場合、どのナッシュ均衡が実現するかは、慣習や法律などに依存することがわかった。

8.6　終わりに

8.6.1　混合戦略

ここまで、ゲーム理論について簡単な解説を行ってきたが、誤解を与えるといけないので、残されたいくつかの論点について、結論だけを解説しておこう。もし、詳細について関心がある読者がいれば、ゲーム理論の専門書をひも解いてほしい。

第一に、表8-1のペナルティ・キックのゲームでは、キッカーの「右に蹴

る」という戦略に対するキーパーの最適反応は「左に跳ぶ」であり、キーパーの「左に跳ぶ」という戦略に対するキッカーの最適反応は「左に蹴る」である。キッカーの「左に蹴る」という戦略に対するキーパーの最適反応は「右に跳ぶ」であり、キーパーの「右に跳ぶ」という戦略に対するキッカーの最適反応は「右に蹴る」である。二人の最適反応は、堂々巡りをしている。

　こう考えれば、このゲームにはナッシュ均衡が存在しないように見える。しかし、戦略の概念をきちんと定義しなおせば、ナッシュ均衡が存在する。詳細は、専門書などを見てもらう必要があるが、このゲームでキッカーが、「右に蹴る」という戦略ばかりを選んでいると、キーパーにそれを見抜かれてしまい、キーパーは「左に跳ぶ」という戦略を選び、ゴールを決められない。「左に蹴る」ばかりを選んでも、同じ結果になる。したがって、望ましいのは、右に蹴る頻度と左に蹴る頻度を半分ずつにして、相手に自分の癖を読まれないことである。また、頻度を半分ずつにするために、例えば右、左、右、左……と交互にしただけでは、キーパーにそれを読まれてしまい、ゴールを決められない。

　必要なのは、毎回どちらに蹴るかという決定自体をコインのトスで決め、「表が出れば右に蹴る」、「裏が出れば左に蹴る」といった形で、偶然に任せて確率的に戦略を決めることが必要である。このような戦略を**混合戦略**と呼ぶ。これに対して、キーパーも同じように混合戦略を選び、右に跳ぶか左に跳ぶかを半分ずつの確率で選ぶのが、このゲームのナッシュ均衡になる。このように、確率的に戦略を選ぶ混合戦略まで許せば、どんなゲームにも必ずナッシュ均衡が存在することが知られている。

8.6.2　繰り返しゲーム

　第二に、表8－2の囚人のジレンマのゲームでは、唯一のナッシュ均衡が（サボる、サボる）という、二人のプレイヤーにとって望ましくない逆説的な結果になった。では、二人のプレイヤーにとってより望ましい、（頑張る、頑張る）という組み合わせがナッシュ均衡になることはありえないのだろうか。実際の社会では、二人のプレイヤーがお互いのためにも頑張るという結果は、しばしば見られるように思われるのだが……。

現実の社会では、二人のプレイヤーが頑張るかサボるかが問題になるのは、一回限りのゲームとしてではなく、職場や友人関係など、毎日同じ二人が継続的に関係を持つ場合が多い。このような**繰り返しゲーム**では、戦略はもっと複雑なものになる。「今日、自分は頑張る。今日、相手も頑張ったら明日も自分は頑張るが、相手がサボったら明日からは自分もサボる……」というように、相手がそれまでにどんな行動をとったかで、翌日の自分の行動を決める、という、時間を通じた行動計画を決めることが、「繰り返しゲームの戦略」になる。この場合、「お互いに協力して頑張り続けよう。ただし、万一、相手が約束を裏切って一度でもサボったら、自分は翌日から裏切り続ける」というような約束は、二人のプレイヤーがともに将来を大事だと考える限り、ナッシュ均衡になることが知られている。これも、詳細に関心がある読者は、専門書に目を通してほしい。

第 9 章
国内総生産と付加価値

9.1 はじめに

9.1.1 マクロ経済学とは

　本書の前半部であるここまでの章では、ミクロ経済学について説明を行ってきた。この章から始まる後半部では、マクロ経済学について解説を行おう。第1章でも簡単に述べたように、マクロ経済学とは、生産量や物価水準、雇用量など、経済全体で集計された変数（時に、**マクロ変数**と呼ばれる）を分析対象とする。そして、これらの分析対象となる、集計されたマクロ変数間の相互依存関係が引き起こす、失業やインフレーションとデフレーション、景気循環や経済成長などの様々なマクロ現象を分析する学問領域である。

　マクロ経済学は、1930年代の世界的大恐慌に対して、従来の新古典派経済学の代わりに、イギリスの **J. M. ケインズ**という経済学者が、その著書『雇用・利子および貨幣の一般理論』（通称「一般理論」）によって生み出した経済学的見方である。従来の新古典派経済学とは、ミクロ経済学を中心とした経済学的見方であり、すべての市場で需要と供給が一致するように、価格がスムースかつ敏速に調整することを前提とした見方に他ならない。

　しかし、労働市場における失業とは、「働きたい」という労働を供給する人たちの数が、企業が「雇いたい」という労働者に対する需要を上回っているからこそ生まれるのであり、労働者に対する需要と供給が一致するならば、失業を説明することはできない。この点に対するケインズの説明は難解だが、その後のマクロ経済学の発展の結果、労働サービスの価格である賃金には硬直性や

粘着性があり、短い期間（**超短期**と呼ばれる半年程度の期間や、**短期**と呼ばれる1年から3年程度の期間）の間では、需要と供給が一致しない**不均衡**が発生するのだと考えられるようになった。需要と供給が一致しなくとも、物価や賃金の硬直性や粘着性のために、物価や賃金がスムースかつ敏速に調整できないからである。ただ、期間を十分に長くとった**長期**（5年程度の期間）を考えれば、物価は言うまでもなく、賃金の硬直性や粘着性は消え去り、賃金は需要と供給を一致させるように調整されるから、例外的な場合を除いて、不均衡現象は解消すると考えられる。

　なおマクロ経済学が焦点を当てるのは、集計された財・サービスの市場と集計された労働力の市場であり、それぞれの市場の価格は物価水準と賃金である。上で述べた超短期、短期と長期の区別は、マクロ経済学の分析枠組みからいえば、より正確には次のように述べることができる。超短期とは、物価水準も賃金もともに硬直的な場合を、短期とは物価水準は伸縮的だが賃金が硬直的な場合を、長期とは物価水準も賃金も伸縮的な場合を表している。なお、なぜ物価水準に比べて賃金が硬直性や粘着性を持ちやすいのかについては、第14章でより詳しく説明する。

9.1.2　価格や賃金の硬直性とコーディネーション機能

　一国の経済の中では、様々な人々の労働が衣類や自動車などの様々な財の生産のために雇用され、電力や食材といった様々な財がレストランで出される食事などの別の財の原材料として使われる。このように、一国で生産される様々な財や雇用される労働サービスの需要と供給は、相互に深く関連しあっている。第3章で見たように、労働を含むすべての財・サービスの価格や賃金が、スムースかつ敏速に調整可能である場合、ある財・サービスや労働の市場で何らかの変化が起きれば、関連する他の財・サービスや労働の市場に、派生需要や生産費用の変化などの適切な形で波及し、それら関連する市場における価格や賃金が敏速に変化することを通じて、経済全体が新たな均衡へと調整を行う。このように、経済を構成する様々な財・サービスや労働の市場において何らかの変化が起これば、それは価格（および賃金）のスムースかつ敏速な変化を通じて、関連する財・サービスや労働の市場に対して、必要な生産や雇用あ

るいは需要や供給の「変化を引き起こせ」というメッセージが送られるのである。結果として、必要な生産や雇用、需要や供給の調整が、ちょうど適切な量だけ適切なタイミングで行われる。これが、「コーディネーション」と呼ばれる機能であった。

このように、社会に存在する様々な財・サービスや労働の市場は相互に深く関連しあっているが、それらの相互依存関係は「価格」や「賃金」を通じて適切な形で波及するため、望ましいコーディネーションが行われるだけでなく、経済厚生を最大化するような最適な資源配分が自動的に実現されることにもなる。アダム・スミスの言う「神の見えざる手」に他ならない。このことを反映して、市場メカニズムは時に、**価格メカニズム**と呼ばれている。

ところで、労働力のような、経済活動の基幹となる市場で、価格（つまり賃金）の硬直性や粘着性が存在して不均衡が発生すれば、市場メカニズムの主要な役割の一つである「コーディネーション」機能が失われてしまう。しかも、価格や労働賃金の硬直性や粘着性が存在する超短期や短期には、失業が解消されないだけでなく、相互に深く関連しあっている様々な市場の間の影響は、価格や賃金の変化を通じて波及することがなくなるため、価格メカニズムとは別のプロセスを通じて影響しあうことになる。

このような事情があるため、マクロ経済学が扱う経済全体における「マクロ変数間の相互依存関係」、特に価格や賃金が硬直的な「超短期や短期におけるマクロ変数間の相互依存関係」は、価格や賃金がスムースかつ敏速に調整されることを前提とするミクロ経済学で得られた結果を、単純に集計すれば解決できるわけではない。価格を通じた調整を基本として考えたミクロ経済学の論理とは全く異なる、マクロ経済学に固有の論理を考えないと、超短期や短期におけるマクロ変数間の相互依存関係を考えることはできないのである。以下、本書の後半では、このマクロ経済学に固有な分析の方法を学ぶことにする。

9.2 国内総生産（GDP）という概念

9.2.1 GDPとは？

マクロ経済学で中心的な役割を果たすのが、**国内総生産**（英語の略称はGDP: Gross Domestic Product）という概念である。GDPとは、一言で言えば「ある国

や地域（例えば日本国）で、一定期間（例えば1年）の間に、新たに生み出された最終財やサービスの金額の総額」のことである。日本である年に新たに生産された個々の財の総額や、新たに生み出された個々のサービスの総額はミクロ変数だが、それらをすべて足し合わせた（集計した）総額という意味で、GDPという指標はマクロ変数であり、その国（あるいは地域）でその期間の間に新たに生み出された価値の総額という、集計された変数である。

　また、上の定義で使われている**最終財・サービス**の金額とは、他の財の生産に使われる原材料や電力などの中間財（中間生産物）の金額はGDPから除かれていることを意味している。なぜ中間財の生産額を除くことが必要なのか、最終財・サービスの厳密な定義はどんなものなのかは、9.6節以降で詳しく述べる。

　GDPの実際的な意味は、その時のその国の「経済力」を表す指標だという点にある。例えば、GDPという指標を使えば、その国が1年間にどれだけの富を生み出す力を持っているかがわかる。したがって、一つの国のGDPが、年を追ってどのように変化しているかを測ることで、その国の経済力がどんなスピードで成長しているかがわかる。また、一つの国と別の国との間で、両国のGDPを比較することによって、どちらの国が相手国に比べて、どれだけより大きな経済力を持っているかが明らかになる。

　ただ、国際比較をする際には、注意すべき点が一つある。GDPで測った場合、中国はアメリカに次ぐ世界第二位の大国であり、世界第二位の経済力を持っている。わが国のGDPは、中国のGDPの半分程度でしかない。では、日本の経済力は中国の経済力の半分しかないのだろうか。答えは、イエスでもあり、ノーでもある。なぜなら、国全体としては、中国は日本の2倍の経済力を持っているが、中国の人口は日本の人口の10倍程度である。中国のGDPが大きい一つの理由は、中国の人口が多いためでもある。

　日本と中国の経済力を比較するもう一つの物差しは、**一人当たりGDP**という概念である。これは、人口一人当たりのGDPはいくらかを表した概念であり、中国の一人当たりGDPは、中国のGDPを中国の人口で割った値で測られる。他方、日本の一人当たりGDPは、日本のGDPを日本の人口で割った値で測られる。日本のGDPは中国のGDPの半分ほどだが、中国の人口は約

13億人で日本の人口の10倍だから、中国の一人当たりGDPは日本の一人当たりGDPの5分の1程度でしかない。一人当たりGDPという基準で測れば、中国の経済力は日本の経済力の5分の1でしかないのである。

とはいえ、世界経済においては、近年とみに一人当たりGDPではそれほど世界の上位には位置しないが、一国のGDPで測れば世界第二位の中国の存在感が増している。他方、人口が50万人にも満たないルクセンブルグというヨーロッパの小国は、一人当たりGDPは世界一を争うほど大きいが、世界経済における存在感は小さい。ある国の国力を表す指標として、一国全体のGDPとその国の一人当たりGDPのどちらがより望ましいのかは、議論の置かれた背景に大きく依存して決まってくる。

9.3 フローとストック

9.3.1 フローという概念

GDPを詳しく定義する前に、GDPという概念について注意すべきいくつかの点に触れておこう。第一に、マクロ変数は、大きく分けてフローの概念とストックの概念に分けられる。GDPという概念は、フロー概念のひとつである。

GDPは、すでに述べたように、例えば1年間といった「ある一定期間」に、日本国がどれだけの新しい財やサービスを生み出したか、という概念である。このように、「ある一定期間に」どれだけの額が生産され、消費され、投資されたかということを示す概念を、一括して**フロー概念**と呼ぶ。例えば、日本の1年間のGDPが480兆円だとしてみよう。日本で1年間に480兆円の新しい財・サービスが生産されるわけである。この時、1年当たりに480兆円が生産されるのだから、1カ月には大体その12分の1の40兆円が生産されることになる。また、1年間を4等分して、3カ月ごとに分けた期間を**四半期**と呼ぶ。4月から6月までの3カ月を表す「第一四半期」には、大体120兆円が生産されることになるから、四半期当たりにすれば120兆円が生産されることになる。

このように、フローという概念は、期間をどれだけとるかによって、値が変わってくる概念である。これは、自動車の運転スピードに対応した概念だと言ってもよい。自動車を時速60キロメートルで運転する場合、一分当たりの分速は、ちょうど1キロになる。あるいは、湖に流れ込む川の水量が、1日当たり

4,800トンなら、1時間当たりに直せば、流入量は200トンになる。このように、一国の生産のスピードに対応するのが、GDPという概念に他ならない。本書では、これから様々なマクロ変数が登場するが、所得、消費、貯蓄、投資、財政赤字などのマクロ変数は、すべてフローの概念である。

9.3.2 ストックという概念

これに対して2016年10月末の日本では、総計8100万台ほどの自動車が保有されている。これらの自動車の中には、10年前の2006年に生産された自動車から、2016年に新たに生産された自動車まで、様々な自動車が含まれている。いわば、過去に生産された各年の自動車生産台数のフローを足しあわせた数から、すでに処分された各年の自動車の台数（これもフローである）を差し引いた累積台数が、総計8100万台ほどだというわけである。このような概念は**ストック**と呼ばれる。

フローが、ある一定期間の間にどれだけの量が生産され、どれだけの額が消費されたかを表す概念であるのに対して、ストックは、ある一時点でどれだけの量や額が存在しているかを表す概念である。機械や工場などの資本設備の総量、あるいは株式総額や土地・建物などの資産残高も、同様にストックである。これらはすべて、ある一時点でどれだけの量や額が、その国や企業、家計によって保有されているかを表す概念であり、そのような概念をストックと呼ぶのである。ストックはある一時点で定義されるから、それを測る時点が変われば、値も変わってくる。2016年10月末の時点では8100万台ほどの自動車のストックが日本に存在したが、第二次世界大戦直後の敗戦時の日本では、自動車のストックは1万台にも満たない僅かな量だった。

ストックとフローを比較することが有益な場合もある。湖にフローとして流れ込んだ水は、湖に貯まる。貯まった水の量をある時点で測れば、それは例えば4800万トンといった量になる。これがストックである。この時、流入量が一日当たり4,800トンなら、4800万トンというストックは、1万日分のフローに当たる。この湖には、1万日分の川から流入した水が貯まっているというわけである。

このような視点から、しばしば使われるのが、政府債務残高GDP比率とい

う概念である。わが国の政府の借金残高の総額である政府債務残高というストックは、2016年10月の時点で約1250兆円である。これに対して2016年の日本のGDPというフローは500兆円ほどである。結果として、政府債務残高GDP比率は250％、つまり政府債務残高はGDPの2.5倍ほどになる。言い換えると、日本政府の借金総額は、日本が国全体で生産するものをすべて使って返済しようとしたとしても、2年半はかかるということになる。

GDPというフローは、ある一定期間に日本でどれだけの「新しい」財やサービスが生み出されたかを測った額を表しており、その意味で、昔生産された機械や工場を含む資本設備というストックや、昔造られた建物を含む建造物の総額というストックとは異なる概念であることに注意が必要である。これから登場するマクロ変数のうち、国債残高、マネーサプライ、家計や企業の保有する資産総額、在庫総額などのマクロ変数は、すべてストックの概念である。

9.4 名目GDPと実質GDP

9.4.1 名目GDPと実質GDPの違い

GDPの概念について注意すべきいま一つの点は、それが名目GDPと実質GDPという、異なるしかし深く関連した二つの概念に分けられることである。**名目GDP**とは、金額表示あるいは時価表示のGDPである。わが国の年間の名目GDPは、1995年以来、大体500兆円で推移している。いま仮に、5年後に名目GDPが200兆円増加し、700兆円になったとしよう。この場合、わが国の経済力は5年間に4割増加したと言えるだろうか。あるいは、人々の生活水準は、4割改善したと言えるだろうか。

このことを考えるために、ある財、例えばわが国におけるビールの1年間の生産総額が5000億円だったとしてみよう。これを、名目生産額と呼ぶ。名目生産額が5年後に7000億円に増加した場合、ビールの生産量が増えたと言えるだろうか。

ビールの名目生産額とは、量と価格を掛け合わせた概念である。日本のビールの生産量は、約500万キロリットルであり、それに一キロリットル当たりの価格10万円を掛け合わせることで、500万キロリットル×[10万円／キロリットル] ＝ 5000億円という名目生産額が得られる。この名目生産額が7000億円に4

割増えたといってもそれは、価格は変わらずに生産量が500万キロリットルから700万キロリットルに増えた場合もあるだろうし、生産量は変わらずに価格が一キロリットル当たり10万円から14万円に4割上昇した場合もあるだろう。前者なら、ビールの生産が増えたのだから、それだけビール産業の力が上がったと言えるだろうが、後者の場合には、単に物価が変動したことを表しているにすぎない。

同様に、名目 GDP が増加したからといって、それで単純に経済力が増加したとか、人々の生活水準が改善したことにはならない。名目 GDP も、生産量×価格という形で分解できるのであり、生産量が増えていることを確認して初めて、経済力が増加し生活水準が改善したと言えるのである。**実質 GDP** とは、この量で測った GDP を計算し、一国の真の経済力を、時間を通じて比較するための概念である。

9.4.2　実質 GDP

しかし、実質 GDP を定義することはそれほど単純ではない。ビールしか生産していない国なら、名目 GDP はビールの名目生産額に等しくなり、ビールの名目生産額は上で見たように、容易に、量と価格に分解できる。しかし GDP は、すべての財やサービスの生産額を集計した概念である。このため、GDP を価格と量に分解することには注意が必要である。

このことを具体的に考えるために、表 9−1 に示したような単純な経済を考えてみよう。この経済では、リンゴとオレンジという二つの財しか生産されておらず、生産されたすべてのリンゴとオレンジは消費者に販売され消費される。2010年の名目 GDP は、リンゴの生産量50億個×リンゴの価格50円＝2500億円と、オレンジの生産量25億個×オレンジの価格60円＝1500億円を足し合わせた4000億円である。同様に、2011年の名目 GDP は、60億個×75円＝4500億円というリンゴの生産額と、20億個×75円＝1500億円というオレンジの生産額を足し合わせた6000億円である。2010年と2011年の二つの年を比べると、この経済における名目 GDP は、4000億円から6000億円へと1.5倍に増えている。名目で考えると、経済の規模が1.5倍へと5割だけ大きくなったのだから、名目成長率は50％というわけである。

表 9-1　実質 GDP の計算

	2010 年	2011 年
リンゴの個数（億個）	50	60
リンゴの価格（円）	50	75
オレンジの個数（億個）	25	20
オレンジの価格（円）	60	75
名目 GDP（億円）	4000	6000
実質 GDP（2010 年が基準年）	4000	4200

しかし良く表を見ると、2010年と2011年の間では、リンゴとオレンジの価格がともに上昇しているが、リンゴの生産量が増加している一方、オレンジの生産量は減少している。しかも生産個数の成長率も価格の上昇率も、リンゴとオレンジでは異なる。では、2010年から2011年にかけて、この経済全体の実質的な成長率を測る方法はないだろうか。その一つの方法は、2010年のリンゴとオレンジの価格を基準として、2011年の実質的な GDP を計算してみることである。これを、2010年を基準とした2011年の実質 GDP と呼ぶ。では、実質 GDP はどのように計算できるだろうか。

2010年を基準とした2011年の実質 GDP は、通常次のように定義される。2010年の価格を基準にした2011年の実質的なリンゴの生産額は、基準年（2010年）のリンゴの価格に2011年のリンゴの生産量をかけた50円×60億個 = 3000億円である。2010年の価格を基準にした2011年の実質的なオレンジの生産額は、基準年のオレンジの価格に2011年のオレンジの生産量をかけた60円×20億個 = 1200億円である。したがって、2010年の価格を基準にした2011年の実質 GDP は、3000億円＋1200億円 = 4200億円である。こうして、過去のある年を基準年とした実質 GDP が定義される。

2010年を基準とした2010年の実質 GDP は、2010年の価格で実質化された GDP だが、それは2010年の名目 GDP に他ならない。したがって、2010年を基準年とした実質 GDP は、2010年の4000億円から2011年の4200億円へと、1.05倍に増えたことになる。GDP の名目成長率は50％だったが、その大部分は物価の上昇に基づいており、実質成長率はその10分の1の5％だというわけであ

る。

　2010年基準の2011年の実質GDPの定義は、次のように述べてもよいかもしれない。2011年に生産された財・サービスは、リンゴが60億個、オレンジが20億個である。これを、2011年に生産された財・サービスの**バスケット**と呼ぼう。2011年のバスケットの中に、リンゴが60億個、オレンジが20億個入っている、というわけである。この2011年のバスケットを、2011年の価格ではなく、基準年の2010年の価格で評価した額が、2010年基準の2011年の実質GDPということになる。

9.5　物価水準

9.5.1　物価水準とGDPデフレータ

　以上で述べたことを基にすれば、次のように考えることができる。9.4節では、ある年の名目GDPと実質GDPを定義した。そこで次に、すべての財・サービスの価格を集計した**物価水準**という概念を考えてみよう。物価の変化は物価水準の変動で表せるはずだから、

$$名目GDP = 物価水準 \times 実質GDP$$

と表せるだろう。この両辺を実質GDPで割って両辺を入れ替えれば、

$$物価水準 = 名目GDP/実質GDP$$

と表すこともできる。以下、本書では実質GDPをYで、物価水準をPで表すから、名目GDPは$P \times Y$で表されることになる。

　上記の例では、2011年の名目GDPは6000億円で、2010年基準の2011年の実質GDPは4200億円だったから、最後の式を使えば、物価水準は6000億円/4200億円 = 1.4285……と表すことができることになる。実質GDPは2010年を基準年として定義されていたから、ここでの物価水準も2010年を基準年とした2011年の物価水準ということになる。この物価水準に100をかけた値、つまり142.85…のことを、2010年基準の2011年の**GDPデフレータ**と呼ぶ。

　他方、2010年の名目GDPは4000億円、したがって2010年基準の実質GDPも4000億円だから、2010年のGDPデフレータは4000億円/4000億円×100 = 100である。つまり、基準年のGDPデフレータは必ず100になる。上記の例では、2010年から2011年にかけて、GDPデフレータは100から142.85……になっ

たわけであり、インフレ率は42.85……%だったということになる。

9.5.2　消費者物価指数

ところで、物価水準を考える際には、GDP デフレータの他にも、いくつかの異なる概念がある。一番よく知られていて、また GDP デフレータより身近な存在なのが、**消費者物価指数（CPI）**である。消費者物価指数とは、消費者が生活していく上で物価水準をどう感じているかを表す指数である。

GDP デフレータは、最終財・サービス全体の物価水準を表していたが、それらの最終財・サービスには、消費者にとっては縁遠い存在である機械や工場といった資本設備も含まれる。消費者物価指数を計算する際には、これら資本設備に関連する財・サービスは勘定に入れない。また、自衛官が提供している国防サービスは、政府が購入しているサービスであるが、これも消費者の生活に直接影響を与えない。また、GDP デフレータは、日本国で生産された財について、その生産割合に応じて物価水準を計算する。しかし、消費者にとっては、日本で生産された財も、輸出されてしまえば無関係である。逆に、輸入されて消費者が消費する財は、日本国が生産した財ではないから GDP には含まれないが、生活していく上で消費者の生活には密接な関係を持っている。

そこで、消費者が消費する財・サービスだけを取り出し、それらの価格を、それが国産か輸入されたものかを問わずに集計して定義された物価水準が、消費者物価指数である。このように、GDP デフレータと消費者物価指数の間には、それぞれが対象としている財・サービスの種類に大きな違いがある。前者では日本で生産されたすべての最終財・サービスを対象とし、後者では、家計が消費したすべての最終財・サービスを対象としている。

さらに、GDP デフレータと消費者物価指数とは、その計算の仕方が微妙に異なる。GDP デフレータの際に定義したバスケットという概念を使えば、GDP デフレータとは、GDP を計算する年（例えば2011年）のバスケットを固定して、それを基準年である2010年の価格で評価した。他方、消費者物価指数とは、当該年ではなく、基準年に家計が消費した財・サービスのバスケットを固定して、基準年にそのバスケットを購入した場合に比べて、その後の価格の変化によってそのバスケットの総額がどう変化したかを示す指数である。

少し技術的なことにあたるので、無理に覚えておく必要はないが、関心のある読者のために、消費者物価指数の定義を、表9-1を使って具体的に説明してみよう。いま、表9-1が日本の消費者が2010年と2011年に消費したすべての財・サービスを表しているとして、2010年を基準年とした2011年の消費者物価指数を定義してみよう。

まず、基準年の消費者物価を100とする。次に、2010年の財のバスケットを2011年に購入するのに必要な金額を求めてみる。2010年に消費したリンゴは50億個で、2011年のリンゴの価格は一個当たり75円だから、50億個のリンゴを購入するためには、2011年には50億個×75円＝3750億円が必要になる。他方、2010年に消費したオレンジは25億個で、2011年のオレンジの価格は一個当たり75円だから、25億個のオレンジを購入するためには、2011年には25億個×75円＝1875億円である。合わせると、2010年のバスケットを2011年に購入するためには、3750億円＋1875億円＝5625億円が必要である。同じバスケットを2010年に購入した際には、購入額が4000億円だったのだから、物価は5625億円/4000億円＝1.40625、つまり1.40625倍になったことになる。この比率を100倍した値、つまり140.625を2010年基準の2011年の消費者物価指数と呼ぶ。消費者物価指数が140.625だから、2011年の消費者物価は、2010年に比べて40.625%上昇したことになる。GDPデフレータで計算したインフレ率の42.85……%とわずかではあるが値が異なるのは、GDPデフレータと消費者物価指数の計算の仕方が異なることを反映している。

9.6 財の生産の集計

9.6.1 はじめに

さて9.2節で述べたように、GDPとは、「ある国や地域で、一定期間の間に、新たに生み出された最終財やサービスの金額の総額」として定義される。この定義は単純なようだが、実は少し複雑な問題を含んでいる。そのことを考えるために、第2章の図2-1で見た「社会における経済活動の概略」を参考に、経済で生産されている財の生産額を集計することを考えてみよう。図2-1で見たように、社会で生産活動を行っているのは企業部門であり、企業は最終生産物や中間生産物など、様々な財・サービスを生産している。では、これらの

図9-1 中間財、最終財と付加価値

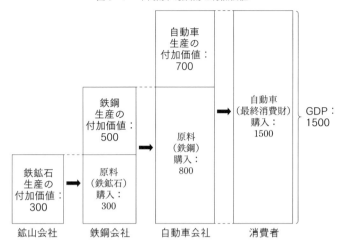

様々な財・サービスの生産額をどのように足し合わせれば、それが適切な形で集計された額になるのだろうか。

この問題を具体的に考えるために、**図9-1**に示すような単純な経済を考えてみよう。この経済で生産されているのは、鉄鉱石、鉄鋼、自動車の三つの財だけである。また、この経済には、次に述べる三つの会社だけが存在する。第一に、自らが所有する鉱山から鉄鉱石を採取する鉱山会社があり、何の原材料も使わずに生産された鉄鉱石は、毎年総額300億円で鉄鋼会社に売却される。第二に、鉄鋼会社は、300億円で購入した鉄鉱石だけを原材料に鉄鋼を生産しており、毎年総額800億円で生産した鉄鋼を自動車会社に売却する。最後に、自動車会社は、800億円で購入した鉄鋼だけを原材料に自動車を生産しており、毎年総額1500億円で生産した自動車を消費者に売却する。

では、この経済で生産される財の総額は、1年間でいくらになるのだろうか。単純に考えると、生産される総額は、鉄鉱石の売り上げ300億円と、鉄鋼の売り上げ800億円と、自動車の売り上げ1500億円のすべてを足し合わせた2600億円だと考えてしまいがちである。しかしそれには問題があることが、次の例を考えると理解できる。

いま、上に述べた経済で、自動車会社が、鉱山会社と鉄鋼会社を買収合併し

て、いままでと同じ生産活動を行ったら、どうなるだろうか。この新しい合併会社は、何の原材料も使わずに、自分が所有している鉱山から鉄鉱石を採取し、その鉄鉱石を使って自社内で鉄鋼を作り、その鉄鋼を使って自社内で自動車を作ることになる。結果として発生する売り上げは自動車の売り上げだけであり、毎年総額1500億円でしかない。合併前の生産された財の総額2600億円と比べると、合併後に生産された財の総額は1500億円へと、1100億円も減少してしまうのである。しかし、合併前と合併後で行われている生産活動に何の違いもない。したがって、総生産額はどちらの場合も同じにならなければいけないのではないだろうか。

9.6.2　財の生産の集計と二重計算

合併前に生産された財の総額と、合併後に生産された財の総額の違いは、次のように考えることで解決できる。いま合併前の経済を考え、この経済における生産活動に対して、各会社が純粋に貢献した額がいくらなのかを考えてみよう。

まず手始めに、300億円の鉄鉱石を原材料として購入して、鉄鉱石だけを原材料として800億円の鉄鋼を生産している鉄鋼会社を考えてみよう。鉄鋼生産総額である800億円のうち、原材料として購入した鉄鉱石の300億円は、鉄鋼会社がこの経済に純粋に貢献したことにはならない。なぜなら、原材料の鉄鉱石の価値300億円は、鉱山の生産額であり、それは鉱山会社がこの経済に貢献した額に当たるからである。鉄鋼会社が真の意味で生み出した価値は、鉄鋼の生産額800億円から原材料である300億円を差し引いた500億円だけだと考えることが適当である。

言い換えれば、合併前の経済で、単純に各社の生産額を足し合わせた2600億円には、鉄鋼会社が原料として購入した300億円分は、鉱山会社の売り上げとしても、鉄鋼会社の売り上げとしても、さらには自動車会社の売り上げとしても、二重に（厳密に言えば三重に）計算されていると考えるべきである。結果として、合併前の経済で、各社の生産額を足し合わせると、それはこの重複計算の分だけ過大に計算されている。同様に、自動車会社がこの経済に純粋に貢献した額は、自社の生産額の1500億円から原材料として購入した800億円を差し

引いた700億円だけだと考えるべきである。

9.7 付加価値

9.7.1 付加価値の概念

　上で述べた、合併前の生産額のうち、各社がこの経済に純粋に貢献した部分の額のことを、**付加価値**と呼ぶ。つまり、付加価値とは、自社の総生産額から原材料の購入総額を差し引いた額であり、

$$付加価値＝総生産額－原材料購入総額$$

に他ならない。付加価値という概念を使えば、合併前の経済における付加価値総額は、合併後の経済における付加価値総額と等しくなる。

　具体的に、合併前の経済における付加価値総額をもう一度見てみよう。鉱山会社は、原材料を使わずに鉄鉱石300億円を生産したのだから、鉱山会社が生み出した付加価値は300億円である。鉄鋼会社は、300億円の鉄鉱石という原材料を使って800億円の鉄鋼を生産したのだから、鉄鋼会社が生み出した付加価値は差額の500億円である。自動車会社は、800億円の鉄鋼という原材料を使って1500億円の自動車を生産したのだから、自動車会社が生み出した付加価値は差額の700億円である。各社の付加価値を合計すると、300＋500＋700＝1500億円である。これを表したのが、図9-1である。

　図からも明らかなように、各社が合併して生産した場合には、合併会社が自社内で、原材料を使わずに採掘した鉄鉱石から自社内で鉄鋼を作り、その鉄鋼を使って自社内で1500億円の自動車を生産したのだから、この合併会社の付加価値も1500億円になる。このように、付加価値で考えれば、合併前の経済も合併後の経済も、同額の付加価値を生み出していることがわかる。付加価値で考えれば、生産額（売上額）の重複計算が避けられるのである。この意味で、GDPを厳密に定義すれば、上記の生産額の重複計算を避けた、「ある国や地域で、一定期間の間に、新たに生み出された**付加価値**の総額」に他ならない。

9.7.2 最終財という概念

　このように、実はGDP（国民総生産）という概念は、「ある国で一定期間の間に、新たに生み出された最終財やサービスの総額」として定義されるが、

「ある国で一定期間の間に、新たに生み出された付加価値の総額」としても定義される。このGDPの新たな定義を見て気がつくことであり、また、図9-1を見て気がつくことでもあるが、鉱山会社から鉄鋼会社を通じて、最終的に自動車会社までのプロセスで作られたこの経済における付加価値総額は、実は、消費者に販売された自動車生産の総額に等しい。言い換えると、この経済における付加価値総額とは、二つの定義が可能だということがわかる。

　一つの定義は、鉄鉱石生産において生まれた付加価値と、鉄鋼生産において生まれた付加価値と、自動車生産において生まれた付加価値の合計額である。繰り返しになるが、鉄鉱石から鉄鋼を生産する場合に生まれる付加価値とは、鉄鋼の生産額から、鉄鋼の生産の際に必要で、鉄鋼の生産にあたって使い尽くされてしまう原材料の鉄鉱石という中間財（中間生産物）の購入額を差し引いた額である。鉄鋼から自動車を生産する場合に生まれる付加価値も、自動車の生産額から、自動車生産にあたって使い尽くされてしまう原材料の鉄鋼という中間財の購入額を差し引いた額である。鉄鉱石、鉄鋼、自動車を生産するにあたって生まれる付加価値を足し合わせたのがGDPである。

　経済における付加価値総額は、実は最終的に消費者（あるいは企業や政府、外国）が最終消費財として購入した（国内で生産された）自動車への支出額に等しい。これらの自動車は、消費者が自分の生活のために消費し、企業が自社の活動のために使用し、政府が政府活動のために利用し、外国が日本から輸入するのであり、別の財の生産のために使い尽くされてしまうわけではない。このように、消費者、企業、政府、外国といった、経済の中のいずれかの部門によって、最終的に利用されるために購入される財・サービスを**最終生産物**と呼ぶ。

　中間生産物の生産額がGDPに含まれないのは、中間生産物は、自動車などの最終生産物の生産のために使い尽くされてしまうからである。つまり、付加価値総額であるGDPとは、中間生産物の生産額や販売額をすべて排除し、最終的に経済の誰かによって最終的に利用されるために購入された財・サービスへの支出だけを取り出した額、つまり（国内で生産された）最終生産物の総額に等しいのだということがわかる。

第10章
三面等価の原則

10.1 国民経済計算と三面等価の原則

さて第9章では、GDPつまり国内総生産を、「ある国で一定期間の間に、新たに生み出された最終財やサービスの総額」あるいは「ある国で一定期間の間に生み出された、付加価値の総額」として定義した。実際に、毎年のGDPの総額を計算する作業を、**国民経済計算**と呼び、わが国では、政府の一部門である内閣府が中心になって、この仕事を行っている。

国民経済計算では、国内総生産、つまりGDPの総額を計算することがまず必要である。これを**生産面**からGDPを計算する作業と呼ぶ。しかし、国民経済計算が行うのは、生産面からGDPを計算するだけではない。そのほかに国民経済計算では、GDPがどのような形でだれの支出によって購われるかを計算する。これを、**支出面**から見た国内総生産と呼び、その総額は、**国内総支出**と呼ばれる。また国民経済計算は、GDPがどのような形でだれに分配されているのかということを計算する。これを、**分配面**から見た国内総生産と呼び、その総額は**国内総所得**と呼ばれる。

実は、ここで述べた国内総生産（GDP）は、生産面から計算しても、支出面から計算しても、それを分配面から計算しても、少なくともGDPを定義した一定期間が終了した時点では、必ずお互いに等しくならなければならないことが知られている。このことを、GDPは、**事後的**には、生産面でも支出面でも分配面でも必ずお互いに等しくならなければならないという、**恒等式**の関係にあるという。これが、**三面等価の原則**と呼ばれる、マクロ経済学で使われる基

本原則なのである。三面等価の原則を使うことで、マクロ経済学を考える上で、きわめて重要な新たな分析枠組みが生まれてくる。本章では、この三面等価の原則を説明することにしよう。

10.2　経済循環

10.2.1　経済循環と資金の流れ

　まず、生産面から見た国内総生産つまりGDPと、支出面から見た国内総支出が、どのような形で一致し、支出面から見た国内総支出がどのように表されることになるのかを説明しよう。このことを理解するためには、GDPが「ある国で一定期間の間に、新たに生み出された最終財やサービスの総額」という形で定義されていることに注意する必要がある。ここで使われている「最終財やサービスの総額」という概念は、該当期間中に、他の財の生産のために使い尽くされてしまう中間財（原材料など）に支出された金額を除いた、該当期間中に当該国で生産された最終財やサービスに支出された総額である。

　これらは、第9章の9.7.2節で説明したように、家計部門、企業部門、政府部門、外国部門という、経済の中のどの部門が購入するかによって、異なる支出であると分類することができる。このことを、図で示したのが、**図10-1**である。ただし、入門書である本書では、外国部門を明示的に取り上げることは、説明を無用に複雑化させ、読者の混乱を招きかねない。そのため本書では、外国との経済関係が存在しない、国内だけで閉鎖されている経済を考える。そのため、輸出や輸入といった貿易活動が存在しない経済を対象とする。

　この図10-1は、第2章の図2-1と本質的には同じ図だが、四つの違いがある。第一の違いは、図2-1では読者の理解を容易にするために、経済に存在する部門は、家計部門と企業部門の二つしか存在しないとして、図を描いた。図10-1では、読者に現実をより良く理解してもらうために、またマクロ経済学の適切な理解のために、閉鎖経済に存在するすべての部門、つまり、家計部門、企業部門、政府部門という三つの部門が描かれている。なお、本来はこれらに加えて外国部門が存在するが、すでに述べた理由から、本書で扱う経済は、外国部門が存在しない閉鎖経済である。

　二つの図の第二の違いは、図10-1の表題に示したように、経済循環の中で、

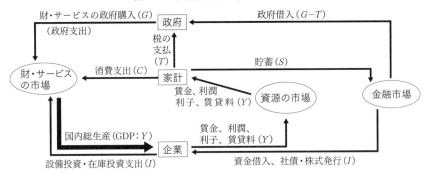

図10-1 経済循環の図（資金の流れ）

　図2-1では明示的に示した財やサービス、あるいは資源（労働、土地などの生産資源）自体の流れは示さず、その対価として支払われる資金（貨幣）の流れだけを示している点である。例えば、図10-1において、家計部門は財・サービスの市場に対して、消費支出として資金を支払っていることが示されているが、その背景には、財・サービスの市場から、家計部門が消費のために最終財・サービスを購入しているという逆の流れが存在している。しかし図10-1では、図を見やすくするために、これらの最終財・サービスや生産資源自体の流れは明示的には示されていない。読者には、財・サービスの市場や資源の市場に関わる矢印には、本来、資金の流れの裏側には、反対方向の矢印として示されるべき財・サービスや資源の流れが存在しているが、スペースの関係上、図には示されていないのだと理解してほしい。

　二つの図の第三の違いは、図10-1の左側に示した「財・サービスの市場」から出ていく矢印やそこに入ってくる矢印を見ればわかるように、図2-1では明示した、企業から企業へと流れる中間財取引のための資金の流れが、最終財・サービスの取引だけを取り出すために無視されていることである。

　二つの図の第四の違いは、図2-1では取り上げなかった図の右側にある金融市場への資金の流れが、図10-1では明示的に取り上げられていることである。初めて出てくる概念なので、簡単に金融市場の意味を説明しておこう。例えば家計部門は、受け取った賃金や利子などの所得から消費支出を賄い、税を支払うが、残されたお金は例えば銀行に預金したり株式・債券を購入したりす

る。これが家計貯蓄であり、図10-1の家計部門から金融市場への矢印がそれを表している。家計が貯蓄するということは、家計部門では資金が余っていることを意味しているから、この場合、家計部門は**資金余剰部門**だといい、家計貯蓄の額を家計部門の**資金余剰額**と呼ぶ。逆に、企業部門はふつう、企業活動を行うために資金という資源を外部から調達する必要がある。その場合、企業部門は**資金不足部門**だといい、外部から調達する必要のある資金額を企業部門の**資金不足額**と呼ぶ。

　金融市場とは、資金余剰部門が自分の資金余剰を貸し付けることで、資金不足部門の資金不足を解決することである。通常は、家計部門が資金余剰部門で、企業部門や政府部門が資金不足部門である。この場合、企業や政府が経済活動を行うために必要とする資金を、貯蓄という形でそれを所有している家計が金融市場を通じて貸し付ける。ここで、貸し手である家計が、借り手である企業や政府に資金を貸し付ける手段が、株式や債券あるいは銀行預金であり、金融市場での資金の流れの反対側には、株式や債券（借金証書）、あるいは銀行預金残高の増加といった形で、金融資産の受け渡しが存在する。では、家計が企業や政府に資金を提供すると、家計には何が与えられるのだろうか。

　2.1.3節で説明したように、ある会社の株式を所有していると、その会社が生み出す利潤の中から配当を受け取ることができる。国の借金証書である国債を所有していると、あるいは会社の債券である社債を所有していると、利子を受け取ることができる。銀行とは、家計が企業に資金を貸し付ける作業を間接的に支援している間接金融機関である。家計が銀行に預けた銀行預金は、企業に貸し付けられ、その対価として銀行が受け取る利子は、もともとの貸付資金を提供した預金者に、預金利子として払い戻されることになる。このように家計は、金融市場で企業や政府に貯蓄を提供することで、今すぐではないが、来年、再来年といった将来の時点で、配当や利子を受け取る権利を獲得するのである。

10.2.2　資金の流れとその解釈

　10.2.1節で説明したように、GDPを「ある国で一定期間の間に、新たに生み出された最終財やサービスの総額」という形で定義した場合、それは、当該

期間中に当該国で生産された最終財やサービスに支出された総額に等しくなるはずである。それらは、経済を構成する三つの経済部門である、家計部門、企業部門、政府部門のうちの、どの部門が購入するかによって、異なる支出に当たると分類できる。このことは、図10-1の左側にある、「財・サービスの市場」というボックスから出ていく矢印と入ってくる矢印を考えてみることから明らかになる。

　具体的にそれを見る前に、一つ大事なことを注意しておこう。それは、「財・サービスの市場」、「資源の市場」あるいは「金融市場」という各市場や、「家計部門」、「企業部門」、あるいは「政府部門」という各部門それぞれから、ある額の資金が流出するならば、当該市場または当該部門には、ちょうど同額の資金の流入があるはずだという点である。それぞれの市場や部門とは、図の上で定義された単なる仮想的な存在であり、資金がそれらの市場や部門を通り過ぎることを示している存在に過ぎない。言い換えれば、資金がこれらの市場や部門に吸収されたり、新たにこれらの市場や部門で作り出されたりするわけではない。したがって、それぞれの市場やそれぞれの部門に入っていく資金の総額は、その市場や部門から流れ出る資金の総額に必ず等しくなければならない。

　もう少し別の言い方でこのことを確認してみよう。例えば、「財・サービスの市場」に入っている矢印の背後には、この市場で購入されている財・サービスの流れがある。しかし、財・サービスの購入の裏には、同額の財・サービスの販売がある。したがって、財・サービスの購入の対価として市場に入ってきた資金の総額は、財・サービスの販売の対価として市場から出ていく資金の総額に等しいはずである。前者を反映しているのが、「財・サービスの市場」に入ってくる矢印の総額であり、結果として、この市場に入ってくる矢印の資金の総額は、後者を反映しているこの市場から出ていく矢印の資金の総額と等しいのである。

　さて、「財・サービスの市場」から「企業」と記したボックスに入ってくる太い矢印がある。これは、いま問題にしている期間内に、企業部門が財・サービスの市場で販売した最終財・サービスに対して支払われる資金の総額を示している。したがって、これがこの期間内のこの国の**国内総生産**（GDP）に対応

する資金の流れである。生産活動を行い、その販売の対価を受け取っている経済部門は、企業部門だからである。

なお、念のために述べておくと、読者の中には、この矢印に対応している金額は、企業が「販売した」財・サービスの総額であり、それは国内総生産が問題としている、企業が「生産した」財・サービスの額とは異なるのではないか、という疑問を持つ読者がいるかもしれない。それは大変適切な疑問であるが、まだそれを議論するには早すぎる。後で述べる、在庫投資を扱う10.5節で、その問題を取り上げることにしよう。

10.3　GDPと三面等価の原則

10.3.1　国内総生産と国内総支出

さて、図10-1の「財・サービスの市場」には、そこに入ってきたり出て行ったりする矢印がいくつか存在する。それらは、「家計」と記したボックスから入ってくる矢印、「企業」と記したボックスから入ってくる矢印、「政府」と記したボックスから入ってくる矢印と、「企業」のボックスへと出ていく矢印である。

すでに述べたように、これらの矢印の反対向きには、その資金の流れと逆方向の財・サービスの流れが存在する。例えば、家計から入ってくる矢印の背後には、その資金の流れと同額の、「財・サービスの市場」から「家計」に向かう財・サービスの流れが存在する。つまり、この矢印は、家計部門が市場から購入した財・サービスへの対価である資金の流れを表している。家計部門が市場から購入する財・サービスとは、家計部門が自分たちで消費するために購入した食料や衣料、美容サービスなどである。したがって、家計部門から市場に向かうこの矢印は、経済における**消費**に対する支出総額を表している。

同様に、企業というボックスから「財・サービスの市場」に向かう矢印は、企業部門が市場から購入する最終財・サービスの対価である資金の流れを表している。他の財の生産のために使い尽くされる中間財への資金の流れは除外されているはずだから、この矢印は、機械設備や生産ロボット、工場設備など、企業部門が、現在および将来の生産活動のために購入する生産設備に対する資金の流れを表していることになる。したがって、企業部門から市場に向かうこ

の矢印は、経済における**設備投資**に対する支出総額を表している。

政府というボックスから「財・サービスの市場」に向かう矢印は、政府部門が市場から購入する道路建設のような公共投資や自衛官などのサービスに対する支出である。したがって、政府部門から市場に向かうこの矢印は、経済における**政府支出**の総額を表している。

ところで、すでに述べたように、「財・サービスの市場」というボックスから出ていく矢印すべての総額は、同じ市場に入ってくる矢印すべての総額に等しくなければならないはずだった。したがって、このボックスから出ていく矢印の総和である国内総生産は、入ってくる矢印の総和である、消費＋投資＋政府支出に等しくなければならない。つまり、

$$国内総生産 = 消費 + 投資 + 政府支出$$

という**恒等式**が成立する。ここで恒等式とは、どんな場合にも、事後的には必ず常に成立する式だ、という意味である。

これが、三面等価の原則の第一の原則、**国内総生産＝国内総支出**を表す式に他ならない。つまり、国内で生産されるすべての最終財・サービスを集計すれば、それは支出面からみた、消費支出、投資支出と政府支出の総和に、常に等しくなっていなければならないことを表している。マクロ経済学では、図10-1にも示したように、国内総生産のことを Y、消費を C、投資を I、政府支出を G という記号で表すことが一般的である。したがって、上記の恒等式はしばしば

$$Y = C+I+G \tag{1}$$

と表される。

10.3.2 国内総生産と国内総所得

三面等価の原則のいま一つの側面は、生産面からみた GDP を、「日本国内で一定期間の間に、新たに生み出された付加価値の総額」として定義すると、それは基本的に、日本国民が同じ一定期間のうちに受け取る**国内総所得**に等しくなるという点である。つまり GDP は、実は分配面から考えると国内総所得に等しくなるのである。この点を考えるために、再び、鉱山会社、鉄鋼会社、自動車会社の三つの企業だけからなる、単純な経済を考えてみよう。**図10-2**

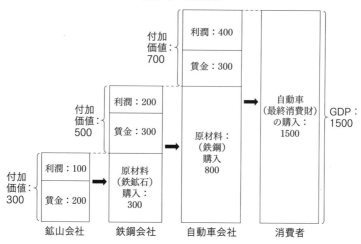

図10-2　付加価値

は、この経済を付加価値という視点から見たものである。

　この経済では、1500億円のGDPが生産されていることは、すでに読者には自明のことだろうし、それが鉱山会社の付加価値300億円と鉄鋼会社の付加価値500億円と自動車会社の付加価値700億円の総和としても表せることも明らかだろう。ここで、自動車会社の売上額1500億円をとって、それがどのように分配されるかを考えてみよう。売上総額1500億円のうち、800億円の行き先は明らかである。自動車生産のためには、原材料として鉄鋼が必要であり、それを800億円で購入したのだから、その800億円は鉄鋼会社に支払われたはずである。問題は残りの700億円、つまり自動車会社の付加価値が分配される先である。

　700億円の付加価値が作り出されるためには、様々な資源が使われている。代表的なものは従業員の提供する労働サービスという資源である。労働サービスへの対価として、**賃金・報酬**が支払われる。それが付加価値の一部として、従業員に分配されるはずである。図10-2では、その額が300億円となっている。この賃金・報酬を受け取るのは、家計部門に他ならない。図10-1の資金の流れを表した図で、企業部門から資源の市場を通じて家計部門に向かう矢印に賃金と書かれているのは、そのことを表している。

そのほかにも、自動車会社は生産資源として、土地やオフィスに資金を使っている。土地やオフィスというストックの場合、自動車会社はこれらのストックが生み出すフローのサービス（土地やオフィスを使用することから生まれるメリット）への対価として土地代や賃貸料というフローの資金を、地主や家主に支払っている。地主や家主である家計部門に流れ込む矢印に、**賃貸料**とも書かれているのは、そのことを表している。自動車会社が借り入れた資金は、銀行からの借り入れや債券（社債など）という形で、家計部門から金融市場を通じて企業部門に流入してくる。それらの残高というストックが生み出すフローのサービス（資金を持っていることで生まれるメリット）に対して、自動車会社は毎年それへの対価として**利子**を支払うことになる。それは、銀行への預金や債券の購入という形で資金という資源を提供した家計部門に、利子の形で流れ込む。

最後に、自動車会社は、売り上げから、賃金・報酬、賃貸料、利子等を支払った後の残額として、**利潤**を得る。得た利潤の一部は、**配当**という形で自動車会社の法的な所有者である株主に支払われる。企業の所有権の持ち分である株式を所有している株主も家計だから、配当は家計部門の所得になる。配当を支払った後の、利潤の残りの部分は**内部留保**として、自動車会社の手元に残る。内部留保は、いずれ将来、配当として株主に支払われるか、あるいは設備投資に充当され、将来の企業の価値を高めることになる。

このように内部留保は、将来の配当を増加させ、将来の株式の価値を高めると予想されるから、現在の株式の価格を上昇させる。結果として、株式を保有している株主は、株式を売却する際に**値上がり益**を得ることができる。つまり、内部留保は株式の値上がり益を通じて、株主である家計部門の所得になる。このように、企業部門の利潤を受け取る株式所有者である家計部門は、株式会社に出資した結果、生まれた資金供与が生み出す様々なサービスへの対価として、配当や株式の値上がり益という形でこれらの所得を得るのである。図10-1で、会社に資金という資源を提供した家計部門に流れ込む矢印に、利潤と書かれているのは、そのことを表している。

なお、図10-2の自動車会社の付加価値に戻れば、付加価値700億円から賃金として支払われた300億円を差し引いた差額の400億円は、利潤、利子、賃貸料などとして分配され、最終的に家計部門に支払われる。ただし、図10-2では

これらを利潤とひとまとめにして、利子や賃貸料は明示していない。

このようなことは自動車会社だけでなく、他のすべての企業についても同様である。つまり、図10-1の資源の市場と書かれたボックスに出入りする矢印を見ればわかるように、企業部門で生まれる付加価値の総額であるGDPは、賃金、利潤、利子、賃貸料など様々な形をとりながら、資源の市場と書かれたボックスを通って、家計部門に流れ込む。これが、所得面から見た総所得である。すでに述べたことから明らかなように、

$$国内総生産 = 国内総所得$$

という恒等式が成立する。10.3.1節で見たように、国内総生産と国内総支出は事後的に常に等しいという恒等式が成り立っているのだから、**国内総生産＝国内総所得**という恒等式も成立するならば、

$$国内総生産 = 国内総支出 = 国内総所得$$

という恒等式も、事後的に必ず成立することになる。つまり、GDPは、生産面からみても、支出面から見ても、分配面から見ても、事後的には必ず等しくなるという「三面等価の原則」が成立するのである。

10.4　国内総所得とその処分

10.4.1　可処分所得と消費・貯蓄

さて、このように家計部門に入ってきた国内総所得は、どのように処分されるだろうか。それを考えるためには、今度は図10-1の家計と記されたボックスから出ていく矢印を見て、それらを足し合わせてみよう。家計と記された部門は、日本国民全体を表しており、そこに入っていく矢印は、基本的に日本国民の総所得に当たるからである。

その第一は、政府部門に出ていく**税の支払い**と記された矢印である。家計は、獲得した国内総所得の一部を、国家から強制的に課される所得税や消費税などの税の支払いに当てている。そのため、国内総所得から強制的に差し引かれる税金を差し引いた額だけが、家計部門が自分で自由に処理できる金額であり、これを**可処分所得**と呼ぶ。つまり、国内総所得（＝国内総生産）は、可処分所得と税金の和に等しく、

$$可処分所得 = 国内総所得 - 税の支払い$$

と表すことができる。

　家計は、生きていくために様々な必需品やぜいたく品を消費するから、可処分所得の一部は、財・サービスの市場に**消費支出**として流れこむ。しかし家計部門は、可処分所得のすべてを消費するとは限らない。所得の一部は、銀行に預金されたり、債券や株式の購入にあてられたりするからである。このように、可処分所得のうち消費されずに、預金や債券・株式の購入にまわる部分を家計部門の貯蓄と呼び、それは金融市場に**貯蓄**として流れ込む。言い換えると、可処分所得は消費支出と貯蓄の和に等しい。以上をまとめると、

$$\text{国内総生産} = \text{可処分所得} + \text{税} = \text{消費} + \text{貯蓄} + \text{税の支払い}$$

という形の恒等式が成立することになる。この式はしばしば、簡単化のために、国内総生産（Y）、家計消費（C）、家計貯蓄（S）、税の支払い（T）という記号を用いて

$$Y = C + S + T \tag{2}$$

と表される。

10.4.2　国内総支出と国内総所得

　ところで、三面等価の原則から、事後的には必ず、国内総生産＝国内総支出＝国内総所得という恒等式関係が成立するはずである。ここで、国内総支出＝国内総所得という関係は、(1)式と(2)式から、

$$C + I + G = C + S + T \tag{3}$$

という関係に置き換えることができる。ただしここで、C は総消費、I は総投資、S は総貯蓄、T は税の支払いである。

　上記の(3)式の両辺に C があるからそれを両辺から差し引くと、

$$I + G = S + T \tag{4}$$

という恒等式を導くことができる。(4)式の左辺は、民間と政府の総投資、右辺は民間と政府の総貯蓄と理解できるから、この恒等式は、一国経済における総投資と総貯蓄が事後的に必ず一致しなければならないという関係を表している。

　さて、この(4)式という恒等式の両辺から $T + I$ を差し引き、左右両辺を入れ替えれば、(4)式は次のように書き換えることができる。

$$S-I = G-T \tag{5}$$

ここで、$S-I$ とは、家計の総貯蓄から企業の総投資を差し引いた額だから、家計部門の貯蓄で企業部門の投資をまかなった上で、どれだけの残額が民間部門（家計部門と企業部門の合計）の資金の会計収支として黒字になっているかを表している。言い換えると、民間部門で必要とする資金フローが総投資であり、それをまかなう資金フローが総貯蓄だから、$S-I$ とは、民間部門の**資金余剰**を表している。もし、投資が貯蓄を上回って、$S-I$ がマイナスの値をとるなら、民間の会計収支の赤字、つまり民間部門の**資金不足**を示している。

他方、$G-T$ とは、政府支出から民間の税の支払い（政府にとっては民間からの税収）を差し引いた額である。これを政府部門から見ると、政府の総支出から政府の税収総額を差し引いた額になる。したがって、$G-T$ とは、政府部門の**財政収支**がどれだけの赤字であるか、言い換えると政府部門の資金フローの不足額、つまり資金不足を表している。もちろん、税収が政府支出を上回れば、$G-T$ はマイナスになり、政府の財政収支が黒字、つまり政府部門が資金余剰であることを表している。

さて、こう考えると、上記の(5)式の意味するところは、民間部門の資金余剰と政府部門の資金不足は、必ず等しくなることを意味していることがわかる。これは実は、図10-1の金融市場と記されたボックスに出入りしている矢印が表していることでもある。金融市場とは、各部門の資金フローの貸し借りを取引する市場だから、資金余剰を持っている部門が資金を貸し出し、資金不足を持っている部門が資金を借り入れる。言い換えると、政府の資金不足は、必ず民間の資金余剰によって埋め合わせられることになり、逆に政府に資金余剰があれば、必ずそれは、民間の資金不足を埋め合わせることになる。図10-1で金融市場から政府部門に出てゆく矢印が、政府の資金不足 $G-T$ を表しており、その大きさは民間部門の資金余剰、つまり家計部門から金融市場に入ってくる矢印である貯蓄 S から、金融市場から企業部門に出ていく矢印を差し引いた額に等しいはずである。このことから、金融市場から企業部門に出ていく矢印は、投資 I に等しいはずだということがわかる。つまり、企業は投資に必要な資金のフローを、金融市場から調達するのである。

さて現在の日本では、G が T を大きく上回っており、結果として大きな財

政赤字が発生している。政府はこの財政赤字を補てんするために、国債を発行して財政赤字を借金で穴埋めしているが、マクロ的にはその借金は、家計や企業という民間部門（正確に言えば、それに加えて外国部門）が国債を購入することによって賄っているはずだ、ということがわかるのである。

10.5　在庫投資

10.5.1　在庫投資

ところで、10.2.2節の最後で述べたように、上記の説明には一つ問題がある。図10-1の国内総生産と記した矢印は、企業部門が財・サービスの市場に販売した総額に対応しているはずだが、それは最終財・サービスの販売額であり、最終財・サービスの生産額ではない。しかし、いま問題にしている期間内の生産額と販売額が一致するとは限らない。生産された財のうち、一部は販売されずに売れ残ってしまうこともあれば、大昔に生産された財のうち、在庫として保管されてきた財が、今年になって販売されることもあるからである。

言い換えると、GDPを定義した期間内に生産された財と販売された財の差は、在庫の変動につながるはずである。売れ残った財は在庫の増加として現れるはずだし、過去に生産された財が今年になって売れれば、それは在庫の減少として現れるはずである。したがって、この在庫の変動を適切な形で上記の総生産＝総支出を表した(1)式に埋め込めば、総生産＝総支出を表す(1)式は真の意味で恒等式になる。では、どのように在庫の変動をこの式に埋め込めばよいだろうか。

この点を考えるために、次のような架空の仕組みを考えてみよう。いま、ある企業で売れ残りが出て、在庫が増加したとしよう。この時、この企業が総生産額と総販売額を等しくするために、一度この売れ残りを市場ですべて販売し尽くす、とする。そうすれば、総生産額と総販売額は等しくなる。もちろん、それに見合う需要がないから売れ残ったわけなので、そのままでは売れ残りを販売することはできない。そこで、この売れ残りは、この企業自身が市場から買い戻すことにしよう。この売れ残りを企業が「財・サービスの市場」から買い戻すという資金の流れは在庫投資と呼ばれ、図10-1の設備投資・在庫投資支出と書かれた矢印の資金の流れの一部になる。

つまり、GDPを定義した期間内の在庫の積み増し額を**在庫投資**と定義して、企業の投資の一部になると定義すれば、この経済の総生産額は必ず総販売額に等しくなり、結果として、上記の国内総生産＝国内総支出という恒等式である(1)式は、事後的には必ず成立することになる。ここで**事後的**と述べたのは、企業自身が売れ残りをいったん市場に売り出し、それを自分が買い戻すという作業を行うのは、売れ残りの額が確定したタイミング、つまり、GDPを定義している一定期間の終了時点のはずだからである。「GDPを規定している一定期間の終わり」という事後的な時点で考えれば、国内総生産＝国内総支出という(1)式は恒等式になるのである。

10.5.2 意図した在庫投資と意図せざる在庫投資

 在庫はストックなので、GDPを定義した期間中に、「期初から期末までに在庫がどれだけ増えたのか」が、フローとしての在庫投資に当たることになる。逆に、在庫の減少が起こった時には、フローとしては「マイナスの在庫投資」が行われたと考えることになる。なお、在庫投資が行われるのは、当初意図しなかった売れ残りや売れすぎが出る場合だけに限らず、予め適切な量の在庫を持つために、当初から意図的に在庫を積み増そう、あるいは、当初から意図的に在庫を減らそうとする場合もある。前者は**意図せざる在庫投資**、後者は**意図した在庫投資**と呼ばれる。10.5.1節で「事後的には」と述べたのは、売れ残りなどの「当初意図しなかった在庫投資」を含めれば、国内総生産＝国内総支出という恒等式が成立することを意味している。

 このことを明示的に示すために、意図せざる在庫投資の額を I^u で、(意図した)設備投資と意図した在庫投資の和を I で表すことにしよう。こうすれば、事後的に恒等式として成立するのは、本当は、

$$Y = C + (I + I^u) + G \tag{6}$$

であることが明らかになる。つまり、恒等式として成立するのは、「国内総生産＝意図せざる在庫投資を含めた国内総支出」という(6)式の関係なのである。

 ところで、経済全体の**意図した支出**とは、国内総支出から意図せざる在庫投資を除いた $C+I+G$ であり、財・サービスに対する**総需要**と呼ばれる。したがって、総需要とは、事前に意図された国内総支出であり、意図せざる在庫投

資を含んだ事後的な国内総支出とは異なる概念であることに注意が必要である。他方、短期における財・サービスの**総供給**とは、事前にも事後にも生産された最終財・サービスの総量だから、GDPつまり国内総生産（Y）である。したがって、国内総生産＝国内総支出という恒等式の関係は事後的な関係である(6)式を意味していると理解すべきである。I を「意図した設備投資と意図した在庫投資の和」と解釈する限り、事前的な概念である総需要は総供給（総生産）に等しいとは限らず、(1)式は恒等式としては成立しないことになる。この点は、10.6節で再び取り上げるが、マクロ経済学にとって最も大事な論点の一つである。

10.6 価格の硬直性と数量調整

10.6.1 価格の硬直性と粘着性

10.5.2節の最後に、国内総支出から意図せざる在庫投資を除いた $C+I+G$、つまり**事前に意図した国内総支出**（$C+I+G$）を総需要と呼び、国内総生産を表すGDP（Y）を総供給と呼ぶと述べた。事後的な恒等式として成立するのは、意図せざる在庫投資を含めた総支出＝総生産、つまり $C+I+I^u+G=Y$ を意味する(6)式だから、事前の意味では、総需要（$C+I+G$）は総生産（Y）と等しいとは限らず、(1)式が成立するとは限らない。もし、事前に意図した総需要が総生産に等しければ、$C+I+G=Y$ という(1)式の関係が成立し、最終財・サービスの総需要と総供給が等しい「均衡」が成立することになる。この意味での等式である(1)式、具体的には $C+I+G=Y$ という関係は、事後的な恒等式ではなく、マクロ経済の均衡を定義する条件式だということになる。では、$C+I+G$ で定義される総需要が、Y で定義される総生産と等しくない不均衡では、どんな形で不均衡が調整されて、均衡に至るのだろうか。

ミクロ経済学が考える市場メカニズムあるいは価格メカニズムでは、価格の変化を通じた調整が不均衡を解消すると考え、それが第3章で説明したような経済全体のコーディネーションをもたらすと考えた。例えば、需要が供給を下回り、売れ残りが発生する状況を考えよう。スーパーやデパ地下の食料品売り場で、夕方になるとしばしば発生する状況である。

この時、普通起こるのは、売り手側が売れ残りを処分しようと、売れ残った

商品の価格を切り下げる。結果として、それを狙って来店した主婦たちが、安くなった商品を買い漁るために、売れ残りが解消されることになる。需要が供給を下回れば、価格が下落して需要と供給が一致する均衡が生まれるわけである。このような価格調整が、必要とされる財・サービスを必要な時に必要な人に届けられるようなインセンティブを作り出すという意味で、経済全体のコーディネーションをもたらしているのである。

　つまり、財・サービスの市場において需要が生産を下回る**不均衡**が発生した場合、結果として売れ残りが生まれるため、企業には、売れ残った商品を値下げして処分しようとするインセンティブが生まれる。このため、

　　　［需要＜生産］　⇒　価格↓　⇒　生産↓、需要↑　⇒　［需要＝生産］

という調整が行われ、価格が下落することで、生産量の削減と需要の増大が起こり、結果として均衡が回復される。逆に、需要が生産を上回る不均衡が発生すると、買えなかった需要者が価格を釣り上げてでも買おうとするインセンティブが生まれるから、

　　　［需要＞生産］　⇒　価格↑　⇒　生産↑、需要↓　⇒　［需要＝生産］

という調整が行われ、価格が上昇することで、生産量の増大、需要の削減が起こり、結果として均衡が回復される。このようなプロセスが実現するのが、第3章でみた経済全体の「コーディネーション」である。

　しかし現実の世界では、スーパーやデパ地下の食料品ほど、価格が敏速かつスムースに調整されるとは限らない。レストランにはメニューがあり、それぞれの料理の定価が記されている。ある料理の需要が供給より少ないからといって、その定価を下げようとすると、メニューをすべて作り直さなければならない。そのための時間や手間を**メニューコスト**と呼ぶ。ちょっとした需給の変化のたびに価格を変更するためには、多大なメニューコストがかかるから、レストランは、簡単に価格調整をすることは避けるだろう。衣料品店は、売り物の衣料品それぞれに、価格を示すタグをつけている。需要が供給を上回るからといって、より高い価格を付けるには、新しいタグを用意して、該当する衣料品すべてにタグをつけ直さなければならない。これも、時間と手間がかかる作業

であり、メニューコストがかかる。このようなメニューコストを反映して、衣料品店は、簡単に価格調整をすることを避けるだろう。

このように、現実の世界ではメニューコストがあり、価格が調整されるには時間がかかると考えることの方が、現実的である。したがって、特に半年程度といった短い期間（これを、以下では**超短期**と呼ぶ）では、需要と供給が一致していなくても、財・サービスの価格は変化せず**硬直的**である、あるいは需要と供給の不一致に応じて徐々にしか調整せず**粘着的**である、と考えられる。したがって、もう少し長い短期、または長期のタイムスパンで考えれば、上記のような価格調整を通じた需給調整が行われるかもしれないが、超短期には価格調整は起こらないと考えるべきである。では、超短期で価格が硬直的または粘着的な場合、需要と供給の不一致はどのようにして調整されるだろうか。マクロ経済学の特徴は、このような超短期には、価格の硬直性／粘着性を理由に、価格調整の代わりに在庫調整を通じた**数量による調整**が行われると考える点にある。

10.6.2　量による需給調整

いま、財・サービスの価格に硬直性や粘着性が存在する**超短期**を考え、ある財、例えば自動車の価格が硬直的だと考えてみよう。価格が硬直的なら、自動車の需要と供給（生産）がその価格で一致する必然性はない。結果として、需要が生産を下回り、売れ残りが出るかもしれない。しかし価格は硬直的なので、価格調整は働かないから、自動車の売れ残りは自動車会社が吸収するしかない。自動車会社で、意図せざる在庫の積み増しが起こるのである。つまり、**需要は常に実現され、供給との差は在庫の変動によって実現される**と考えるわけである。この在庫調整こそが、数量調整と呼ばれるマクロ経済学が考える需給調整の仕組みに他ならない。

ところで、自動車会社は生産量に応じて、適切な量の在庫を保有するのが普通である。フローである毎月の生産量10万台に対して、ストックである月末の在庫1千台が適切だ、というように……。毎月の生産量（供給量）が10万台の時、自動車に対する需要量も毎月10万台なら、毎月の月末に在庫1千台を長期的に維持できる。ところで、ある月から毎月の需要量が9万9千台に減少した

としよう。結果として、1千台分の意図していなかった在庫の積み増しが起こり、月末の在庫が2千台に増加する。このままでは在庫の積み増しが今後もさらに続くので、自動車会社はそれを避けたいと考えるだろう。一つの方法は、自動車の安売りセールを行って、毎月起こる1千台の追加在庫を処分することだが、それではこの会社のブランドが傷つくために、安売りはしないだろう。これが、自動車価格が短い間では硬直的なもう一つの理由だというわけである。

安売りセールをしないで、在庫を増加させ続けないですむ方法はないだろうか。一つの方法は、翌月から生産量を10万台から9万9千台に減少させることである。翌月以降も需要量が9万9千台ならば、毎月、9万9千台の需要に見合う生産が行われることになり、在庫はそれ以上増加せず、需要と供給の均衡が維持されることになる。このように、需要変動に対する需給調整の一つの方法は、起きた在庫の変動に対処して、在庫水準を適切な水準に保つために、生産量のフロー自体を調整することである。短い期間には、価格調整の代わりに、生産量の調整を行うことで、需要と生産の均衡を実現する、というわけである。

以上をまとめてみよう。財・サービスの市場において需要が生産を下回る**不均衡**が発生したとしよう。結果として在庫が増えるため、企業には、生産量を減少させて在庫増加を抑えるインセンティブが生まれるから、

　　　　[需要＜生産]　⇒　在庫↑　⇒　生産↓　⇒　[需要＝生産]

という調整が行われ、生産量を削減することで、均衡が回復される。逆に、需要が生産を上回る不均衡が発生すると、在庫が減少する。このため企業には、生産量を増加させて在庫減少を回復させようとするインセンティブが生まれるから、

　　　　[需要＞生産]　⇒　在庫↓　⇒　生産↑　⇒　[需要＝生産]

という調整が行われる。いずれの場合にも、生産量を需要量に見合った水準に調整することで、均衡が回復される。不均衡が生まれると、企業が選ぶ生産量の水準は、消費＋投資＋政府支出という総（有効）需要に見合うような水準に

自動的に調整されるというわけである。これが、マクロ経済学が考える「数量を通じた調整」であり、需要の総額が生産量（GDP）を決定するという、**有効需要の原理**と呼ばれる考え方である。

　もっとも、生産量の調整で財・サービスの市場の不均衡に対処するためには、社会的なコストがかかる。自動車の生産量を減らすなら、雇用していた従業員の一部が不要になる。その分だけ、雇用自体を削減したり、労働時間を削減したりすることになる。結果として、失業が発生したり、報酬が減ったり、無駄な雇用や遊休設備が発生することになる。マクロ経済学の意味は、このような時に、政府や中央銀行が行う財政政策や金融政策が、どのような仕組みを通して失業や無駄を減らすことができるかを明らかにすることにある。

第11章

消費と乗数効果

11.1 総需要と消費

11.1.1 総需要の決定

　第10章の最後に述べたように、物価が硬直的な短い期間の間には、需要と供給（生産）が一致していなくても、価格調整の代わりに数量調整によって均衡が実現される。しかし実は、数量調整は、生産量と需要量の差が、事後的に意図せざる在庫変動によって調整されることで終わるわけではない。生産量、つまり国内で生産される付加価値の総額である実質 GDP が調整され、その総額が変化すれば、結果的に実質国内総所得もそれに応じて変化し、結果として消費をはじめとする実質総需要にも影響を与えるからである。

　総需要が変化すれば、生産量つまり GDP が調整され、それが国内総所得を変化させるために、総需要がさらに変化する……という調整過程が続いてゆくことになる。最終的に、総需要と総生産が一致して、事後的な意図せざる在庫変動が存在しないという意味での、数量調整による均衡が実現する。本章では、物価が硬直的な場合に、このようなプロセスによって起こる需要と生産の調整過程である**乗数過程**と、その行き着く先である数量調整による均衡がどうなるかについて説明することにしよう。

　まず、経済の総需要について、再確認しておこう。以下で議論する総需要とは、特に断らない限り、名目ではなく、実質で定義された「意図された国内総支出」つまり「計画支出」、言い換えれば「家計消費＋設備投資＋政府支出」の総額である。設備投資と政府支出は、国内総所得によって影響を受けること

はないため、その額が所得とは独立であり、以下では**独立需要**と呼ぶ。他方、家計消費は国内総所得が変化すると、その影響を受けるから、影響を受けて変化した消費の変化額は**派生需要**と呼ばれる。例えば、国内総所得が増加すると、11.2節で説明するように、（国内総所得から税の支払いを差し引いた残額として定義された）可処分所得が増加し、それに対応して消費が増加するが、この増加した消費が派生需要なのである。この、可処分所得と家計消費の関係を、**消費関数**と呼ぶ。乗数過程を理解するためには、まずこの消費関数について理解することが必要である。

11.2　ケインズ型消費関数

　可処分所得と家計消費の関係を表す消費関数のうち、短期の可処分所得と家計消費の関係を表す消費関数を**ケインズ型消費関数**と呼ぶ。マクロ経済学を創始したJ.M.ケインズによって考えられた消費関数だからである。ある個人のケインズ型消費関数を図示したのが、**図11-1**である。この図の横軸にはその個人の可処分所得が、縦軸にはその個人の家計消費がとられている。また、この図の $C = C_0 + cY$ と記された右上がりの直線が、この家計のケインズ型消費関数である。

　ケインズ型消費関数の重要な特徴は、5点ほどある。第一に、縦軸にとられている家計消費は、横軸にとられている可処分所得によって決定される、という点である。可処分所得の額がある値として与えられると、それに対応する家計消費の額が一意的に決定されるわけである。このことを専門的には、可処分所得が**説明変数**（あるいは独立変数）、家計消費が**被説明変数**（あるいは従属変数）であるという。

　第二に、たとえ可処分所得がゼロであっても、家計消費は正の額でなければならない。所得がゼロでも、衣食住や光熱費といった必需品を消費しなくては生きていけないからである。この額を**基礎消費額**と呼び、図11-1の C_0 がそれを表している。全く（可処分）所得がない家計でも、毎月例えば6万円の消費は、生きてゆくためにどうしても必要だとしたら、この家計の基礎消費額は月当たり6万円である。

　第三に、（可処分）所得が増えるとそれに応じて消費も増えるが、一般に消費

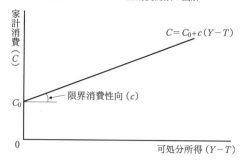

図11-1 ケインズ型消費関数の図解

の増える額は所得の増える額より小さい。所得が1万円増えた時、そのうち、消費の増える割合のことを、**限界消費性向**と呼び、その値はしばしばcで表される。毎月の所得がゼロの時の基礎消費額は6万円だが、所得が10万円になると消費額は13万円へと7万円増え、所得が20万円になると消費額は20万円へとさらに7万円増え、所得が毎月30万円になると消費額は27万円へと7万円増加する、という場合を考えてみよう。この時、所得が10万円増えるごとに消費が7万円増えるのだから、限界消費性向は$c = \dfrac{7}{10} = 0.7$になる。

基礎消費額がC_0で、限界消費性向がcならば、ケインズ型消費関数は、

$$C = C_0 + c(Y - T)$$

と表される。ここで$Y-T$は、国内総所得から税の支払額Tを差し引いた、可処分所得である。ただ、税の支払いを考えることは、以下の説明を無用に複雑化することになる。そのため、以下では、増税の効果を考える11.4.2節を除いて、税の支払いTが存在せず(つまり、$T = 0$であり)、可処分所得が国内総所得に等しくなる場合に説明を限ることにする。

この時、上記の数値例でいえば、ケインズ型消費関数は、$C = 6 + 0.7Y$と書けることになる。限界消費性向(c)はゼロと1の間の数だから、所得が増えれば増えた額のうちのcの割合だけ消費が増え、残りの$1-c$の割合だけ貯蓄が増える。上記の数値例なら、増えた所得の70%だけ消費が増え、残りの30%だけ貯蓄が増える。つまり、所得が10万円増えるたびに消費は7万円増えるが、残りの3万円は貯蓄の増加になる。増えた所得10万円に対して増える貯蓄

3万円の割合である0.3のことを、**限界貯蓄性向**と呼ぶ。限界貯蓄性向は、1から限界消費性向を引いた値であり、

　　　　限界貯蓄性向 ＝ 1 − 限界消費性向

という関係が成立する。

　なお上の例では、所得が20万円になるまでは消費が所得を上回っているから、差額は借り入れや貯蓄の取り崩しで賄う必要がある。このような場合、所得が増加した時の貯蓄の増加とは、借入額や貯蓄の取り崩しがそれだけ減ることを意味している。上記の例でいえば、所得がゼロならば、6万円消費するためには、毎月6万円の借り入れや貯蓄の取り崩しが必要だが、所得が10万円になれば、消費は13万円になるから、借り入れや貯蓄の取り崩しは3万円ですむことになり、6 − 3 ＝ 3万円だけ借り入れや貯蓄の取り崩しが減るわけである。また、所得が20万円なら消費も20万円で、借り入れも貯蓄もゼロだが、所得が30万円になれば、消費は27万円になり3万円だけ貯蓄ができることになる。

　第四に、ある所得額が与えられた時に、対応する消費額が所得に占める割合のことを、**平均消費性向**と呼ぶ。上記の例で言えば、所得がゼロの時には平均消費性向は $\frac{6}{0}$ ＝ 無限大、所得が10万円になると $\frac{13}{10}$ ＝ 1.3、所得が20万円になると $\frac{20}{20}$ ＝ 1、所得が30万円になると $\frac{27}{30}$ ＝ 0.9、というように、ケインズ型消費関数では、「所得が増えるにつれて平均消費性向は徐々に低下する」。このことを、平均消費性向は、所得に対して「逓減的」だという。

　最後に、上記の消費関数は、ある個人の消費関数だと述べた。しかしマクロ経済学を考える場合、個人の消費関数ではなく、それを集計したマクロの消費関数が問題になる。いま、各個人の消費関数が $C = C_0 + cY$ と書ける場合を考えよう。ここで、C はその個人の消費額、Y はその個人の所得額である。いま、社会には1億人の人がいて、すべての個人の消費関数が全く同じ形をしている場合を考えてみよう。この時には、マクロの消費関数は個人の消費関数と同様に、$C = C_0 + cY$ と書くことができる。ただし、個人の消費関数の C_0 が6万円なら、マクロの消費関数の C_0 は、それを1億倍した6兆円（＝ 6万円

×1億人)になる。また、個人の消費関数の Y はその個人の所得だったが、マクロの消費関数の Y は集計されたマクロの総所得であり、個人の消費関数の C はその個人の消費だったが、マクロの消費関数の C は集計されたマクロの総家計消費である。

11.3 乗数過程

11.3.1 総需要、総生産と均衡

さて、乗数過程を理解するために、まず、本章で考えているような、財・サービスの価格が硬直的な場合のマクロ経済の均衡を考えてみよう。価格が硬直的で需要と供給（生産）が一致しない状態、つまり超過需要や超過供給といった不均衡が、数量調整によって調整される場合、それが行き着く先とは、意図せざる在庫投資が存在しない状態、つまり総需要と総生産が等しい均衡状態だからである。

マクロ経済における総需要とは、意図された総支出（計画支出）であり、それは総消費（C）と総投資（I）と政府支出（G）の総和に等しい。つまり、$C+I+G$ に等しいわけである。ただし、ここで総投資とは「意図された総投資」だから、「意図されない在庫投資」は除かれている。また、説明を簡単にするために、本書では総投資と政府支出は、総所得とは独立な独立需要であり、固定された額だとして考える。したがって、総需要は所得に依存して、

$$総需要 = C_0 + cY + I + G$$

と書けることがわかる。

他方、総生産とは、最終財・サービスの生産の総量だから、国内で生産された最終財・サービスの総量、つまり国内総生産（GDP）に他ならない。GDP は国内で作り出された付加価値の総額だから、国内総生産は必ず国内総所得に等しくなり、総生産とは国内総所得 Y に等しいことになる。したがって、このマクロ経済の均衡は、総需要＝総生産、つまり

$$Y = C_0 + cY + I + G$$

が成立している状態である。ここで、左辺は国内総所得＝国内総生産であり、右辺は総需要＝意図された国内総支出である。しつこいようだが、右辺は意図された国内総支出、あるいは事前に計画された国内総支出であって、事後的

図11-2 45度線図

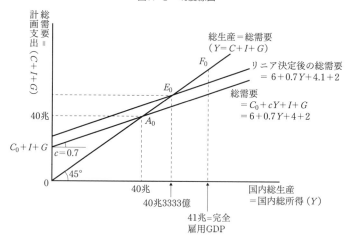

な国内総支出ではないことに注意しよう。このため、この等式は、三面等価の原則を反映した恒等式ではなく、マクロ経済が均衡するための条件を表した条件式と理解しなければならない。

以上を図示したのが、**図11-2**である。図11-2には、横軸に一カ月当たりの国内総生産 ＝ 国内総所得 ＝ Y がとってあり、縦軸には一カ月当たりの総需要、つまり意図された国内総支出である $C+I+G$ がとられている。図の原点から右上がりの総需要 ＝ 総生産と図示された直線は、角度が45°で傾きがちょうど1になる直線であり、上記の総需要 ＝ 総生産という均衡条件を満たす直線である。この直線は、しばしば45度線とも呼ばれる。マクロ経済が均衡するためには、総需要と総生産がこの直線上にあり、両者が一致していることが必要である。他方、図の残りの二本の右上がりの直線のうち、単に「総需要」と記された右上がりの直線は、**総需要曲線**と呼ばれる直線である。総需要曲線は、国内総所得（Y）が与えられた時の、消費、投資、政府支出を足し合わせた総需要を表している。すでに述べたように、国内総所得（Y）が増加すれば消費（C）も増加するため、総需要は右上がりの直線になっている。また、この直線の傾きは限界消費性向に等しいため、45度線より傾きが小さい。

11.3.1節の残りの部分では、この単に「総需要」と記された直線が、総需要

を表している状態を考える。このとき、総消費は $C = 6+0.7 \times Y$ 兆円、総投資が4兆円、政府支出が2兆円であると仮定して、具体的な数字を使って説明していくことにする。

さて、総需要曲線と45度線の交点である点 A_0 では、二つの事実が同時に成立している。一つは、この点は「総需要」曲線上にあるから、与えられた総所得（Y）に対応した総需要（$C+I+G$）が実現していることである。事実、この点では総生産＝総所得は40兆円であるために、総消費が $6+0.7 \times 40 = 6+28 = 34$ 兆円であり、総投資が4兆円、政府支出が2兆円だから、それらを足し合わせた総需要は40兆円になっている。もう一つ、点 A_0 で成立している事実は、この点が45度線上にあるために、総需要と総生産が等しくなっているということである。事実、この点 A_0 では、総需要が40兆円で総生産は40兆円になっている。したがってこの点 A_0 は、この経済におけるマクロ均衡である。二つの直線が交わっている点はこの点 A_0 だけだから、マクロ均衡は点 A_0 に一意的に決まることも明らかである。

11.3.2　独立需要の永続的な増加と需要の波及プロセス

さて当初、この経済の計画支出が図11-2の「総需要」と示された直線で表され、この経済の均衡が A_0 点で実現していたとしよう。つまり、毎月40兆円のGDPが、均衡として実現していたというわけである。ところが、ある年の終わりに、15年後に東京と名古屋を結ぶリニア新幹線を実現することが決まり、その工事のために、独立需要である毎月の投資が、1000億円ずつ永続的に増加することになったとしよう。この時、何が起こるだろうか。

図11-2でこの独立需要の増加を考えてみれば、需要曲線が上方に1000億円分だけシフトすることに他ならない。図に示したように、総需要が「総需要」と記された $6+0.7Y+4+2$（兆円）から「リニア決定後の総需要」と記された $6+0.7Y+4.1+2$（兆円）へと、1000億円だけ増えるからである。結果として、経済の均衡は図の A_0 点から E_0 点へと変化することになる。では、新しい均衡である E_0 点では、GDPはいくらになり、そこに行き着くのはどうしてなのだろうか。以下では、この点について、**図11-3**を使って、少し踏み込んで説明しておこう。

図11-3 波及需要と乗数過程

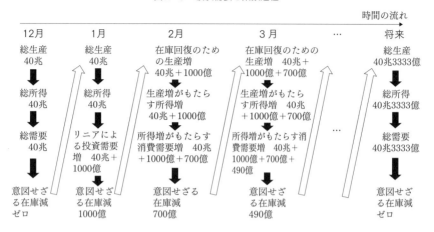

　図11-3において、前年の12月末にリニア新幹線の実現が決定したとする。したがって、前年の12月までは投資需要は毎月40兆円であり、毎月の総生産が毎月の総需要と等しい40兆円で経済が均衡していたとしよう。図11-3の一番左の行がそれを表している。

　ところが、12月末にリニア新幹線の実現が決定したために、1月以降の投資需要が毎月1000億円ずつ増加することになる。前年12月には総生産＝総需要という均衡状態にあり、意図せざる在庫変化がなかったために、1月の総生産は前月を引き継いで40兆円のままである。しかし、1月から投資需要が1000億円増えたために、1月の総需要は40兆1000億円になり、総生産である40兆円を1000億円だけ上回る。しかし短期的に物価は硬直的なので、この超過需要は意図せざる在庫の取り崩しで賄われ、「意図せざる在庫減」が1000億円だけ生まれることになる。以上を表したのが、図11-3の左から2行目、1月と題された行である。

　さて、1月末に起こった意図せざる在庫減を取り戻そうと、企業は2月の生産を1000億円だけ増加させようとする。「在庫回復のための生産増」である。結果として2月の総生産は1000億円増加して、40兆1000億円になる。国内総生産は付加価値の合計だから、国内総所得も1000億円増加し、40兆1000億円へと、前月と比べて1000億円増加する。所得が1000億円増えたのだから、総消費

第11章　消費と乗数効果　169

は1000億円に限界消費性向である0.7を掛けた、700億円だけ増加する。したがって、総需要は1月に比べて700億円増加する。このことを、1000億円の1月の需要増が、700億円という2月の需要増に**波及**する（あるいは、2月の需要増を誘発する）という。1月以降毎月増加している投資需要の増加分1000億円を合わせて、総需要は40兆＋1000億＋700億 ＝ 40兆1700億円になる。2月の総生産は40兆1000億円だったから、2月の総需要が総生産を700億円上回り、その超過需要分だけの「意図せざる在庫減」が2月末に発生する。以上を示したのが、図11-3の左から3行目の2月と示された行である。

3月になると企業は、2月末に生じた意図せざる在庫減700億円を回復しようと、生産を2月よりさらに700億円増加させようとする。結果として、3月の生産額は40兆＋1000億＋700億 ＝ 40兆1700億円になり、2月に比べて700億円増加する。生産つまり付加価値総額が2月に比べて700億円増加したから、所得も2月に比べてさらに700億円増加し、40兆＋1000億＋700億 ＝ 40兆1700億円になる。2月に比べて増加した所得増700億円に、限界消費性向を掛けた490億円だけ、3月の消費は2月の消費よりさらに増加する。波及需要がさらに490億円増加したというわけである。結果として、3月の総需要は、40兆＋1000億＋700億＋490億 ＝ 40兆2190億円になる。以上を示したのが、図11-3の左から4行目の3月と示された行である。

このように、リニア新幹線を実現することが決定したことに伴って1月から起こった永続的な1000億円の需要増は、それが引き起こす2月以降の700億円の消費需要増、3月以降の490億円の消費需要増、……へと波及していく。最終的にそれらすべてを合算すれば、その総額は3333.33…億円の需要増につながることになり、GDPが40兆3333.33…億円になって、総需要と総生産が一致する均衡に収束することになる。つまり、当初の1000億円の投資需要増は、その3.33…倍の需要増を生み出すことになるのである。この3.33…のことを**乗数**と呼び、このような波及需要が生まれてくるプロセスのことを、**乗数過程**と呼ぶ。なぜ、波及需要増を含めて、総需要 ＝ 総生産 ＝ GDPが3333.33…億円増加することになるのか、つまり、なぜ乗数が3.33…になるのか、という点の説明はもう少し待ってほしい。その前に、以上の波及プロセスを図解してみよう。

図11-4 乗数過程の図解

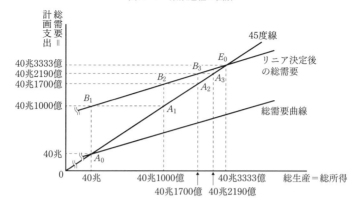

11.3.3 波及プロセスの図解

以上の波及プロセスを、図11-2に基づいて図解したいのだが、図11-2は少し見難いので、図の A_0 点と E_0 点の近傍を拡大した**図11-4**を使って説明しよう。いま、リニア新幹線の実現が決定する以前の均衡状態（前年12月の状態）は、図11-4の A_0 点に表されている。図からも明らかなように、A_0 点では、横軸の総生産も、縦軸の総需要＝計画支出も、それぞれ40兆円であり、需給が均衡している。

リニア計画決定後の１月には、横軸の総生産は前月のままの40兆円だが、縦軸の総需要＝計画支出は、リニア新幹線の派生需要によって1000億円増加し、40兆1000億円になる。このため、需要が生産を1000億円超過している。図の B_1 点がその状態、つまり B_1 を横軸と縦軸で測った１月の総生産（40兆円）と総需要（40兆1000億）を表している。他方、A_0 点は45度線上にあるから、A_0 点の高さは A_0 点（あるいは B_1 点）を横軸で測った長さ（40兆）に等しい。結果として、A_0 点と B_1 点の高さの違いに対応する1000億円の超過需要が生まれ、その不均衡は、同額の「意図せざる在庫減」によって解決される。

翌月の２月には、この１月末に発生した1000億円の意図せざる在庫減を回復しようと、生産が1000億円増加し、B_1 点の高さと同じだけの総生産を行う。45度線の定義から、B_1 点の高さと A_1 点を横軸で測った長さは等しいから、２月の生産量は、A_1 点を横軸で測った40兆1000億円になる。しかしこの総生

産量＝国内所得に対応する総需要は、図の B_2 点の高さであり、それは40兆1700億円に他ならない。1000億円の生産増＝所得増によって、700億円の波及需要が生まれたからである。この2月の総生産と総需要の状況は、図の B_2 点に表されている。45度線の定義から、A_1 点を横軸で測った40兆1000億円は、A_1 点の高さにも等しいから、2月末には B_2 点と A_1 点の高さの違いである700億円分だけの超過需要が生じ、同額の意図せざる在庫減を生み出す。

　3月の生産量は、2月末に生じた700億円の意図せざる在庫減を回復しようと、40兆1700億円に増加するが、これは図の A_2 点を横軸で測った値に等しい。この生産量の下での総需要は、派生需要を更に490億円付け加えた40兆2190億円であり、それは図の B_3 点の高さに他ならない。つまり、3月の状況は、図の B_3 点で表されていることになる。45度線の定義から、A_2 点を横軸で測った40兆1700億円は、A_2 点の高さにも等しいから、3月末には意図せざる在庫減が B_3 点と A_2 点の高さの違いである490億円分だけ生じる。

　4月には、3月末の意図せざる在庫減を回復しようと、総生産が490億円だけ増加し、結果として総所得も490億円だけ増加する。それが、さらなる波及需要の増加を生み、……といった需要の波及プロセスが生み出される。

　このような調整のプロセスによって、経済の毎月の状況は図の $B_1, B_2, B_3, \ldots$ というように変化していくが、これが需要の波及のプロセスである。これを乗数過程と呼ぶことはすでに述べたが、乗数過程が行き着く先が図の E_0 点であることは、明らかだろう。では、乗数過程が行き着く先では、国内総生産（GDP）はどれだけ増加するだろうか。次節でそれを検討しよう。

11.3.4　波及プロセスの行き着く先と乗数の定義

　さて、上記のプロセスで、リニア計画決定に伴う毎月1000億円の永続的な投資需要増が、総需要を、1月に1000億円増加させ、2月にさらに700億円追加させ、3月にさらに490億円追加させ、……といった形で波及させていくと、最終的に総需要の増加はどれだけになるだろうか。ここでまず考えるべきなのは、2月の需要増加の700億円とは、1月の需要増加が2月の総所得を1000億円増加させ、それを限界消費性向である0.7倍したものにあたるという点であ

る。つまり、2月の波及需要増700億円は、

$$700億 = 0.7 \times 1000億$$

と書けるわけである。また、3月の波及需要増の490億円とは、2月の波及需要増の700億円が3月の総所得増になり、それを限界消費性向である0.7倍したものにあたる。つまり、3月の波及需要増の490億円は、

$$490億 = 0.7 \times 700億 = 0.7 \times 0.7 \times 1000億 = (0.7)^2 \times 1000億$$

と書けることになる。ただしここで、$(0.7)^2$とは、0.7×0.7 のことであり、「0.7の2乗」と呼ばれる。同様に、$(0.7)^3$とは、$0.7 \times 0.7 \times 0.7$ のことで「0.7の3乗」と呼ばれ、$(0.7)^n$は、0.7をn回掛け合わせた値で「0.7のn乗」呼ばれる。

こう考えれば、上記のプロセスで生まれる波及需要の総額をSとすれば、

$$S = 1000億 + 0.7 \times 1000億 + (0.7)^2 \times 1000億 + (0.7)^3 \times 1000億 + \cdots\cdots \quad (1)$$

と書けることが明らかである。問題はこのSの値であるが、この式の両辺を0.7倍すれば、

$$0.7 \times S = 0.7 \times 1000億 + (0.7)^2 \times 1000億 + (0.7)^3 \times 1000億 + \cdots\cdots \quad (2)$$

と変形できる。ここで、(2)式の右辺は、(1)式の右辺の第二項以降に等しいことに注意しよう。その上で、(1)式の左辺から(2)式の左辺を差し引いた値は、(1)式の右辺から(2)式の右辺を差し引いた値に等しくなるはずだということに注目すれば、

$$S - 0.7 \times S = 1000億 \quad (3)$$

という式が成立することがわかる。この(3)式の左辺を整理すれば、$(1-0.7) \times S = 1000億$という式が得られ、この式の両辺を$(1-0.7)$で割れば、

$$S = \frac{1000億}{1-0.7}$$

という式が得られる。

つまり、乗数過程で得られる国内総生産の増加額は、当初の独立需要の増加額である1000億円を、$\frac{1}{1-0.7} = \frac{1}{0.3} = 3.333\cdots$倍したものに他ならない。ここで使ったケインズ型消費関数の数値例が$C = C_0 + cY = 6 + 0.7 \times Y$であり、0.7が限界消費性向である$c$に対応していたことを思い出そう。したがって、以上を一般化すれば、乗数過程を通じて得られる国内総生産の増加額は、当初

の独立需要の増加額を、$\frac{1}{1-c} = \frac{1}{1-限界消費性向}$ 倍した値に等しい。この値 $\frac{1}{1-c}$ のことを、**乗数**と呼ぶ。結果として、1000億円の独立需要の永続的増加があれば、新しい均衡点 E_0 点における国内総生産（GDP）は、図に示したように40兆3333億円になる。

なお、限界消費性向はゼロと1の間の数だから、乗数は必ず1を超える数になる。つまり、乗数過程では、当初の独立需要の増加額以上の GDP の増加が生まれるわけである。また、限界消費性向（c）の値が大きければ大きいほど、乗数の値は大きくなり、同じ額の独立需要の増加に対して、生まれる GDP の増加は大きくなることもわかる。

11.4 乗数過程に関するその他のトピック

11.4.1 財政支出乗数

さて、上記の乗数過程は、リニア新幹線計画に基づく投資需要の増加の場合だけに起こるわけではない。マクロ経済学の視点からもっと重要なのは、この乗数過程が政府の経済政策によっても実現するという点にある。政府支出や税の支払いに関わる財政政策によっても、独立需要をコントロールすることができ、それを通じて、GDP の額をコントロールして、景気を平準化することができるのである。

例えば、GDP が毎月40兆円という現在は不景気で、**失業者が出ている**、としよう。政府の計算によると、失業者をなくして**完全雇用**を実現するためには、労働者の雇用を増やすことが必要であり、必要なだけ労働者の雇用を増やすと、最終財・サービスの生産（GDP）は41兆円に増加するとしよう。このことを、図11-2の F_0 点に示したように、**完全雇用 GDP** が41兆円だと言う。41兆円の国内総生産を生み出すためには、41兆円の総需要がなければならない。しかし、新たにリニア新幹線計画ができたとしても、GDP は長期的に40兆3333億円にしかならない。6667億円分の**需要不足**（GDP ギャップと呼ぶ）が生じており、それだけの総需要を作り出さないと、GDP は40兆3333億円にとどまり、6667億円の生産に対応した雇用が不足するため、それに伴う失業が生ま

れてしまうことが危惧される。

このような場合、一つの方策は政府支出（G）を増やして、独立需要を増加させることである。例えば、政府が新たな道路建設を増加させ、新たに毎月2000億円の公共投資を続けることを決定したとしよう。この新たな財政支出は独立需要の永続的な増加であり、最終的にその乗数倍の国内生産増に結びつくから、2000億×3.33…＝6667億円の国内生産増につながるはずである。結果として、この公共投資は、失業者を救済し、完全雇用水準の雇用を実現させることになる。政府の財政支出の増加が生み出すGDPの増加が、ちょうど財政支出の乗数倍になるはずだという意味で、この場合の乗数は、時に**財政支出乗数**と呼ばれる。

もっとも、永続的に財政支出を増加させることは、別の問題を引き起こす。財政支出を増やすためには財源が必要であり、それは増税か国債発行による政府の借金しかありえない。しかし、永続的に国債を発行し続けると、政府の借金総額である国債残高が増え続けることになる。もしその結果、政府が借金を返済不可能だと判断されると、国家が破綻することになり、国民が大きな悪影響をこうむる。GDPに比べて国債残高が2倍を越えて、まだ増え続けている日本の将来について、様々な議論がかわされているのは、そのためである。

11.4.2　増税の効果

11.4.1節では、政府支出の増加が生み出す乗数効果を考えた。しかしそれを国債発行という借金で賄うと、政府の財政収支が赤字になる。そのため、政府が収入を増やそうと、ある年の1月から消費税を2％増税するといった永続的な増税を行う場合、どのような効果が生まれるだろうか。いま、毎月の増税額が4000億円だとして、それが生み出す効果を考えてみよう。

政府が増税を行うと、家計の税の支払いが増加する。結果として、国内総所得（Y）から税の支払い（T）を除いた可処分所得（$Y-T$）が、増税分、つまり毎月4000億円だけ減少する。可処分所得が4000億円減少すれば、4000億円に限界消費性向を掛けた額、つまり4000億×0.7＝2800億円だけ1月の総需要が減少する。増税が始まった1月には国内総生産は40兆円だが、総需要が2800億円だけ減少するために、1月末には意図せざる在庫増が2800億円分発生する。

意図せざる在庫増をなくそうと、企業部門は翌月の総生産を2800億円減らし、国内総生産は39兆7200億円に減少する。

結果として、2月の総生産＝総所得は4兆円から2800億円だけ減少する。2月の可処分所得も2800億円だけ減少するから、総需要はそれに限界消費性向を掛けた2800億円×0.7＝1960億円だけさらに減少する。結果として、2月末には意図せざる在庫増が1960億円分だけ発生する。それをなくそうと、企業部門は3月の国内総生産を1960億円だけ減少させるだろう。結果として、3月の総生産＝総所得は、2月からさらに1960億円だけ減少する。総需要は、それに限界消費性向を掛けた1960億円×0.7＝1372億円だけ、さらに減少することになる。

このようなプロセスで生み出される総生産＝総所得（GDP）の減少額は、

$$4000億 \times 0.7 + 4000億 \times (0.7)^2 + 4000億 \times (0.7)^3 + \cdots$$
$$= 0.7 \times [4000億 + 4000億 \times 0.7 + 4000億 \times (0.7)^2 + \cdots]$$
$$= 0.7 \times \frac{4000億}{1-0.7} = \frac{0.7}{1-0.7} \times 4000億 = \frac{0.7}{0.3} \times 4000億$$
$$= 2.33\cdots \times 4000億 = 9333億$$

となる。ここで、2行目の［ ］の中の額は、11.2.4節で計算したSの値の4倍に等しいから、3行目の最初の式の値、$\frac{4000億}{1-0.7}$に等しくなることがわかる。つまり、4000億円の増税でもたらされる効果とは、毎月のGDPが39兆667億＝40兆－9333億へと、増税前の40兆円から9333億円だけ永続的に「減少する」ことを表している。

このように考えてみれば、4000億円の（永続的な）増税をすると、GDPは永続的に、増税額の$\frac{c}{1-c}$倍だけ「減少する」ことがわかった。ただしここで、cは限界消費性向を表しており、上記の例では$c = 0.7$、乗数は$\frac{0.7}{0.3} = 2.33\cdots$である。この乗数は、永続的減税をした場合に起こるGDPの増加額の、減税額に対する割合をも表しているため、**減税乗数**とも呼ばれる。このように、増税を行えば、可処分所得が減少し、結果としてGDPが毎月、増税額の減税乗数倍だけ、永続的に減少することになる。

11.4.3　一回限りの需要の増加

11.3節で考えた独立需要の増加は、リニア新幹線計画に基づく投資であり、それはJR東海という民間企業の投資である。11.4.1節で考えた道路建設という公共投資は、政府の財政支出に基づく政府支出の増加という独立需要の増加である。11.4.2節で考えた増税は、政府の増税がもたらす可処分所得の減少である。これらは民間投資か政府支出か、独立需要の変化か、あるいは派生需要の変化かという違いはあるが、どれも需要を**永続的**に変化させるという働きをすることが前提とされていた。これに対して、ある年の1月が厳冬で、エアコンが売れて独立需要が1000億円増加するが、2月以降は厳冬が解消されて売れ行きが元に戻るという場合を、**一回限り**の需要の増加と呼ぶ。このような一回限りの需要の変化は、乗数過程を通じてどんな効果を持つだろうか。

この一回限りの独立需要の増加が与える効果を図示したのが、**図11-5**である。図11-5は図11-4とよく似ているが、一つ決定的に異なる点がある。図11-4では、単なる「総需要曲線」が、「リニア決定後の総需要曲線」へと、永続的にシフトしたのに対して、図11-5では、「通常時の総需要曲線」が、1月に限って一回限り「厳冬時の総需要曲線」にシフトし、2月からは再び「通常時の総需要曲線」にシフトして戻ってしまうことにある。

結果として、図11-5で起こる乗数過程は、次のようになる。前年12月までは「通常時の総需要曲線」が成立しているので、均衡はA_0である。つまり、国内総生産は40兆円で総需要と等しくなり、GDPは40兆円で均衡している。そのため、1月の総所得はA_0点の高さである40兆円だが、厳冬で総需要曲線が上方に1000億円だけシフトするので、総需要はB_1点の高さの40兆1000億円になる。結果として、1月末にはB_1点とA_0点の高さの違いに当たる1000億円の意図せざる在庫減が生まれる。その在庫減を回復しようとして、2月の総生産は図のA_1点に示されたように、40兆1000億円になる。当然、国内総所得も40兆1000億円である。ここまでは、図11-4と同じである。

しかし2月には総需要曲線は、「通常時の総需要」に戻っている。そのため、総所得がA_1の高さに等しい40兆1000億円と、通常時より1000億円多くとも、総需要はそれに限界消費性向を掛けた700億円だけ、通常時より多いにすぎない。つまり、2月の総需要はB_2点の高さにあたる40兆700億円になる。総生

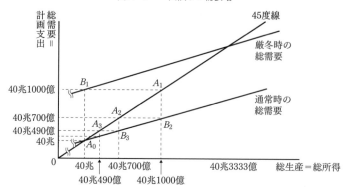

図11-5 一回限りの需要増

産が40兆1000億円であり、それは A_1 点の高さに等しいから、結果として、2月末には B_2 点と A_1 点の高さの違いに等しい300億円だけ意図せざる在庫増が発生する。それを削減しようと、3月の総生産は40兆700億円になる。

3月の国内総生産が40兆700億円なら、国内総所得も A_2 点の高さに等しい40兆700億円になり、通常時の国内総所得より700億円多い。したがって、3月の総需要は、それに限界消費性向を掛けた490億円だけ、通常時の総需要を上回ることになる。つまり、3月の総需要は B_3 点の高さに等しい40兆490億円であり、総生産である40兆700億円を210億円だけ下回る。結果として、3月末には A_2 点と B_3 点の高さの違いに当たる210億円の意図せざる在庫減が発生する。4月にはそれを基にして、40兆490億円の総生産が行われ、それは A_3 点の高さに等しい。

このように、1月、2月、3月、4月の国内総生産が、A_0, A_1, A_2, A_3 と変化してゆくプロセスを考えれば、2月の総生産＝総所得は通常時より1000億円多いが、3月の総生産＝総所得は通常時より700億円多いにすぎず、4月の総生産＝総所得は通常時より490億円多いにすぎないことになる。このようなプロセスが行き着く先は、もともとの通常時の総生産＝総所得である40兆円という状態である。つまり、一回限りの独立需要の増加は、GDPの永続的な変化には結びつかないのである。

このように、一回限りの総需要の増加がある場合、一時的に総生産＝総所得が増加するが、いずれはその効果は消滅し、もともとの毎月40兆円という

GDPの水準に戻ってしまうのである。とはいえ、一時的な効果として得られる、2月の1000億円、3月の700億円、4月の490億円といった総生産＝総所得増を足し合わせれば、その増加額の総計は、最初の一時的な独立需要の増加分1000億円を乗数倍した3333億円になる。一時的な需要増がもたらすGDPの増加を、時間を通じて足し合わせれば、一時的な需要増は、そのちょうど乗数倍だけの「一時的なGDPの増加」をもたらす。

　このように、一時的な独立需要の増加は、乗数倍の一時的なGDPの増加をもたらすが、そのような増加は「一過性」のものであり、いずれはその効果は消え去ってしまう。同じことは、一時的な財政刺激政策についてもいえる。政府が財政支出を一時的に増加させたとしても、その効果は一時的であり、いずれはその効果は消え去ってしまう。代わりに残るのは、そのような財政支出がもたらす財政赤字だけである。低所得の高齢者への一回限りの一時金の給付などは、「ばらまき政策」と呼ばれる。そのような一時的な財政刺激政策は、景気循環による一時的な不況に対する効果はあるかもしれないが、長期的・構造的な不況に対しては、採用すべきではない。なぜなら、これらの政策は、GDPに対する永続的な効果をもたず、財政赤字を増やすという負の効果しかもたないからである。

第12章

投資と金融政策

12.1 設備投資

12.1.1 投資プロジェクトと内部収益率

　経済の総需要のうち、第11章では家計の消費支出を決定する要因と、それがもたらす結果について検討した。では、総需要 ＝ 家計消費＋設備投資＋政府支出を構成する、もう一つの大きな項目である設備投資は、どんな要因によって決定されるのだろうか。また、財政支出や増減税による財政政策と並んで、経済政策のもう一つの柱である金融政策とは、どのような仕組みで総需要をコントロールするのだろうか。本章では、第11章に続いて、物価水準が硬直的で変化しないため、数量調整によって均衡がもたらされるという仮定の下で、これらの点を考えてみよう。

　まず、そもそも設備投資とはどのようなものかを、一つの例を通じて考えてみよう。コンビニのエイトテンが、池袋駅前の南武百貨店横に、1年間の予定で、新たに店舗を出店するという投資プロジェクトを実行するかどうかを検討している、という場合を考えてみよう。店舗という設備に投資することを、設備投資と呼ぶ。設備投資の一番の特徴は、投資をするタイミングと、その果実を得るタイミングが異なる点にある。

　出店するためには、店舗と従業員を確保し、エイトテンのブランドに合わせて整備・訓練するとともに、商品を準備し開店のための広告をしなければならない。これらの作業のためには、多額の出費が必要である。この出費は、開店する年の1月初めの段階で支払う必要があり、それを、開店する際に必要な初

期投資と呼ぶ。いま、その総額を2千万円としよう。

さて、初期投資を完了すれば店舗が開店し、売上から、商品の購入や店員の雇用のための費用を差し引いた後の金額が、収入として手に入る。初期投資に対する果実に他ならない。いま、この収入の総額が、プロジェクトが終了する1年後の1月初めに2200万円になるとしよう。つまり、2000万円の初期投資を負担することで、1年後に総額2200万円の収入が生まれるわけであり、初期投資を差し引けば、2000万円の初期投資が200万円の収益を生み出すことになる。これを収益率で計算してみると、$\frac{200}{2000} = 0.1$だから、$0.1 \times 100 = 10\%$になる。この率のことを**内部収益率**と呼ぶ。つまり、ある年の初めに、このプロジェクトに2000万円を投資すると、その投資は1年後に、内部収益率分の収益を生み出すというわけである。あるプロジェクトが実際に実行されるかどうかを決める大きな要因の一つが、そのプロジェクトの内部収益率である。

12.1.2 投資プロジェクトと利子率

さて、投資プロジェクトの内部収益率が、上記の例のように、10%のような正の値をとるならば、初期投資額以上の収入を生み出すわけだから、その投資プロジェクトは実行すべきだろうか。実は、ことはそれほど簡単ではない。初期投資をする時点（ある年の1月）と、その果実である収入を受け取る時点（翌年の1月）との間には、一定の時間（上の例では1年間）が経過しており、二つの時点の金額をそのまま比較するわけにはいかないからである。

このことをもっと具体的に考えるために、初期投資の2000万円を銀行からの借り入れで賄った場合を考えてみよう。そのためには、初期投資を行う年の1月に銀行から2000万円を借り入れて、プロジェクトの収入が得られる翌年の1月にその借り入れを返済しなければならない。銀行からの借り入れは、借入総額を返済する（「**元本を返済する**」という）だけではなく、返済時点で借り入れに対する**利子**（または利息）を合わせて支払う必要がある。

利子総額の借り入れ元本に対する比率を**利子率**と呼ぶ。例えば、利子率が年5％の場合、ある年の1月初めに2000万円を借り入れたとすると、翌年の1月初めに借り入れを返済する場合、元本2000万円に加えて、利息を$2000万 \times 0.05$

＝100万円返済する必要がある。総額2100万円を銀行に返済しなければならない。とはいえ、内部収益率が10％ならば、プロジェクトが生み出す2200万円の収入から、利子と元本あわせて2100万円を支払ってもなお、事後的に100万円の利益が出る。その場合、この投資プロジェクトは実行することが適当である。

　これに対して、利子率が20％で2000万円の借り入れを行った場合に、1年後に返済しなければならない元本利子総額は、2000万円の元本に2000万×0.2＝400万円の利息を合わせた2400万円になる。この場合、上記の投資プロジェクトを実行すると、1年後に得られる収入2200万円を200万円上回る元本利子総額を返済しなければならない。これでは、このプロジェクトを実行すると事後的に損失が出てしまうから、このプロジェクトは実行しない方が良いということになる。このように、ある投資プロジェクトを実行すべきか否かは、そのプロジェクトの内部収益率と利子率を比較して、内部収益率が利子率を上回る時だけだということがわかる。つまり、ある投資プロジェクトが与えられた時、その投資プロジェクトを実行するべきなのは、

　　　　　その投資プロジェクトの内部収益率 ＞ 利子率

という関係を満たしている場合だけなのである。

12.1.3　自己資金を使った投資と機会費用としての利子率

　さて12.1.2節では、初期投資の2000万円を銀行借り入れで賄う場合を考えた。しかし多くの企業は、過去の事業から生み出された利益を自社内に蓄積していることが多い。**内部留保**と呼ばれる資金である。内部留保を使って初期投資を賄えば、1年後に元本や利子を返済する必要がないから、内部収益率が利子率を下回るようなプロジェクトでも、内部収益率がプラスなら、実行することが望ましいように思われる。本当にそうだろうか。

　このことを考えるためには、**機会費用**という概念を理解することが必要不可欠である。機会費用とは、「ある行動を採用した場合に、代替的な選択肢としてどのようなものがあったのかを考え、その代替的な選択肢を実行した場合に得られる利益を、実際に採用した行動のために犠牲にした費用だと考え、その行動を採用するべきかどうかを判断する利益計算をする場合には、機会費用も

含めて考えなければならない」という概念である。

例えば、上記の2000万円の初期投資が必要なプロジェクトを、内部留保を使って実行したとしよう。この行動に対する代替的な選択肢とは、プロジェクトは実行せず、使わなかった2000万円の内部留保を他の有利な投資先に振り向けるということである。通常考えられる他の投資先とは、2000万円を銀行に預金することだろう。結果として、2000万円は預金され、1年後に利子率分の追加収入をもたらす。利子率が15％なら、2000万円を銀行に預金すれば、1年後には2000万円の元本と300万円の利子収入を得ることができる。この300万円の利子収入こそ、2000万円の内部留保を初期投資に充ててしまうことの機会費用である。つまり、この投資プロジェクトを、内部留保を使って実行することで、本来なら得られたであろう300万円の利子収入を失ってしまうわけである。その機会費用を含めて考えれば、200万円の収益しか得られないこのプロジェクトに内部留保をつぎ込むことは、200万 − 300万 ＝ −100万円だから、100万円の損失を生み出すことになる。そのぐらいなら、この内部留保は銀行預金に振り向けることが望ましい、という結論になる。

これに対して、銀行に預金した場合の利子率が8％なら、2000万円の内部留保をこのプロジェクトにつぎ込むことの機会費用は160万円であり、内部留保を使ってプロジェクトを実行することで、機会費用を考慮に入れても、200万 −160万 ＝ 40万円の利益が出る。この場合には、このプロジェクトを実行することが望ましいという結論になる。このように機会費用を考えれば、銀行から借り入れをするにせよ、内部留保を使うにせよ、プロジェクトの実行が望ましいのは、内部収益率が利子率を上回る場合に限られるという結論が得られることになる。

12.2 投資の限界効率表

12.2.1 様々な投資プロジェクトと投資の限界効率表

さて、経済には様々な企業があり、それぞれが様々な投資プロジェクトを持っている。例えば、ある企業は、新たな工場を栃木に作りたいと考えており、その初期投資額は50億円、内部収益率は5％である。別の企業は、既存の工場の機械設備を更新することを考えており、その初期投資額は4000万円、内部収

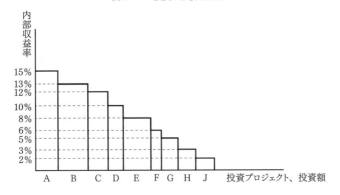

図12-1 投資の限界効率表

益率は8％である。さらに別の企業は、新製品を開発するための研究開発プロジェクトを計画しており、その初期投資額は5億円、内部収益率は12％と計算されている、といった具合である。これら経済に存在する様々な投資プロジェクトをまとめて、理解しやすい形の表にしたのが、**投資の限界効率表**（資本の限界効率表とも呼ばれるが、投資の限界効率表と呼ぶ方が正確である）と呼ばれるグラフである。**図12-1**は、ある企業、例えばコンビニのエイトテンの投資の限界効率表の一例を示したものである。

図12-1には、コンビニのエイトテンが検討中のすべての投資プロジェクトが、内部収益率の高い順に左から記されている。内部収益率が最も高いのは、プロジェクトAであり、このプロジェクトの内部収益率は、Aと記されたボックスの高さである15％、初期投資額は図には明示されていないが、このプロジェクトの初期投資額の総額は4000万円であり、それはAと記されたボックスの横幅で表されている。次に内部収益率の高いのはプロジェクトBで、同様に、その内部収益率はボックスBの高さである13％、初期投資額はボックスBの横幅である6000万円。プロジェクトCの内部収益率はボックスCの高さ12％で、初期投資額はボックスCの横幅3000万円。プロジェクトDは、上記の池袋駅前プロジェクトで、内部収益率は10％、初期投資額は2000万円、といった具合である。

この投資の限界効率表が与えられている時、市場では、利子率が9％に決まっていたとしよう。内部収益率が利子率を上回るプロジェクトはAからDま

でのプロジェクトだから、この時、コンビニのエイトテンが実行するだろう投資プロジェクトは、AからDまでの4つのプロジェクトに他ならない。結果としてエイトテンの設備投資総額は、4000万＋6000万＋3000万＋2000万＝1億5000万円になる。しかし、もし利子率が7％にまで低下したとしたら、プロジェクトEも実行されるだろうから、エイトテンの設備投資の総額は、プロジェクトEの初期投資額分だけ増加することになる。逆に、利子率が11％に上昇すれば、プロジェクトDは実行されなくなり、プロジェクトDの初期投資額である2000万円だけ、エイトテンの設備投資の総額は減少することになる。

12.2.2　経済全体の投資の限界効率表

さて、経済全体には、多数の様々な企業が存在し、それぞれの企業がコンビニのエイトテンのようなたくさんの投資プロジェクトを持っている。したがって、経済全体には、何万・何百万という投資プロジェクトが存在する。経済全体の投資の限界効率表を考えるなら、そのためには、これら膨大な数の投資プロジェクトを、内部収益率の高い順に並べる必要がある。結果として得られる経済全体の投資の限界効率表は、図12-1のようなギザギザをほとんど無視できるようになり、**図12-2**のようなスムーズな右下がりの直線として表すことができるだろう。

さて、この経済全体の限界効率表に加えて、市場の利子率が図のiの水準で与えられたとしよう。図の二つの水平線の内、下方にある水平線の高さが市場利子率iを表している場合である。このとき、例えば図のE'点、あるいはI'円目の総投資額を実現するような投資プロジェクトは、内部収益率（i'）が利子率（i）を上回っており、E'点にあたるプロジェクトは実行されるだろう。また、E'点より左側にあるプロジェクトだけしか実行されておらず、総投資額でI'円の総投資額しか実現していない場合には、E'点より少しだけ右にあるプロジェクトでも、内部収益率が利子率を上回っているから、そのような投資プロジェクトも実行されるべきである。このように考えれば、総投資額はI'より増加するはずである。

このようなことは、図のE点までのプロジェクトがすべて実現して、総投

図12-2 限界効率表と利子率

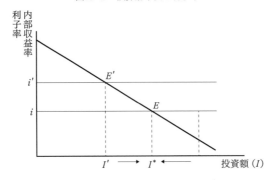

資額が I^* になるまで続くはずである。図の右向きの矢印は、このことを示している。逆に、図の E 点より右側では、内部収益率が市場利子率を下回っており、これらの投資プロジェクトは実行されるべきではない。そのため、図の左向きの矢印に示されているように、図の E 点より右側では、総投資額は減少してゆくことになる。最終的に、実行されるのは図の E 点までの投資プロジェクトになり、総投資額は I^* になる。このように、この経済で実行される総投資は、投資の限界効率表と市場利子率を表す水平線の交点で決まることになる。

12.2.3 利子率変化と総投資の変化

ところで、利子率が上昇して i' になり、図12-2の二つの水平線のうちの、上の線の高さになったとしよう。この時、投資の限界効率表と利子率を表す水平線の交点は E' になるから、総投資額は I^* から I' へと減少する。このように、市場利子率が上昇すれば経済の総投資額は減少し、市場利子率が下落すれば経済の総投資額は増加する。つまり、経済全体の投資の限界効率表は、市場利子率が決まった時に、経済全体の総投資額がいくらになるかを表しているグラフに他ならない。言い換えれば、経済全体の投資の限界効率表は、市場利子率を説明変数（従属変数）とし、総投資額を被説明変数（独立変数）とする、**投資関数**のグラフを表していることになる。

総投資は経済の総需要の重要な部分だから、市場利子率をコントロールでき

れば、経済の総需要をコントロールし、結果として実現する GDP の水準をコントロールすることができることになる。この市場利子率をコントロールして総投資をコントロールし、それを通じて経済の総需要をコントロールする政策こそが、その国の**中央銀行**（日本では日本銀行）が行う**金融政策**である。では具体的に、市場利子率はどのようにしてコントロールすることができるのだろうか。本章の残された部分では、このことについて説明を行おう。

12.3 利子率と債券価格

12.3.1 借金証書としての債券

一般に、人がお金を借りる時、その対価として利子を支払わなければならない。利子の元本に対する比率を**利子率**と呼ぶ。例えば、今日、1万円を誰かから借りて、1年後に元本の1万円に加えて、利子1千円、したがって元本と利子を合わせた総額1万1千円を返済する場合、1年間の利子率は1千円を1万円で割った値の $\frac{1000}{10000} = 0.1$、パーセントに直せばそれを100倍した10％になる。

誰がお金を借りる場合でも、普通は数％の利子率を支払わなくてはならない。マクロ経済学や金融政策を考える上で最も重要なお金を借りる方法が、**債券**の発行である。国がお金を借りる場合、一番よく使われる方法は、国の借金証書である日本国の債券つまり**国債**を発行して、その代わりにお金を借りる方法である。国にお金を貸してくれる人に対して、お金を借りる代わりに借金証書である国債を手渡すことを、国が「国債を売却する」という。売却する相手は、民間の銀行や投資家などである。国債と呼ばれる日本国の債券は、日本政府が国債の所有者に対して、返済期限がきた時に、借金の元本と利子を返済することを約束した証書に他ならない。同様に、**社債**とは会社の借金証書であり、その所有者に借金の元本と利子を返済することを約束した証書である。債券は借金証書であるが、同時にそれは一定の価格で売買される。

以下では、国債を例にとって、債券とその価格の意味を説明しよう。国債が発行された時にそれを購入した人は、購入額分だけの金額のお金を日本政府に貸して、その代わりに借金証書としての国債を受け取ったわけである。もちろ

んこの人は、返済期限が来る（「**満期**が来る」という）までその国債を持ち続けてもよいが、満期の前に市場でその国債を売ることも可能である。国債を売却した場合、市場で決まる市場価格を受け取ることになる。逆に、満期前に市場価格で国債を購入した人は、満期まで国債を持ち続けてもよいし、その前にさらに別の人に国債を転売することも可能である。どちらの場合でも、国債を購入した時に支払った金額と、それを満期まで持ち続けた時に受け取る金額の間には、相違が生まれることが普通である。以下、このことの意味を、利子率という視点を踏まえて考えてみる。

12.3.2 債券価格と利子率

　いま、「1年後に総額1万1千円をこの証書の保有者に支払う」という約束をしている、国が発行した借金証書があったとしよう。この借金証書のことを国債と呼ぶ。国債とは借金証書で、「1年後にこれこれの額をこの国債の保有者に支払う」という約束を書いた紙に他ならないから、抽象的に言えば国債とは、ドレスや自動車と同じ、一つのモノに他ならない。モノである国債には価格が付いて、その価格で自由に売買されることになる。いま、その価格が1万円だったとしよう。この国債の価格が1万円だということは、詳しく言えば、今日、国が国債を売却した時、その価格である1万円を、売り手である国が、買い手から受け取れることに他ならない。つまり国としては、1年後に1万1千円を返却するという約束の代わりに、今日1万円のお金を手にできるわけである。上記の例に従えば、国は利子率10%で、国債の買い手から1万円の借金をしたということになる。

　ところで、いまこの、1年後に1万1千円を支払うという国債に対して、それを買いたいという需要が殺到したとしよう。当然、国債の価格は1万円から上昇し、例えば、1万5百円になるだろう。結果として、借主である国は1万1千円から1万5百円を引いた5百円の利子を支払うだけで、1万5百円のお金を手に入れることができることになる。5百円の利子を1万5百円の元本（国の受取額）で割れば $\frac{500}{10500} = 0.047619\cdots$、パーセントに直せば利子率は4.7619…%になる。国債の価格が上昇した結果、利子率は10%から4.7619…%

に下落するのである。逆に、国債を買いたいという需要が激減して、国債価格が9千円になると、利子は2千円、元本は9千円になるから、利子率は$\frac{2000}{9000}$ = 0.222…、パーセントに直せば22.222…%に上昇する。このように、国債価格と利子率は、一方が上昇すれば他方は下落し、一方が下落すれば他方は上昇するという関係にある。言い換えれば、利子率を上げるためには債券価格を下げればよく、利子率を下げるためには債券価格を上げればよいことになる。

12.4　金融政策と公開市場操作

12.4.1　国債の買いオペレーション

では、平常時において日本の中央銀行である**日本銀行**は、どのように**金融政策**を実行し、結果としてどのように総需要をコントロールするのだろうか。政府から独立した存在である日本銀行は、基本的に「国債の売買オペレーション（**公開市場操作**）」を行うことで、市場利子率（市場金利）をコントロールしようとする。

例えば、財・サービスに対する総需要が不足しているので、利子率を下げて投資を増やすことで景気を刺激したい、と日本銀行が考えたとしよう。利子率を下げるためには、債券の一種である国債の価格を上げればよいことは、本章の12.3節まででですでに説明した。国債の価格を引き上げるためには、国債に対する需要を増やせばよいはずである。そこで日本銀行は、新たに多額の国債を民間銀行などから購入する。これを「日本銀行が国債を市場から購入する」と言い、**国債の買いオペレーション**（買いオペ）と呼ぶ。日本銀行は、民間の銀行や個人などの他の国債の買い手とは、比較にならないほど大きな買い手だから、国債市場では独占力を持っている。このため、日本銀行が買いオペをすると、国債に対する需要量は供給量に比べて大きく増加し、結果として債券価格は大きく上昇し、国債の利子率は大きく下落する。このことを指して、日本銀行が、買いオペという公開市場操作を通して行う**金融緩和**と言う。

日本銀行が大量の国債を購入すると、その支払代金として多額の資金が、国債を売却した民間部門（民間の銀行など）に流れる。「金融緩和によって資金が民間に流れる」と言われるのは、このようなメカニズムを背景にしている。こ

こで資金と呼ぶのは、第13章で**貨幣**（マネー）と呼ぶモノと等しい。つまり、日本銀行が大量の国債を購入すると、その対価として大量の貨幣（マネー）が民間部門に流れるのである。

買いオペによって国債の利子率が下がるということは、他の債券や銀行の貸し付け、例えば、社債（民間の会社が発行する債券、つまり借金証書のことである）の利子率が下がり、銀行貸し付けの利子率が下がることにつながる。なぜならば、国債の利子率だけが下がり、社債の利子率や銀行貸し付けの利子率が変わらなければ、資金の貸し手である民間銀行や投資家は、国債を保有するより、社債を保有したり銀行貸し付けにお金を回したりした方が有利になり、お金が社債や銀行貸し付けに回る。結果として、社債に対する需要が増えるから、社債の価格が上がったり（これは、国債の場合と同様、社債の利子率の低下につながる）、民間銀行の貸付競争が激化（これは、銀行の貸付利子率の低下につながる）したりするからである。このように、国債という金融商品の利子率の低下が、社債や銀行貸し付けという競合する金融商品の利子率の低下につながることを、**金利裁定**と呼ぶ。

金利裁定は、国債の利子率が下がった時に、社債や銀行貸し付けの利子率が下がるという場合だけに起こるわけではない。国債、社債、銀行貸し付け、株式運用など様々な資金運用の関係において、それぞれの間で一定の違いはあっても、どれかが上がれば他の利子率が上昇し、どれかが下がれば他の利子率も下落するという現象が生まれる。そうでないと、相対的に低い利子率でお金を借りて、相対的に高い利子率でお金を運用することで、大量の儲けを生み出すことができるからである。金利裁定によって、様々な資金運用における利子率の相対的な違いは、一定の幅に収まることになる。

別の言い方をすれば、次のように考えることも可能である。買いオペを通じた金融緩和は、日本銀行から民間の銀行などに資金が流れることを意味する。追加的な資金を得た民間銀行などの金融機関は、その資金を使って社債を購入したり、銀行貸し付けを増やしたり、株式を買ったりする。結果として、社債の価格が高騰（社債の利子率は低下）し、銀行貸し付けの利子率も低下し、株式の価格が高騰する。

このように、日本銀行が国債の買いオペを行えば、（金利）裁定や日本銀行

から民間銀行などへの資金供給を通じて、社債や銀行貸し付けの利率を押し下げることが出来る。逆に、社債や銀行貸し付けの利子率を押し上げて、設備投資需要を削減したければ、日本銀行が逆向きの公開市場操作、つまり国債の**売りオペレーション（売りオペ）** を行い、国債の供給を増やすことで国債価格を押し下げて、利子率を引き上げればよい。その場合、日本銀行が保有している国債を大量に売却するので、日本銀行は、国債を買い取る民間銀行などから資金を吸収することになる。このような操作を、**金融引き締め**と呼ぶ。金融引き締めを行えば、利子率が上昇して設備投資が削減され、結果として総需要が削減されるだけでなく、民間部門から資金が引き上げられるので、民間部門が保有する貨幣量が減少することになる。

12.4.2 金融政策と総需要の管理

このように、買いオペや売りオペという公開市場操作を通じて、日本銀行は利子率を押し下げたり押し上げたりすることができる。例えば、買いオペによって利子率が５％から４％へと１％下がると何が起こるだろうか。12.2.1節の図12-2「限界効率表と利子率」のグラフに示したように、利子率が $i' = 0.05$ から $i = 0.04$ に下落すれば、経済の総投資は I' から I^* へと $I^* - I'$ だけ増加する。内部収益率が５％未満で４％以上の投資プロジェクトは、利子率が５％の時には実行されなかったが、４％に低下することでプロジェクトを実行しようというインセンティブが企業に生まれるからである。

いま、そのようなプロジェクトの総額が2000億円であり、$I^* - I' = 2000$億円だとすると、買いオペによる利子率の５％から４％への下落は、独立需要である毎月の設備投資を2000億円だけ永続的に増加させ、結果として総需要を毎月2000億円だけ永続的に増加させる。この永続的な総需要＝計画支出の増加は、乗数過程によってさらなる波及需要を生み出し、最終的にその乗数倍だけの総生産＝総所得の増加を生み出す。前節のように乗数が3.333…ならば、この公開市場操作が最終的に生み出す総生産＝総所得の増加額は、6667億円である。

このように、公開市場操作を通じて利子率を日本銀行がコントロールし、それを通じて総需要＝計画支出を管理し、結果として総生産＝総所得を望まし

い水準にコントロールすることができる。例えば、景気が悪化して、総生産＝総所得が完全雇用 GDP より少なくなる場合、買いオペによって利子率を切り下げ、設備投資を刺激することで、総生産＝総所得を完全雇用 GDP に近づけることができる。この政策を、景気を刺激する**金融緩和政策**と呼ぶ。他方、景気が過熱して、総生産＝総所得が完全雇用 GDP より大きければ、売りオペによって利子率を切り上げ、設備投資を抑えることで総生産＝総所得を切り下げ、完全雇用 GDP に近づけることができる。この政策を、景気を抑える**金融引き締め政策**と呼ぶ。日本銀行は、景気が悪い時に金融緩和政策を、景気が過熱したときには金融引き締め政策を行うことで、そうしなければ生まれたであろう過度の景気循環（景気が良すぎたり悪すぎたりすることが交互に起こる現象）をコントロールし、景気を**平準化**できるのである。

このように、日本銀行が公開市場操作などを通じて利子率をコントロールし、利子率の変化を通じて設備投資を管理し、結果として総生産＝総所得を管理する政策を、**伝統的金融政策**と呼ぶ。伝統的金融政策は、財政支出総額や増減税を通じて総需要を管理する財政政策と並んで、平時の代表的な景気平準化政策に他ならない。両者を合わせて、景気循環に対する**総需要管理政策**と呼ぶことがある。

12.5 ゼロ金利制約と非伝統的金融政策

12.5.1 ゼロ金利制約と伝統的金融政策の限界

さて、上に述べたように、国債の公開市場操作に基づく金融政策は、伝統的金融政策と呼ばれているが、伝統的金融政策が金融緩和政策としては無力になる場合がある。それが、最近の日本や多くの先進国のように、**ゼロ金利制約**に直面している経済の場合である。

いま、利子率がすでにゼロになっているような経済を考え、伝統的金融政策によってさらに景気刺激をしようとする場合を考えてみよう。そのためには、買いオペによって利子率を更に引き下げる必要がある。しかし、利子率はすでにゼロになっているから、それをさらに引き下げるためには、利子率をマイナスにする必要がある。利子率をマイナスにすることは可能だろうか。民間の企業や家計がお金を貸す際に受け取る利子率をマイナスにすることは困難だ、利

子率（金利）には普通、ゼロという下限の制約があるというのが、結論である。以下、このことを簡単に説明しよう。

日本銀行券という**現金**、例えば一万円札は、今も1年後も、将来にわたってずっと1万円の価値を持ち続ける。1万円のモノの代わりに購入した一万円札は、来年でも再来年でも1万円のモノを購入するために使えるのである。したがって、現金というのは利子を生まない債券だと考えることもできる。現金という債券の利子率はゼロなのである。一見、利子を生まない債券など持っていても仕方がないように思えるが、現金を持っていると、いざというとき現金と交換に、どんなモノでも買える。現金は**購買力**を持っているのである。

これに対して、国債と交換にモノを買うことはできない。国債を一度売却して、現金に交換しないとモノを買うことはできない。国債の価格は変動するから、実際に売ろうとした時にいくらで売れるかわからないというリスクがある。現金を持っていれば、1万円は確実に1万円の購買力を持っている。銀行の普通預金も、銀行やコンビニでATMから現金を引き出すという手間さえかければ、購買力を持つ現金に換金できる。この、購買力を持つ現金に換金しやすい資産であるという程度、つまり、現金化する際のリスクや手間の小さいことを、**流動性**（の高さ）と呼ぶ。これに対して土地や債券は、売ろうとしてもすぐには売れないし、無理に売ろうとすると買いたたかれて、安い価格で売る破目になる。つまり、土地や債券に比べて、銀行預金は流動性が高い。この、購買力を持つという現金の持つ強みがあるからこそ、人々は利子率がゼロの現金でも、常に一定量を手元に置いておきたいと考えて行動する。

では、すでに利子率がゼロの場合、つまり「1年後に総額1万円のお金を支払います」という借金証書（国債）の価格がちょうど1万円の場合、その借金証書に対して中央銀行が買いオペをすることで利子率をマイナスに、言い換えるとその借金証書の価格を1万円を超える値、例えば1万1百円にすることができるだろうか。答えは「否」である。なぜなら、国債の利子率がマイナス（マイナス金利）になると、金利裁定によって、それに連動して、銀行預金の利子率や社債の利子率もマイナスにならなければならない。しかし利子率がマイナスなら、貸し手である預金者や国債・社債の保有者は、銀行預金や社債・国債を保有するより、現金を保有した方が得だと思うはずである。現金は購買力

も持っているから、直接には購買力を持たない上に、金利もマイナスの銀行預金や国債・社債を持ちたいと思う家計や企業は存在しない。結果として、マイナス金利は、現金保有という選択肢を封じない限り、持続不可能だということになる。このように、利子率（金利）には、ゼロという下限が存在することを、ゼロ金利制約と呼ぶ。

12.5.2 非伝統的金融政策

このように、いったん利子率がゼロになってしまうと、買いオペによって債券価格を上げ、利子率を下げようとしても、事実上それは不可能だということになる。つまり、利子率がゼロの場合、中央銀行が利子率をコントロールすることを通じてでは景気刺激は行えず、伝統的金融政策は無力になってしまうのである。

2008年に起こったリーマンショックと、それに伴う世界的金融危機のために、多くの先進国が大規模な金融緩和政策をとり、結果として金利が事実上ゼロになってしまうということが起こった。このため、各国の中央銀行は、利子率を通じた総需要管理という仕組みを使った伝統的金融政策では景気を刺激できなくなった。そのために、世界の中央銀行は、量的緩和政策やマイナス金利政策といった様々な**非伝統的金融政策**を採用して、景気を刺激しようとした。ただ、非伝統的金融政策の具体的内容を説明することは、本書のレベルでは不可能なので、関心のある読者は上級の教科書や専門書を見てほしい。

第13章

集計的総需要曲線

13.1 ミクロの需要曲線とマクロの総需要曲線

13.1.1 総需要曲線と総供給曲線

　第11章と第12章では、価格が硬直的なため、需給が不一致の不均衡状態でも物価水準が変動せず、不均衡は数量調整を通じて行われる状況を考えた。この時、乗数過程と有効需要の原理に従って、実質 GDP は、それ以上在庫調整が行われなくなるという意味での均衡水準である、「総需要 = 意図した総支出（= 総消費 + 総投資 + 政府支出)」を満たす GDP の水準として決定されるのだった。このように、総需要が国内総生産（GDP）を決定するという考え方が、ケインズが最初に考えたマクロ経済学であり、しばしば**ケインズ経済学**と呼ばれる考え方である。

　しかし、半年程度という超短期ではなく、1 年から 3 年程度という短期や 5 年程度という長期では、価格が硬直的で物価水準が不変であると考えるのは無理がある。物価水準が変化すると、最終財・サービスに対する総需要も変化し、結果として実現する GDP も変化するだろう。物価水準が変化すると、「実質総消費 + 実質総投資 + 実質政府支出」として定義される**実質総需要**も変化する、と考えられるからである。この場合の、実質総需要と物価水準の間の関係を表した曲線が、マクロ経済学における短期または長期における**集計的総需要曲線**である。

　物価が固定されている世界で、数量調整を基にして需要が生産を決定すると考えるケインズ経済学を、物価が変動する社会へと拡張したアプローチが、新

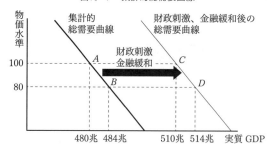

図13-1 集計的総需要曲線

古典派総合と呼ばれるアプローチである。新古典派総合のアプローチでは、物価が変動する世界を考え、総需要と総供給が一致する水準で実質総生産と物価水準が決定されると考える。そのために考える道具立てが、**集計的総需要曲線**と**集計的総供給曲線**である。集計的総供給曲線の説明は第14章に回し、本章では集計的総需要曲線について説明する。

結論から先に言えば、縦軸に物価水準、横軸に集計された財・サービスの総量（実質GDP）をとったグラフの上で、集計的総需要曲線は**図13-1**に表したような、右下がりの曲線として表すことができる。例えば、物価水準が100から80に下がれば、経済の実質総需要は480兆から484兆に増えるのである。ここで物価水準の下落に伴って実質総需要が増えるのは、実質総消費が増える効果と実質総投資が増える効果という、二つの効果が存在するからに他ならない。以下、本章では、これら二つの効果がどうして生じるのかについて、説明することにしよう。

13.1.2 ミクロの需要曲線：代替効果と所得効果

ところで、これら二つの効果を説明する前に、あらかじめ説明しておくべきことがある。本書の前半ではミクロ経済学を取扱い、本章で検討するマクロ経済学の「集計的総需要曲線」とは異なった、「個々の財やサービスの需要曲線」を考えた。個々の財やサービス、例えばおにぎりの需要曲線とは、横軸におにぎりの需要をとり、縦軸におにぎりの価格をとった時、おにぎりの需要曲線は右下がりになり、おにぎりの価格が上がればおにぎりの需要は減少し、おにぎ

りの価格が下がればおにぎりの需要は増加するという関係があることを示していた。

　第4章の4.2節で説明したように、おにぎりの需要曲線のように、個々の財・サービスの需要曲線が右下がりになるのは、代替効果と所得効果があるからである。簡単にそれを復習しておこう。ミクロの個々の財・サービスの需要曲線を考える場合、「他の財・サービスの価格」や「消費者の名目所得」は一定で変化しないとして、問題になっている財の価格だけが変化した時に、その財の需要がどう変化するかを考える。

　他の財やサービスの価格が変わらずに、ある財・サービス、例えば、おにぎりの価格だけが下がれば、おにぎりの代替財であるパスタやサンドウィッチの価格に比べて、おにぎりの価格は相対的に安くなる。このことを、おにぎりの代替財に対する**相対価格**が下がった、という。おにぎりの代替財に対する相対価格が下がるなら、消費者にとっては、代替財よりおにぎりの魅力が増すから、代替財の消費を減らして、その分だけ、おにぎりに消費を振り向けようとする。結果として、おにぎりの価格が下がるとおにぎりの消費が増えることになるから、おにぎりの需要関数は右下がりになる。これが「代替効果」である。注意してほしいのは、代替効果とは、代替的な他の財・サービスの価格と比較した、おにぎりの相対価格が下がった場合に、おにぎりの需要が増えることを意味している。問題は、代替財との「相対価格」なのである。

　また、名目所得が変わらずにおにぎりの価格だけが安くなると、おにぎりの需要が変わらなければ、おにぎりへの支出額が少なくてすむ。少なくてすんだ額だけ予算が余るから、余った予算を財・サービスへの追加支出に振り向けられる。その一部は、おにぎりの需要を増やすことに伴う追加支出だろう。それだけおにぎりの需要は増えることになる。つまり、(名目)所得が変わらないまま、おにぎりの価格が下がれば、おにぎりへの支出額が減ったために、余った額を使っておにぎりの需要を増やすことができる。その分だけ、需要は増え、おにぎりの需要曲線は右下がりになる。これが「所得効果」である。ここでも注意してほしいのは、名目所得は、[物価水準]×[実質所得]と書けることである。「物価水準」を定義している「すべての財・サービスの価格」に対して、おにぎりの価格だけが相対的に下がった場合、つまり「物価水準に比べ

たおにぎりの相対価格」が下がった場合、実質的な所得が増えるために、おにぎりの需要が増えることを意味しているのが、所得効果なのである。

13.1.3　マクロの集計的総需要曲線

　さて、マクロという集計された財・サービスの総需要曲線を考えることはできるだろうか。需要曲線だから図13-1のように、横軸には集計された財・サービスの需要の実質額、つまり「実質GDP」を、縦軸には集計された財・サービスの価格、つまり「物価水準」をとることになる。この際、気を付けてほしいのは、集計された財・サービスの総需要曲線の場合には、代替効果も所得効果も考えることができないという点である。

　第一に、集計された財・サービスの総需要曲線の場合、すべての財・サービスが集計されているから、それに対する代替財は存在しない。集計された財・サービスには、おにぎりだけでなく、蕎麦やパスタなど、お互いが代替財の関係にあるものも、すべて含まれているのである。したがって、集計された財・サービスの代替財は存在せず、代替財との相対価格を考えること自体が不可能であり、集計されたマクロの総需要についての代替効果は存在しない。

　第二に、集計された財・サービスの総需要曲線とは、物価水準の変化が実質総需要、つまり実質国内総支出あるいは実質GDPにどう影響するかを示した曲線である。しかし、実質GDPとは実質で測られた付加価値の総額だから、事後的には実質的な国内総所得に必ず一致する。したがって、集計的総需要曲線とは、物価水準が実質総所得をどう決定するかを表した曲線なのである。言い換えれば、集計的総需要曲線では、名目所得の額が一定に与えられているわけではないし、むしろ物価水準が変化するにつれて、実質総所得がいくらになるかを表す曲線と理解すべきである。その意味で、集計された財・サービスの総需要曲線においては、所得効果を考えることもできないのである。

　このように、物価水準と実質総需要の間の関係を表すマクロの総需要曲線では、代替効果や所得効果は意味を持たないから、代替効果や所得効果のために集計的総需要曲線が右下がりになるということはありえない、ということがわかる。しかしそれにもかかわらず、マクロの総需要曲線は、右下がりの曲線として表すことができる。以下では、なぜそう表すことができるのかを考えるこ

とにしよう。

13.2 集計的総需要曲線と貨幣

13.2.1 フローの価格とストックの価格

　13.1節を基にすれば、ミクロ経済学で考えた個別の財・サービスの需要曲線と異なって、マクロ経済学が考える集計された財・サービスの総需要曲線が右下がりになるためには、代替効果や所得効果とは別の理由がなければならない。実は、その理由は、貨幣（マネー）や債券、あるいは株式や不動産をはじめとする様々な資産の存在にある。これらの様々な資産は、フローである財・サービスとは異なってストックであり、その価格（貨幣や債券、あるいは株式や土地の価格）は、フローである財・サービスの価格である物価水準とは独立だからである。本書では、これらの資産の中でも、伝統的金融政策と密接に関係する貨幣と債券に注目して、説明をしていくことにする。

　貨幣について詳しい説明をする前に、食料品や衣料品などのフローの消費の総額である総消費に与える、不動産や株式などのストック価格の影響について説明をしておこう。第11章では、総消費は総所得に依存して決まり、総所得が増えれば、総消費はその限界消費性向倍だけ増加することを説明した。しかしフローの総消費は、フローの総所得が増えた時にだけ、増えるわけではない。フローの総所得、例えば月給や年収が同じでも、土地や住宅などの不動産や株式などの金融資産の総所有額が増えれば、人はそれだけ自分がリッチになったと感じて、消費を増やすだろう。

　事実、1980年代後半に起こったバブル景気とは、食料品や衣料品といったフローの価格はほぼ一定でインフレではなかったにもかかわらず、地価という不動産価格や株価などのストックの価格が急激に上昇し、そのために人々が所有する不動産や金融資産の総額が、フローである所得に比較して膨れ上がり、結果として、消費が増加し、総需要が増加して起こった好景気であった。逆にバブル崩壊とは、過度に上昇した株価や不動産価格が急激に下落し、人々の所有する資産所有額が急落することで、消費や投資などの総需要が大きく下落して、景気が悪化したことを意味している。バブルとは、フローの価格に比べてストックの価格が、一時的に異常に上昇し続ける現象なのである。

第11章では、フロー同士の所得と消費の関係に注目したために説明しなかったが、総消費というフローの需要量は、家計が所有する不動産や金融資産といった資産、つまりストック量にも依存する。この、ストックである不動産や金融資産の額の増加が消費額を押し上げる効果、あるいは不動産や金融資産の額の減少が消費を押し下げる効果を、一般的に**資産効果**と呼ぶ。

13.2.2 貨幣とその種類

さて、集計的総需要曲線を考えるうえで、きわめて重要な役割を果たすのが、ストックの中でも特に重要な**貨幣**である。貨幣とは、千円札などの日銀券や1円玉のような硬貨、あるいは銀行に預けてある銀行預金の総称であり、「貨幣の総量」という場合には、現金紙幣と硬貨（これらを合わせて**通貨**と呼ぶ）の総量に、銀行預金残高の総量を足し合わせた総和を意味する。

読者は、現金紙幣や硬貨が貨幣であるのは当然だとしても、銀行預金が貨幣であるというのは少し奇妙だと思うだろう。しかし、財布の中に現金がなくなっても、銀行預金の残高があれば、銀行やコンビニでATMを操作して、預金を引き出すという若干の手間さえかければ、財布の中の現金を補充することができる。第12章の12.5.1節で説明した言葉を使えば、銀行預金は「流動性」が高い。その意味で、銀行預金は通貨の密接な代替物であり、いつでも通貨に換えられる存在なのである。

13.3 貨幣とその機能

さて、一万円札や百円玉のような通貨を考えてみればわかるように、貨幣には、大きく分けて三つの重要な機能がある。

13.3.1 価値尺度としての機能

貨幣の第一の機能は**価値の尺度**であり、貨幣はモノの価値を測る単位だという点である。おにぎりが一個150円だということは、おにぎり一個は一円玉150個と交換できることを意味しているし、銀行預金150円分と交換できる。つまり、モノの名目価格とは、モノと貨幣との相対価格に他ならない。その意味で、財・サービス全体の価格を表している「物価水準」とは、フローである

「財・サービス全体」と、ストックである「貨幣」の間の相対価格に他ならない。物価が上がるということは、集計された財・サービスのバスケット一つと交換できる貨幣の総量として定義される、「財・サービスと貨幣の間の相対価格」が上昇することを意味している。この場合、結果として、バスケット一つを購入するために必要な貨幣量が増えるから、財・サービスで測った貨幣の実質価値は低下する。逆に、物価が下がるということは、「財・サービスと貨幣の間の相対価格」が下落することを意味する。この場合、財・サービスで測った貨幣の実質価値は上昇する。物価が変動する場合、重要なのは財・サービスというフローの、ストックの一つである貨幣で測った相対価格が変化することなのである。

13.3.2　一般交換手段としての機能

　貨幣の第二の機能は、**交換手段**あるいは**決済手段**だという点にある。原始時代には、魚一尾と野菜五束を交換するというように、物々交換でモノとモノが交換された。物々交換の問題点は、**欲望の二重の一致**が存在しなければ物々交換が成立しないという点にある。

　いま、魚を持っていて、野菜と交換したいと考えている漁民がいたとしよう。この漁民がある農民と物々交換をするためには、相手の農民が、「野菜を持っていて、それを手放す意思を持っている」という意味で、漁民の「野菜が欲しい」という欲求と動機が一致している農民がいる必要がある。しかしそれだけでは、物々交換は成立しない。野菜を手放す意思を持つ農民はさらに、漁民の「魚を持っていてそれを手放してもよい」という誘因に合致した、「魚が欲しい」という欲求をも合わせ持っている必要がある。このような意味で、漁民と農民の間で、欲望の二重の一致が成立しない場合、物々交換は成立しない。例えばこの農民が、野菜を手放す意思を持っていても、それと交換に欲しいものが魚ではなく塩であれば、取引は成立しない。無理に魚と野菜を交換しても、農民は自分が不要と考えていた野菜の代わりに、やはり自分が不要と考える魚を抱え込んでしまうだけで、自分が本当に欲しいと考えていた塩を得ることができないからである。したがって、物々交換の社会では、欲望の二重の一致が存在する場合にしか、人々は交換に応じようとしないのである。

これに対して、現代の資本主義経済においては、貨幣は**一般交換手段**である。すべての人は、どんなモノでも貨幣となら交換に応じるのである。貨幣が一般交換手段になれば、欲望の二重の一致がなくても、貨幣を通じて交換取引が容易に行われるようになる。

魚を持ち野菜と交換したい漁民が、野菜を持ち塩と交換したい農民と出会った場合でも、漁民は農民から野菜を購入し、代わりに貨幣を支払う。農民は野菜を売って、代わりに喜んで貨幣を受け取る。物々交換ではなく、モノと貨幣を交換するのである。農民が、自分が欲しい塩の代わりに貨幣を受け取るのは、いずれどこかで出会う人が、貨幣で支払いをすれば塩を譲ってくれることを確信しているからである。

つまり、貨幣という一般交換手段を使えば、どんなモノでも購入できる。第12章の12.5.1節で述べたように、貨幣は**購買力**を持っているのである。それがわかっているので、どんなモノを売却する時でも、貨幣という一般交換手段を受け取るインセンティブが生まれる。具体的には、モノやサービスを購入する時には現金で支払ったり、銀行預金の口座に振り込んだりする。売却する時にも、現金を受け取ったり銀行預金に振り込んでもらったりする。場合によっては、クレジットカードや電子マネーを使って支払いをすることもある。クレジットカードの場合には、使用額が銀行預金から引き落とされるし、電子マネーの場合には、現金やクレジットカードを使ってあらかじめチャージする。最終的には、現金や銀行預金が、クレジットカードや電子マネーをサポートしているのである。

このように、貨幣が一般交換手段であり、モノを購入するためには、それに見合う額の現金や銀行預金を持たなければならない。このため経済学では、現金だけでなく、銀行預金も貨幣の一部だと考えるのである。

13.3.3　価値貯蔵手段としての機能

貨幣の第三の機能は、**価値貯蔵手段**だという点にある。貨幣は、それを保有することで、将来のために価値をためておくことができる。千円札を持っていれば、いつでもどんな時でも、1,000円の価値を持つ何らかのモノと交換することができる。おにぎりやハンドバッグは、持ち続けると腐ったり摩耗したり

してしまうが、貨幣はそんなことはない。今日の価値を、明日、明後日、……と将来にわたって、持ち続けることができるのである。

なお、貨幣以外の資産、典型的には債券は、貨幣と同様、価値貯蔵手段という役割を持っているが、価値尺度や交換手段という役割は持っていない。モノの価格は、債券の枚数で測るわけでもないし、債券と交換にモノを買うことはできない。債券とモノを交換したければ、債券をいったん売却して貨幣の形にすることで、その貨幣を使ってモノを購入することが初めて可能になるのである。しかし債券を売却して貨幣にするためには、手数料や時間というコストがかかるし、債券の価格は変動するから、売却した場合いくらの現金が手に入るかわからないという不確実性がある。このように、銀行預金に比べて債券は、貨幣の形に変換することに困難が付きまとう。このことを指して、銀行預金は債券などより**流動性**が高い、ということは、第12章の12.5.1節で説明した。

13.4 総需要曲線と実質資産効果

13.4.1 ポートフォリオ管理と貨幣保有

さて13.3節では、貨幣（現金プラス銀行預金）にどんな機能があるかを考えた。では、人々はどんな理由から貨幣を持つのだろうか。貨幣の持つ二つの機能、一般交換（決済）手段と価値貯蔵手段という機能は、明らかに貨幣を保有したいと人々が考える理由になる。

人々が貨幣を保有しようとする動機の第一は、**取引動機**である。人々はモノやサービス、あるいはほかの資産を購入するために、取引の決済手段である貨幣を持とうとする動機がある。人々が貨幣を保有しようとする理由の一部は、この取引動機に基づいている。

人々が貨幣を保有しようとする動機の第二は、**投機的動機**あるいは**資産保有動機**である。貨幣は価値貯蔵手段であるが、それ以外の資産である債券や不動産、株式なども価値貯蔵手段である。人にとって、自分が所有するすべての価値貯蔵手段を合わせた総額が、その人の保有する資産に他ならない。資産の中で、貨幣は特有の地位を占めている。

例えば、資産として株式を所有している場合、所有者は株式所有によって、半年ごとに配当を得るだけでなく、株式を売却すれば値上がり益や値下がり

損、つまり**譲渡益**（譲渡損）を得る。つまり、株式から得られる収益（**リターン**）は配当と譲渡益であり、平均してみれば株式はそれなりに高い収益を生み出すだろう。しかし、値上がり益や値下がり損は、購入時と売却時の株価の差額であり、売却時の株価が高ければ大きな譲渡益を得ることができるが、株価が低ければ多額の譲渡損をこうむることになりかねない。このように、株式保有から得られる収益は平均すれば大きいものの、得られる収益には大きな**リスク**が付きまとっている。このため、株式は**ハイリスク・ハイリターン**の金融商品であり、**危険資産**とも呼ばれる。不動産や債券も、譲渡益がその収益の大きな部分を占めるから、貨幣に比べればハイリスク・ハイリターンの金融商品であり、危険資産である。

　これに対して貨幣は、それが価値貯蔵手段であるだけでなく、価値尺度でもあるために、少なくとも名目価値で考えればリスクはない。100万円の貨幣を保有していれば、5年たっても10年たってもその名目価値は100万円のままである。その意味で、資産としての貨幣は、収益はゼロだがリスクも低いという意味で、**ローリスク・ローリターン**の金融商品であり、しばしば**安全資産**と呼ばれる。

　人々が、自分が持っている資産総額を、どのような資産にどれだけ配分するかという資産構成のあり方を**ポートフォリオ**と呼び、適切なポートフォリオを持つことを**ポートフォリオ管理**と呼ぶ。あまりにハイリスク・ハイリターンの金融商品に偏重したポートフォリオを持つことは、うまくいった時にはよいが、失敗した時の傷があまりにも大きい。他方、あまりに安全資産に偏重したポートフォリオでは、リスクは少ないものの収益を得ることができない。したがって、多くの人は危険資産と安全資産を適切な割合で組み合わせたポートフォリオを持つことになる。

　このように、人々は取引動機に基づいて、またポートフォリオ管理の結果として資産保有動機に基づいて、総資産のかなりの割合を貨幣（現金プラス銀行預金）の形で保有する。

13.4.2　物価の変動と実質資産効果

　さてすでに述べたように、実質総需要の大きな割合を占めている消費は、所

得だけに依存するわけではない。確かに、フローである所得が大きくなればなるほど、フローである消費も大きくなる。しかし、ストックである総資産が増えれば、フローである消費も大きくなるだろう。いままで、1千万円の資産しかなかった人が、ある日突然、見知らぬ親戚から5千万円の遺産を相続するといったことがあれば、当然その人の生活スタイルはリッチになり、その人の消費が大きく増えるだろう。このような、総資産が増えることが消費を増やす効果を、「資産効果」と呼ぶのだった。

資産効果が生まれるのは、見知らぬ親戚から遺産を相続する場合に限らない。資産効果が大きな役割を果たすのは、物価が下がった場合である。いま、資産のうち、1000万円を貨幣（現金プラス銀行預金）の形で持っている、高齢者のカップルを考えてみよう。彼らは、毎月一回レストランに行って、二人合わせて2万円の食事を楽しんでいるとしよう。今後二十年間、この楽しみを続けても、彼らの出費総額は480万円程度だから、持っている貨幣（現金プラス預金）を使えば、この程度の楽しみは十分に賄える。

さてこの時、物価が半分になったとしてみよう。レストランの食事が半額になるから、カップルの毎月の出費は2万円から1万円に、二十年間かけてもこの楽しみにかかる出費は480万円から240万円に下落する。今まで予定していた額に比べれば、240万円分追加出費ができる余裕ができるわけだから、カップルは食事の回数を増やしたり、車を買い替えたりと、消費を増やそうとするだろう。

このように、食料品や衣料品といった、フローの価格である物価が下がることで、価値尺度である貨幣の保有量の実質的な価値が高まり、結果として一種の資産効果が生まれる。フローの価格である物価水準の下落が生み出す、ストックであるこの貨幣の実質的な価値の変化を通じた資産効果を、**実質資産効果**あるいはそれを最初に強調した経済学者の名前をとって**ピグー効果**と呼ぶ。ただし、1990年代末から2010年代初めまで、日本経済はデフレに襲われ、物価水準が継続的に下落した。とはいえ、結果として実質資産効果によって消費が増えることはなく、むしろ総需要が減少して不況が続いた。このように、実質資産効果の大きさはそれほど大きいとは思われない。

図13-1を例にとれば、物価指数が基準年の100から80に低下すれば、実質総

需要は480兆円から484兆円へと増加する。この4兆円の増加分の一部は、物価が低下したことによって貨幣残高の実質価値が増加し、結果として実質総消費が増加する実質資産効果を反映している。この実質資産効果が、マクロの総需要曲線が右下がりである第一の理由である。しかしそれ以外に、もう一つのもっと重要な理由がある。**利子率効果**と呼ばれる効果である。そこで次に、利子率効果を説明しよう。

13.5 利子率効果

13.5.1 物価の変化と取引需要の変化

　物価水準が下落すると、財・サービスを取引する際の名目取引額も下落する。例えば、物価指数が100から80へと2割下落する一方、実質の経済活動を表す実質GDPが変化しなければ、名目取引額も2割減少するだろう。結果として、名目取引を決済する際に必要な貨幣の保有量、つまり貨幣の取引需要も2割減少する。日々の取引のために保有している貨幣（現金プラス預金）の必要量が減少するのだから、その分だけ、人々には余裕資金が生まれる。この余裕資金は、その分だけポートフォリオとして運用可能な資産総額を増加させる。適切なポートフォリオ管理のためには、この余裕資金の全額を、貨幣の形でつまり安全資産として保有することには問題がある。適切なポートフォリオは、安全資産と危険資産を適当な割合で持つことが適切だからである。

　このため、物価水準が下落して貨幣の取引需要が減少すると、その分だけ増加した余裕資金の一部は、貨幣という安全資産から債券などの危険資産に振り替えられる。結果として、現金を使って債券を購入しようという動きが生まれることになる。このような動きは、債券に対する需要を増加させ、債券価格を上昇させるだろう。

　ところで第12章の12.3節で説明したように、債券とは、例えば「1年後に110万円をお返しします」というような借金証書に他ならない。もしこの借用証書をいまの時点で100万円の価格で売ることができれば、借用証書の売り主は、1年後に110万円を返す代わりに、いまの時点で100万円を手にできる。つまり、売り主は、いま100万円を借りて、1年後に110万円を返す約束をしたこ

とに他ならない。借金に対する返済額の比率は $\frac{110}{100} = 1.1$ だから、この借金の利子率は10％だということになる。

　ここで物価水準が下落して貨幣（現金プラス銀行預金）の取引需要が減少し、貨幣の所有者たちが生まれた余裕資金を債券需要に振り向ければ、上記の借金証書の価格は、100万円から例えば105万円に上昇するだろう。同じ1年後の110万円の返済に対して、いま、得られる資金は100万円から105万円へと上昇するわけである。結果として、借金に対する返済額の比率は $\frac{110}{105} = 1.0476\cdots$ だから、利子率は10％から4.76…％へと低下する。

13.5.2　物価水準の変化とそれがもたらす利子率効果

　物価が下落して利子率が5％から4.76…％に低下すれば、第12章の12.2節で説明したように、利子率に比べて内部収益率が低すぎて実行されなかった投資プロジェクトのうち、内部収益率が4.76…％以上5％未満の投資プロジェクトが新たに実行されることになる。結果として、物価水準が下落すれば、上記のプロセスを通じて利子率が低下し、それに伴って実行される実質総投資が増え、経済の総需要が増加する。このようなプロセスを通じて、物価下落が実質総需要を増加させる効果を**利子率効果**と呼ぶ。図13-1で物価水準が100から80へと下落した時に、実質GDPが480兆円から484兆円へと増加しているのは、一部は実質資産効果のためかもしれないが、残りは利子率効果のためだというわけである。このように、総需要曲線は、実質資産効果と利子率効果を反映して、右下がりの曲線として表される。これら二つの効果のうち、実質資産効果の大きさは小さく、普通の状況では総需要曲線が右下がりなのは、主に利子率効果のためだと考えられている。

　物価が下落する代わりに上昇すれば、上記と全く逆の効果が生まれる。つまり、物価が上昇することで、経済における名目取引額が増加し、それだけ貨幣の取引需要が増加する。取引需要に基づいた貨幣保有を作り出すために、家計は資産の貨幣保有を増大する必要に迫られるが、最適ポートフォリオを維持するためには、家計は危険資産の一部を売却し、安全資産である貨幣保有を増や

そうというインセンティブを持つことになる。危険資産である債券の売却は、債券価格の下落につながり、それは利子率の上昇につながるから、経済の総投資は減少し、実質 GDP は減少することになる。これが、物価が上昇した時に、利子率効果によって起こる実質総需要の減少の過程の説明に他ならない。

13.6　集計的総需要曲線のシフト

13.6.1　財政政策と総需要曲線のシフト

さて集計的総需要曲線は、経済に何らかの変化が起これば、シフトする。その最も重要な原因は、財政政策や金融政策などの経済政策である。まず、政府が国防費を増額することにし、毎年9兆円の追加財政支出を永続的に行うことを決めたとしてみよう。この時、総需要曲線はどのようにシフトするだろうか。このことを、図13-1と第11章の有効需要の原理の解説に従って説明してみよう。

第11章で説明したように、物価水準が100のままで一定で、有効需要の原理に従って、総需要の水準によって実現する GDP が決定されると考えてみる。いま、物価水準が100で、総需要 = 総消費 + 総投資 + 財政支出が480兆円だったとする。図13-1の A 点である。ここで、毎年9兆円の財政支出が永続的に追加されたとしてみよう。毎年9兆円の永続的な財政支出増は、第11章の11.2節で説明した乗数過程を経て、最終的には9兆円という財政支出増の乗数倍、つまり $\frac{9兆}{1-0.7} = \frac{9兆}{0.3} = 30$ 兆円の毎年の需要増を永続的に生み出す。財政政策変更前の総需要480兆円に加えて、新たな追加需要30兆円が、財政支出増とそれによって乗数過程で生み出された追加消費需要増（つまり、波及需要）の和として生み出されるのである。結果として、新たな総需要は510兆円に増加する。図13-1の C 点である。物価水準とそれに対応する総需要の組み合わせは、図13-1の A 点から C 点へと移動するわけである。

物価水準が100ではなく80ならば、財政政策変更前の総需要は、図13-1の B 点にあるように484兆円だが、9兆円の財政支出増が行われれば、やはり同じ乗数過程を経て、波及需要を含めた総需要は、30兆円だけ増加する。結果として物価水準が80の場合の新しい総需要は、514兆円になる。図13-1でいえ

ば、D 点に移動するのである。ほかの物価水準でも同じことが起こるから、集計的総需要曲線は、右方に30兆円だけシフトすることになる。

もし、財政支出増のような財政刺激政策ではなく、増税や財政支出削減のような緊縮財政政策が採用される場合には、集計的総需要曲線は左方にシフトする。増税であれば、可処分所得が減少し、それが消費の減少を引き起こす。乗数過程を通じたさらなる波及需要の減少が、総需要曲線の左方シフトにつながる。財政支出削減は、財政支出増と正反対の効果を生むから、これも総需要曲線を左方シフトさせることが明らかだろう。

13.6.2 金融政策と総需要曲線のシフト

財政刺激と同様、金融政策による総需要喚起政策も、集計的総需要曲線を右方にシフトさせる。このことは、財政政策の場合と同様、物価水準を一定とした場合の超短期に、金融緩和政策が総投資を増加させることを考えれば、明らかだろう。

このことをもう一度、以下に簡単に説明しておこう。いま、物価水準が100に固定されている超短期を考える。日本銀行が公開市場操作で国債の買いオペレーションを行う。結果として、国債に対する需要が増え、国債価格が上昇する。国債価格の上昇は利子率の低下を意味するから、民間の投資需要が刺激され、それだけ総需要が増大する。この総需要の増加は、第11章の11.3節で説明したように、乗数過程を通じて消費需要の増加という形での波及効果を生み出し、最終的に、生まれた投資需要増加額の乗数倍だけの集計的総需要の増加を生み出す。

このことは、次のように言い換えることもできる。いま、日本銀行が、国債の買いオペレーションを行うと、民間部門から日本銀行が国債を買い上げ、代わりに貨幣を供給することになる。買いオペレーション操作とは、日本銀行が民間部門から国債を購入することで、代わりに民間部門が持つ貨幣量を増加させる政策なのである。結果として、民間部門が持つ国債保有量が減少し、貨幣の保有量が増加する。ポートフォリオ管理の立場からは、このようなポートフォリオの変化を正当化するためには、貨幣に比べて国債保有の魅力が薄れて、国債の保有割合を減少させようというインセンティブが、民間部門に発生しな

ければならない。貨幣保有では得られないが、国債を保有していれば得られる利子率が下落すれば、貨幣保有に比べた国債保有の魅力が低下し、新しいポートフォリオ割合が正当化される。これが、日本銀行が行う国債の買いオペレーションが、利子率の低下とそれに伴う投資需要の増加を生み出すメカニズムだといってもよい。

いずれにせよ、このような集計的総需要の増加は、ほかの物価水準でも起こるから、金融緩和政策は集計的総需要曲線の右方シフトを生み出すことになる。もちろん、日本銀行が買いオペレーションではなく、売りオペレーションを行って国債の供給を増加させれば、国債の価格は低下、利子率は上昇し、民間投資需要は減少するから、総需要は減少する。結果として、総需要曲線は、左方にシフトすることになる。

13.7 ゼロ金利制約と総需要曲線

13.7.1 ゼロ金利制約と利子率効果

さて、すでに説明したように、集計的総需要曲線が右下がりになるのは、実質資産効果と利子率効果のためである。これら二つの効果の中で、実質資産効果は、あまり大きな効果を生まないと考えられている。言い換えれば、総需要曲線が右下がりになるのは、主に利子率効果のためだと考えられている。そこで以下では、実質資産効果は存在せず、総需要曲線が右下がりになるのはすべて利子率効果のためであると考えて、総需要曲線とゼロ金利制約の関係について説明しよう。

すでに説明したように、利子率効果とは、物価水準が下落すると利子率が低下して投資需要が増加する効果である。もう少し丁寧な説明をすれば、物価水準の下落に伴って名目取引額が減少するために、貨幣の取引需要が減少し、家計が所有する貨幣は投機需要に振り向けられる。しかしそれでは、資産ポートフォリオに占める貨幣が増えすぎるために、家計は債券所有を増やそうと、貨幣を処分して債券を購入しようとする。結果として債券需要が増加し、債券価格が上昇する結果、利子率が低下するというのが、そのロジックだった。

ところで、第12章の12.5節で説明したように、名目利子率はゼロ未満には下がらないという**ゼロ金利制約**が存在する。しかし、本章の13.6.2節で説明した

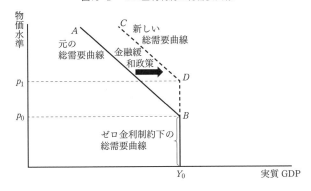

図13-2 ゼロ金利制約と総需要曲線

ように、(新たな金融政策が発動されず)名目貨幣量が一定のままで、物価水準が下落すると利子率が低下する。これが利子率効果を生み出し、総需要が増大するというロジックが、総需要曲線が右下がりになることの背景にあった。

しかし、物価水準が低下し利子率が低下していくと、いずれはゼロ金利制約にぶつかり、利子率効果が働かなくなる。この与えられた名目貨幣量の下で、ゼロ金利制約にぶつかる物価水準を p_0 としよう。この時、物価水準が p_0 より高ければ利子率効果が存在するために右下がりだが、物価水準が p_0 を下回れば利子率効果は働かなくなるので、総需要曲線は実質GDPが Y_0 になった水準で垂直になってしまう。このことを表したのが、**図13-2**である。太い折れ線で表された総需要曲線 ABY_0 が、物価水準が p_0 の水準で折れ曲がっているのは、上記の説明から明らかだろう。また、物価水準が p_0 以下の垂直な部分が、ゼロ金利制約に直面している総需要曲線を表している。

13.7.2 ゼロ金利制約と伝統的金融政策の限界

次に、日本銀行が公開市場操作という伝統的金融政策を行って金融緩和政策を行った場合の、総需要曲線のシフトについて、もう一度考えてみよう。

いま、総需要曲線が図13-2の折れ線 ABY_0 であったとして、ここで日本銀行が買いオペレーションという公開市場操作を行い、民間部門から国債を購入し、民間部門に追加的な貨幣量を供給した場合を考えてみよう。ゼロ金利制約に直面していない場合には、このような伝統的金融緩和政策による景気刺激政策

は、利子率を低下させ、投資を刺激して総需要を増加させるため、総需要曲線を線分 AB から線分 CD へと右上方にシフトさせる。しかし、ゼロ金利制約が存在する場合には、利子率がこれ以上低下しないため、総需要は Y_0 の水準で一定であり、総需要曲線はシフトしない。

次に物価水準が p_1 で、利子率が低いがゼロより大きい場合を考えてみよう。このとき、日本銀行が買いオペレーションを使って金融緩和政策を行うと、何が起こるだろうか。買いオペによって民間の国債保有が減少し、貨幣保有が増加するため、物価水準が一定でも、この伝統的金融緩和政策によって利子率が低下し、ゼロになってしまうだろう。このため、政策実施以前には、ゼロ金利制約を伴わなかった物価水準 p_1 でも、政策実施後にはゼロ金利制約に直面することになる。結果として、総需要曲線のうち、ゼロ金利制約に直面する部分は、線分 BY_0 から線分 DY_0 へと拡大することになる。

このように、伝統的金融緩和政策の効果は、総需要曲線を、図の折れ線 ABY_0 から、もう一つの折れ線 CDY_0 へとシフトさせることがわかる。明らかに、すでにゼロ金利制約に直面している場合、伝統的金融緩和政策は、総需要曲線をシフトさせることはできず、景気刺激政策としては無力になってしまう。これが、21世紀に入ってから日本や欧米先進国において、金融政策が大きな議論の対象となり、伝統的金融政策とは異なる様々な金融政策が試されてきた理由なのである。これらの、伝統的金融政策とは異なる様々な金融政策の手法は、**非伝統的金融政策**と呼ばれている。ただ、その内容を説明することは本書のレベルを超えるので、関心のある読者は非伝統的金融政策を扱った専門書をひもといてほしい。

第14章

労働市場と集計的総供給曲線

14.1 財・サービスの生産と生産関数

14.1.1 財・サービスの生産と供給

　第13章では、財・サービスの総需要曲線を考え、それが物価水準の右下がりの曲線になることを説明した。では、財・サービスの**集計的総供給曲線**はどのようになるのだろうか。本章ではこのことを考えてみる。財・サービスの生産や供給を決めるのは、民間企業である。したがって、財・サービスの総供給を考えるためには、まず、企業の行動を考えてみる必要がある。

　企業とは、様々な投入物を使って生産物を作り、生産物から生まれる収入と投入物の購入に必要な費用の差額である**利潤**を、できるだけ多くしようとする社会組織である。ここで**投入物**とは、労働者の提供する労働力、所有している工場・機械など（工場や機械は一括して**資本**と呼ばれる）、電力や原材料などの他の企業が作った中間生産物などである。例えば自動車組み立て会社をとってみれば、この会社の生産物は自動車であり、従業員の労働力、工場という建物や工場の中にある機械設備の複合体（つまり資本設備）を使って、自動車を構成する様々な部品を組み立てて、生産物である自動車を生産する。ここで、労働力、資本設備、部品などが、自動車生産に必要な投入物である。

　ところで、第9章で述べたように、マクロ経済学では生産される財・サービスとして、集計された最終財・サービスの総量を考える。一つの経済で生産される最終財・サービスの総量とは、実はその経済で生産される付加価値の総実質額としても定義できた。上記の自動車組み立て会社の例を使えば、この会社

が作っている付加価値の総実質額とは、生産物である自動車の販売総額から、自動車生産に使った自動車部品などの、様々な中間生産物の投入総額を差し引いた額の実質額である。こう考えれば、日本経済のような一つの経済は、経済全体が雇用している労働力と、経済が保有している工場や機械設備といった物的資本を使って、付加価値の総実質額であるGDPを生産しているのだと考えることができる。

14.1.2　付加価値を決定する要因

このとき、その経済が全体として生み出す付加価値の総実質額は、大きく分けて四つの要因によって決まると考えられる。

第一は、その経済が全体として何人の労働者を雇用しており、彼らが全体として何時間働いているかを表す「延べ総労働時間数」である。この延べ時間数(L)のことを、以下では**労働雇用量**と呼ぶ。労働雇用量が増えれば増えるほど、経済の生産する**生産量**は増えるから、この経済の生み出す付加価値の実質額(国内総生産あるいは実質GDP：Y)は増えるだろう。この労働雇用量(L)とそれに対応する生産量である付加価値の総実質額(Y)の関係を、**生産関数**と呼び、そのグラフは**図14-1**のように表される。

生産関数を、$Y = F(L)$ と表そう。ここで、生産される付加価値の実質額(あるいは最終生産物の総量)Yは、労働雇用量Lによって決定されるから、労働雇用量(L)が説明変数(独立変数)で、実質GDP(最終生産物の総量：Y)が被説明変数(従属変数)である。図14-1に示したように、労働雇用量がL_1になれば生産される実質GDPは$Y_1 = F(L_1)$になり、雇用量がL_fになれば生産される実質GDPは$Y_f = F(L_f)$に、雇用量がL_2になれば実質GDPは$Y_2 = F(L_2)$になる。

何らかの付加価値を生み出すためには、どうしてもいくらかの労働力を投入する必要があり、労働雇用量がゼロならば、生み出される付加価値の実質額(国内総生産あるいは実質GDP)はゼロだろう。したがって、生産関数は$F(0) = 0$という条件を満たさなければならない。生産関数のグラフが原点から出発しているのは、そのためである。また、労働雇用量が増えれば増えるほど、生産量は増えるだろうから、生産関数のグラフは右上がりである。

図14-1 労働雇用量と国内総生産

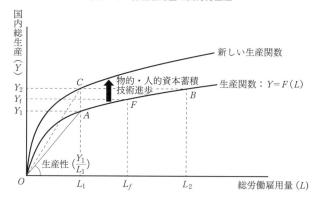

労働雇用量（L_1）が与えられた時、生産関数によって生産量（$Y_1 = F(L_1)$）が、図14-1の A 点のように決まる。このとき、労働雇用一人一時間当たりの生産量（$\frac{Y_1}{L_1}$）のことを、労働の（平均）**生産性**と呼ぶ。図14-1で言えば、三角形 OAL_1 の高さを底辺の長さで割った値が、A 点における労働の生産性を表しており、それをこの三角形の斜辺 OA の**傾き**と呼ぶ。

　その経済が生み出す実質 GDP の大きさを決める第二の要因は、この経済が所有する**物的資本**の総量である。物的資本とは工場設備やロボットなどの機械設備のことであり、経済が保有する物的資本が多ければ多いほど、労働者一人当たりの工場設備やロボットなどの機械の量が増える。結果として、労働者一人一人は一時間当たりで、より多くの財・サービスを生産できるようになり、彼らの生産性は直線 OA の傾きから直線 OC の傾きへと、上昇するだろう。つまり、労働雇用量が同じでも、この経済の保有する資本設備の総量が増えれば増えるほど、この経済の生み出す付加価値の実質額は増える。このことは、図14-1に示したように、生産関数のグラフの上方シフトとして表される。

　第三は、この経済に存在する労働者の**人的資本**の水準である。人的資本とは、労働者の教育や訓練、保有している技能や知識の水準である。労働者の人的資本の水準が高ければ高いほど、生産過程でミスも少なく、より高い品質の、したがってより付加価値の高い生産物の生産が可能になる。結果として、

労働雇用量や資本設備の総量が同じでも、人的資本の水準が高まれば、その経済で生産される付加価値の総実質額は増えるから、図14-1に示したように、生産関数のグラフは上方にシフトする。

　付加価値総額を決定する最後の要因が、その経済が所有する**技術知識**の水準である。技術知識は、時代とともに進歩する。一昔前までの携帯電話とは、大きなカバンに受話器が付いた、持ち運びだけでも大変な代物だった。それが、手のひらに入るサイズの電話機になり、さらに最近では、タッチパネルで操作する超小型のコンピュータに他ならないスマートフォン（スマホ）になっている。このような携帯電話の世代ごとの転換は、技術知識が大きく進歩し、結果として生産される携帯電話が、以前とは全く異なる商品といってよいくらい進歩したことを反映している。このように、経済が持っている技術知識が進歩すれば、生産される生産物の量や品質、あるいは付加価値の実質額が大きく増加し、生産関数のグラフは上方にシフトする。

14.1.3　生産量を決定する四つの要因

　このように、一国が生み出す実質的な付加価値額、つまり最終財・サービスの生産量は、労働雇用量、物的資本の総量、人的資本の水準、技術知識の水準の四つの要因によって決定される。言い換えれば、これら四つの要因が決まれば、生産される最終財・サービスの総量が決定されることになる。

　ところで、労働投入量の場合、短期間の間に正社員の数を増やすのは、新卒社員を一時期に大量に雇用することが必要で、容易ではない。しかし、パートの従業員や派遣の従業員を大幅に増やすのは比較的簡単にできるし、正規・非正規にかかわらず、残業などの時間外労働を増やすことで、労働投入量を増やすことは、短い期間の間でも容易にできる。

　これに対して、物的資本である工場や機械設備を増やすことはどうだろうか。半年とか1年といった一定期間内での新しい工場の建設や機械設備の購入は、フローの投資である。これに対して、生産活動において意味を持つのは、その時点における既存の工場設備や機械設備などの物的資本の総量であり、ストックである。新しい工場を建設したり新しい機械設備を導入したりするためには、それなりの準備期間が必要だし、大量の工場や機械設備を短期間に建

設・導入することも困難である。したがって、資本を増やすことによって企業部門の生産物である最終財・サービスの総量を目に見えて増やすためには、ある程度の時間が必要だと考えられる。特に、一国全体の生産活動において、資本設備の量の変化が大きな意味を持つようになるためにはかなりの時間が必要だと考えられる。

　人的資本の水準や技術知識の水準も同様であり、平均的労働者の教育水準や技能を向上させ、あるいは経済全体が所有する技術知識の水準が目に見えて上昇して、結果として、同じ労働雇用量と物的資本の水準でも生産される最終財・サービスの総量が増加するためには、かなりの時間が必要だろう。

　これに対して本書における時間的視野は、長期でも5年程度である。そこで以下では、このような短い期間では、物的資本量や人的資本量、あるいは技術知識の水準は変化せず、最終財・サービスの生産量に影響を与えないと考える。言い換えれば、一国経済の財・サービスの生産量（Y）と労働雇用の総量（L）の間の関係である生産関数は、固定されていてシフトしないと考える。

　念のために付け加えれば、もちろんより長い時間的視野を考える場合、物的資本や人的資本の蓄積、あるいは経済における技術進歩が生産量（GDP）に与える影響は重要な論点になる。このような視点を中心に考えるマクロ経済学の分野は、**経済成長論**と呼ばれる分野であり、本書が考える時間的視野を超えた超長期の視点からは、きわめて重要である。この点に関心のある読者は、経済成長論の教科書などを参照してほしい。

14.2　労働市場とその均衡

14.2.1　労働市場と賃金

　以上を踏まえると、財・サービスの総供給（総生産）を考えるためには、物価水準の変化に伴って、経済における労働雇用の総量がどのように決まるかを考えればよいことになる。労働雇用の総量が決まれば、生産関数によって財・サービスの総生産量つまり付加価値総額が決まるからである。

　その結果として出てくるのが、財・サービスの**集計的総供給曲線**という概念である。物価水準と財・サービスの総供給量（総生産量）との関係を示す、財・サービスの集計的総供給曲線を考えるためには、物価水準の変化に伴っ

て、経済における労働雇用の総量がどのように決まるかを考えればよい。労働雇用の総量が決まれば、生産関数によって財・サービスの総生産量が決まるからである。そこで以下では、経済における労働雇用の総量がどう決まるかを考えるために、労働力の市場を考えることにしよう。

さて、経済全体の労働の雇用量は、企業部門がある量の労働を雇用したいと考えたからといって、それで自動的に雇用量が決まるとは限らない。働く労働者の側が働くことを受け入れなければ、企業の労働需要は現実の労働雇用にはつながらないことも多いからである。このように、労働雇用量は、ほかの財・サービスと同様、市場における需要と供給の綱引きによって決まると考えられる。このような市場を**労働市場**と呼ぶ。労働市場で、労働を需要するのは、労働者を使って財・サービスを生産し、それによって利潤を得ようとする企業部門であり、労働を供給するのは、働くことで賃金や報酬を獲得し、それを使って消費や貯蓄を行おうとする家計部門だと考えられる。また、労働市場で取引されるのは労働サービスであり、労働サービスには、対価として賃金や報酬が支払われる。以下では、この対価を一括して（名目）**賃金**と呼ぶ。労働者一人一時間の労働に対して支払われる報酬の金額である。労働需要や労働供給は、賃金水準や物価水準に依存して変化する。そこで、次に労働需要曲線と労働供給曲線を考えよう。

14.2.2　企業行動と労働需要

それでは、企業部門の労働需要量は、どのようにして決まるだろうか。すでに述べたように、企業は利潤を最大化することを目的として行動する。利潤とは、企業の生産物販売がもたらす総収入から、総費用を差し引いた額に他ならない。ここで総費用とは、原材料や部品の購入額、雇用している労働者への給与支払い、資本設備や土地などの物的資本の使用料などの総和である。つまり、

$$\text{利潤} = \text{総収入} - \text{原材料・部品購入額} - \text{給与総額} - \text{物的資本使用料} \quad (1)$$

と表される。ところで、企業の生み出す付加価値総額とは、企業の生産物がもたらす総収入から、原材料や部品の購入額の総和を差し引いた額だったから、

$$\text{付加価値} = \text{総収入} - \text{原材料・部品購入額}$$

と表すことができ、(1)式は、

　　利潤　＝　付加価値総額－給与総額－物的資本使用料　　　　　　　　　(2)

と書き換えることができる。

　さて経済全体で考えると、[付加価値の総額]とは、最終財・サービスの生産総額に他ならないから、それは[財・サービスの価格]×[最終財・サービスの生産量]、あるいは[物価水準]×[最終財・サービスの生産量]と表すことができる。少し抽象的な表現方法を使えば、最終財・サービスの生産量は Y と表すことができるし、物価水準は P と表すことになっていたから、付加価値の総額は、$P \times Y$ と表せる。他方、給与総額は、労働雇用量 (L) に雇用一時間当たりの平均給与つまり**名目賃金**水準 (W) をかけたものだから、$W \times L$ と表せる。最後に、物的資本の使用料を $\overline{R}$ と表せば、上の(2)式は、次のように書き換えられる。

　　利潤　＝　$P \times Y - W \times L - \overline{R}$　　　　　　　　　　　　　　　　(3)

　また本書の考える時間的視野の間では、物的資本の投入量は一定だと考えるから、物的資本の使用料 ($\overline{R}$) も一定である。つまり(3)式で、物的資本の使用料 ($\overline{R}$) は、企業部門がどんな労働雇用量を選んでも、その総額が変化しない固定費用である。したがって、企業は(4)式の両辺に $\overline{R}$ を加えることで得られる、

　　利潤＋$\overline{R}$（＝生産者余剰）＝ $P \times Y - W \times L$　　　　　　　　　　(4)

の値を最大化するように、労働需要を決定すると考えた方がわかりやすい。なお、厳密にいえば、利潤と、「利潤＋$\overline{R}$」あるいは「利潤＋固定費用」は異なる概念を表しており、後者は第5章の5.2.5節で説明したように、生産者余剰に等しいが、それでは説明がわかりにくくなる。そこで以下では、(4)式の右辺が、企業部門の利潤を表しているとして、説明を続けることにしよう。

　ところで、最終財・サービスの生産量とは実質国内総生産 (Y) に他ならず、それがどう労働雇用量 (L) によって決定されるかは、生産関数によって、$Y = F(L)$ という形で決まっていた。こう考えれば、(4)式はさらに、

　　利潤　＝　$P \times F(L) - W \times L$　　　　　　　　　　　　　　　　　　(5)

と書き換えられる。

説明をさらにわかりやすくするために、以下では、企業部門を構成する各企業が直面する生産物の市場と労働力の市場が完全競争だとして説明を続けよう。この場合、各企業は生産物の価格と労働力の価格である賃金を、与えられたものとして行動するはずである。(5)式の場合、生産物の価格とは物価水準 P であり、賃金は名目賃金水準 W だから、P と W は企業にとって与えられており、自分では動かせない値である。言い換えれば、(5)式で各企業が選べるのは、労働雇用量 (L) だけである。したがって、経済全体で企業部門は、与えられた物価水準 P と名目賃金 W の下で、(5)式で定義される利潤を最大化するように、労働雇用量 (L) を選ぼうとする。この、利潤を最大化するために、企業部門が選ぼうとする労働雇用量 (L) こそが**労働需要**に他ならない。労働需要は、物価水準 P と名目賃金 W に依存するのである。

14.2.3 労働需要と実質賃金

さて名目賃金が低ければ低いほど、労働者をより安い賃金で雇うことができ、それだけ費用を節約できる。結果として、企業は、雇用を増やして生産量を増やすことで、利潤を増やすことができるだろう。この意味で、労働需要は名目賃金に依存し、名目賃金が低いほど労働需要が増えると考えがちである。しかしこの説明は、生産物の価格である物価が一定であることを暗黙の裡に仮定している。(4)式からわかるように、利潤は名目賃金 (W) だけでなく、生産物の価格である物価水準 (P) にも依存している。名目賃金が低くても、労働力が作り出す生産物の価格が低ければ、企業にとって生産を増やすことの魅力は少ないのである。

このことを考えるために、与えられた物価水準 (P) と名目賃金 (W) の下で、企業が雇用したいと考える労働需要が L_f だとしてみよう。つまり、他のどんな雇用量 L に比べても、雇用量が L_f の時に得られる利潤が大きい、というわけである。さて、次に、物価水準が P の2倍の P' に、名目賃金が W の2倍の W' になったとしてみよう。この時、どんな雇用量 L をとっても、生産物から得られる収入は元の2倍に、労働雇用にかかる費用も元の2倍になるから、利潤も元の2倍になる。そうならば、元の物価と賃金の下で利潤を最大化していた雇用量 L_f が、物価と賃金が2倍になった後でも、利潤を最大化す

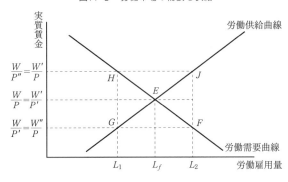

図14-2 労働市場の需要と供給

る雇用量になるはずである。つまり、企業の労働需要は、物価と名目賃金の絶対水準には依存せず、名目賃金（W）と物価水準（P）の相対的な比率 $\dfrac{W}{P}$（$=\dfrac{W'}{P'}$）、つまり、生産物の価格である物価水準に比べた、名目賃金の実質的な値に依存していることになる。この相対的な比率 $\dfrac{W}{P}$ や $\dfrac{W'}{P'}$ のことを**実質賃金**と呼ぶ。

では、実質賃金が変化すると、労働需要はどう変化するだろうか。このことを考えるために、いま物価水準（P）と名目賃金（W）、したがって実質賃金 $\dfrac{W}{P}$ が与えられており、その下で、企業が雇用したいと考える労働需要が L_f だとしよう。横軸に労働雇用量、縦軸に実質賃金をとった**図14-2**では、E 点がその状況に他ならない。さてここで、名目賃金（W）はそのままで、物価水準つまり生産物の価格が、P から P' に2倍になったとしよう。実質賃金は $\dfrac{W}{P}$ から $\dfrac{W}{P'}$ という半分の水準に下落する。このとき、労働者に支払わなければならない名目賃金は変わらないのに、生産物から得られる収入は2倍になるわけだから、企業は、以前より儲かるようになり、生産を増やしたいと考えるだろう。生産を増やすためには、労働雇用を増やさなければならない。結果として、労働雇用は L_f から L_2 へと増加する。図14-2では、労働需要は E 点か

らF点へと移動するわけである。同じことは、物価水準（P）がそのままで、名目賃金（W）がW''という半分の水準になった場合も同様である。生産物の価格は変わらないのに、労働雇用の費用が半分になるのだから、企業の経営環境は改善し、生産を増やし、雇用を増加させたいと思うだろう。結果として、労働雇用はL_fからL_2へと増加する。

逆に、名目賃金はWのままで、物価水準がPから半分のP''に下落すれば、実質賃金は$\frac{W}{P''}$という2倍の水準に上昇する。労働者に支払わなければならない賃金は変わらないのに、雇用が生み出す生産物の価格が下落したのだから、企業は儲からなくなる。企業は、雇用をL_fからL_1に削減して、生産量を減らそうというインセンティブが生まれる。結果として、労働需要と実質賃金の組み合わせは、図のE点からH点へと移動することになる。物価水準がPのままで、名目賃金がWから2倍のW'に倍増した場合も、同じことである。生産物の価格は変わらないから収入は変わらないが、名目賃金が倍増したために、雇用にかかる費用も倍増する。このような経営環境の悪化を目にして、経営者は雇用をL_fからL_1に削減して生産量を減らそうとするだろう。結果として、労働需要はE点からH点へと移動することになる。

このように、名目賃金が変わらずに物価が下がれば、実質賃金は上昇し労働需要は減少するし、名目賃金が変わらずに物価が上がれば、実質賃金は下落し労働需要は増加する。逆に、このため**労働需要曲線**は、図14-2に示したHEFのような右下がりの曲線として表される。

また、この節の冒頭に見たように、物価水準（P）と名目賃金（W）が共に2倍になり、物価水準がP'、名目賃金がW'になっても、労働需要はL_fで変わらないから、労働需要の状態はE点にとどまる。労働需要は、名目賃金と物価水準の比率である実質賃金に依存するのであり、名目賃金と物価水準の両方がちょうど同じ割合だけ上昇しても（あるいは両方がちょうど同じ割合だけ下落しても）、労働需要に変化は生じないのである。

14.2.4　家計行動と労働供給

ではもう一方の労働供給は、どのように決まるのだろうか。労働力を提供し

ているのは、家計部門である。人はふつう、働くことを苦痛と感じ、働くより、映画を見たりスポーツをしたりして、余暇を楽しむことを好む。それにもかかわらず家計が労働サービスを供給するのは、労働を供給して賃金所得を獲得し、その所得を使って財・サービスの消費を行い、残額を貯蓄に充てて、その貯蓄を使って将来の消費を賄おうとするからである。1時間の労働に耐えることで得られる名目賃金を使って消費できる消費財の量は、名目賃金と物価水準の比率である実質賃金 $\frac{W}{P}$ に依存する。いま、名目賃金（W）と物価水準（P）が与えられているとき、つまり実質賃金が $\frac{W}{P}$ のときに、家計が供給する労働サービスの総量が L_f だったとしよう。図14-2の E 点がそれにあたる。

さて、物価水準（P）が変わらずに、名目賃金（W）が W' へと2倍の水準まで上昇したとしよう。実質賃金が $\frac{W'}{P}$ に2倍に上昇したというわけである。物価水準は変わらないのに名目賃金が上昇したのだから、同じ時間苦労して働くことで得られる所得（W'）が増加し、それを使って購入できる消費財の量や貯蓄の額が増加する。いわば、苦労して働くことの価値が高まったというわけである。この場合、多くの家計が、残業時間を増やしたり、今まで働いていなかった主婦（主夫）が新たに働きに出ようとしたりするだろう。結果として、家計の供給する労働サービスの総量は L_2 へと増加するだろう。図14-2で言えば、労働供給は E 点から J 点へと移動することになる。同じことは、名目賃金（W）が変わらずに物価水準（P）が P'' という半分の水準に下落した時も、同様である。同じ時間苦労して働くことで得られる所得（W）を使って、購入できる消費財の量が増加するからである。

逆に、物価水準（P）が変わらずに、名目賃金が W から W'' という半額に下落したとしよう。実質賃金が $\frac{W''}{P}$ という半分の水準に下落したわけである。この場合、物価水準が変わらないのに名目賃金が下落したのだから、苦労して働くことの価値が低下したことになる。結果として、家計は労働供給を減らすだろうから、家計の供給する労働サービスの総量は L_1 へと減少する。図14-2で、労働供給が E 点から G 点に移動することになる。

このように、家計の**労働供給曲線**は図14-2に示したように、実質賃金が上昇すれば労働供給が増加し、実質賃金が下落すれば労働供給が減少する、右上がりの曲線として表すことができる。ここで、実質賃金が変化する理由には、物価水準が一定で名目賃金が変化する場合もあれば、名目賃金は一定で物価水準が変化する場合もあることに注意しよう。

14.3 労働市場の均衡と長期総供給曲線

14.3.1 長期の労働市場の均衡

では、労働市場ではどんな均衡が生まれるだろうか。まず、名目賃金が伸縮的である長期の場合を考えて、労働市場の均衡を説明しよう。いま、図14-2に戻って、物価水準がP'、名目賃金がWだったとしてみよう。実質賃金はこれら二つの比率である$\frac{W}{P'}$になるから、労働需要量はL_2、労働供給量はL_1になる。結果として労働市場にはL_2-L_1だけの超過需要が生まれている。このとき企業部門は、超過需要に見合うだけの労働需要を雇用することができないから、名目賃金を上げてでも他の企業から労働者を引き抜こうとする。長期には名目賃金が伸縮的であり、このような行為は容易にできるから、結果として名目賃金は上昇する。この名目賃金の上昇は、労働市場における超過需要がなくなるまで続くだろう。最終的に、名目賃金がW'に上昇して実質賃金が$\frac{W'}{P'}$になり、図の$\frac{W}{P}(=\frac{W'}{P'})$の水準と等しくなって初めて、労働市場は図14-2のE点で均衡する。

このように労働市場で調整されるのは名目賃金（W）だが、均衡として決まるのは実質賃金（$\frac{W}{P}$）である。このため、名目賃金が自由に変動する長期の場合、物価水準がPなら労働市場を均衡させる名目賃金は、実質賃金を$\frac{W}{P}$にさせるWだが、物価水準が$P'=2P$になれば労働市場を均衡させる名目賃金は、実質賃金を$\frac{W}{P}=\frac{2W}{2P}$にさせる$W'=2W$になる。このように、物価水準が変化した場合、長期の労働市場を均衡させる名目賃金は、実質賃金の値が

変わらないように、物価水準に比例して変化するのである。結果として、長期には物価水準が変化しても、労働市場の均衡は常にE点になり、労働雇用量はL_fで変化しない。

14.3.2　非自発的失業と摩擦的失業

さて、図14-2において、名目賃金がWで物価水準がPで、実質賃金が$\frac{W}{P}$だとしよう。このとき、労働需要量も労働供給量もL_fで等しく、労働市場はE点で均衡している。労働需要と労働供給が等しいのだから、この実質賃金水準では、企業部門が雇用したいと思う量の労働力が、働きたいと考える家計部門によって供給されており、家計部門で働きたいと思っている労働力に見合うだけの労働需要が、企業部門から生まれている。

さてこのとき、名目賃金がWのままで、物価水準がPからP''という半分の水準に低下したと考えてみよう。この時、実質賃金は$\frac{W}{P''}$という2倍の水準に上昇する。結果として、労働供給はJ点になり、労働需要はH点になるから、労働供給量L_2は労働需要量L_1を上回り、図14-2のL_2-L_1の長さに当たるだけの超過供給が発生する。この量の労働力は、それを提供する家計部門では供給したい（働きたい）と考えているのに、企業部門にはそれに見合う需要（働く場）がなく、結果的に失業してしまうわけである。このような形で失業した労働力は、市場で成立している実質賃金（$\frac{W}{P}$）の下で働きたいと思っているのに、需要が不足して働くことを拒否されていることになる。その意味で、このような失業を**非自発的失業**と呼ぶことがある。

ところで、労働市場で均衡状態であるE点でも、現実の経済では、仕事に就いていない人が存在する。第一に、図14-2においてL_2-L_fの部分の労働力は、E点では雇用されていない。しかしこれらの労働力は、市場で成立している実質賃金水準（$\frac{W}{P}$）では仕事に就く意思がない人であり、この実質賃金水準では働きたくないと思っている人を表している。学生や専業主婦などがその典型であり、彼らは、いわば現状の実質賃金では労働市場に参加する意思

のない人であり、職に就いていないだけでなく、職探しもしていないだろう。このように、職に就いておらず、職探しもしていない人は、失業者とは呼ばないことになっている。

　第二に、図14-2には明示的に表されていないが、労働需要と労働供給が均衡しているE点でも、現実の経済には、失業して職探しをしている人がいる。経済学で定義された労働供給とは、現に雇用されている人と職探しをしている人の合計である。他方、経済学で定義された労働需要とは、現に従業員が働いているポストと、企業が求人を行っているポストの合計である。職探しをしている人の数と求人を行っているポストの数が等しければ、労働需要と労働供給は等しいにもかかわらず、失業して職探しをしている人がいることになる。このようなことが起こる理由の一つは、現実の社会では、ある産業が勃興し別の産業が衰退するからである。新しい技術革新が古い会社を駆逐し、新しい会社が起業される。このようなプロセスを通じて、勤めていた会社が倒産した、リストラされた、あるいは自ら仕事を変えたいと思って離職したなど、様々な理由で仕事がないまま、新しい勤め先を探す人が出てくる。転居や配偶者の転勤などで、今までとは異なる場所で新たな勤め先を探している人もいるだろう。他方では、企業側にもそれに対応して、求人を行っている空きポストが生まれる。労働市場が均衡状態にある場合でも、空きポストの数と等しい数の失業して職探しをしている人が存在するのがふつうである。このような失業を**摩擦的失業**と呼ぶ。

　失業率と呼ばれている概念は、失業者の総数を、仕事をしている就業者と職探しをしている非就業者の総数で割った割合である。どんな場合でも、職探しをしている非就業者の中には、摩擦的失業者が含まれる。失業者が摩擦的失業だけになった状態が、完全雇用の状態であり、その場合の失業率を**自然失業率**と呼ぶ。マクロ経済学では、失業率が自然失業率に等しく、失業しているのが摩擦的失業者だけになった場合を、**完全雇用**と呼ぶ。このように定義された完全雇用の労働雇用量L_fに対応する財・サービスの生産量は、図14-1からY_fになる。このY_fのことを**完全雇用GDP**と呼ぶ。

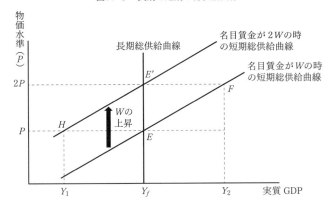

図14-3 長期と短期の総供給曲線

14.3.3 長期の総供給曲線

長期の場合の労働市場の均衡がわかったので、次に長期の総供給曲線を考えてみよう。図14-2で見たように、物価水準が P ならば、実質賃金が労働市場を均衡する水準（$\frac{W}{P}$）になるよう、名目賃金が W に決まる。結果として労働雇用量は L_f になり、図14-1 からわかるように実質国民総生産（実質GDP）は Y_f になる。**図14-3** において、E 点が実現するわけである。ここで、物価水準が P から $P' = 2P$ に上昇すれば、名目賃金が W のままでは実質賃金が $\frac{W}{P'}$ に下落し、労働市場で超過需要が生まれるから、名目賃金が上昇を始める。超過需要が解消されるのは、名目賃金も2倍の $W' = 2W$ になり、実質賃金が $\frac{W'}{P'} = \frac{W}{P}$ に戻るときである。このとき、労働雇用は再び図14-1 の L_f になり、総供給（実質GDP）も Y_f になる。図14-3の E' 点がこの新しい状況を示しており、物価水準が $P' = 2P$ になっても、総供給が Y_f のままであることを示している。

このように、物価水準が変化しても、労働市場で名目賃金がそれに比例して変化する場合には、均衡実質賃金も均衡雇用量も、さらには実質GDPの総供給量も変化しない。このため、名目賃金が伸縮的な長期の集計的な総供給曲線、つまり**長期総供給曲線**は、図14-3に示したように、完全雇用GDPであ

る Y_f の水準で垂直になるのである。第4章で定義した供給曲線の価格弾力性という概念を使えば、長期総供給曲線の価格弾力性はゼロであり、長期総供給曲線は完全に価格非弾力的なのである。

14.4　短期の総供給曲線

14.4.1　名目賃金の硬直性

さて本章の14.3節では、長期で名目賃金が伸縮的な場合の労働市場の均衡を考え、それを基に長期総供給曲線を考えた。では、名目賃金はいつでも伸縮的だろうか。現実の世界では、名目賃金の変更はモノやサービスの価格の変更以上に困難であり、1年から3年程度の間は**名目賃金の硬直性**または**粘着性**があると考えられるべき理由がある。以下、簡潔にその理由を説明しよう。

第一に、給与や賃金の改定は、企業と労働組合との労使交渉で行われることが多く、世の中で失業が大量に発生したからと言って、すぐに賃金引き下げに結び付くわけではない。実際、我が国では、給与や賃金の水準は、毎年春に定期的に企業と労働組合が賃金交渉をする「春闘」を通じて、一年に一度、場合によっては何年間かに一度しか改定されないことが多い。

第二に、労働サービスの内容は、それを提供する従業員の年齢や学歴、就いている職種などによって異なり、多種多様にわたる。マクロ経済学で考える労働サービスは、実際には様々な異質な労働サービスを一つにまとめた概念なのである。この異質性を明示的に考えると、当然、それぞれの従業員の給与や賃金は、年齢や学歴、職種、正規・非正規の差などを反映して、従業員の間でその額が異なるのが普通である。その場合、労働サービスを提供している従業員にとって関心があるのは、自分自身が受け取る名目賃金の額やそれを物価水準で割った実質賃金の値だけではない。彼らは、自分が受け取る名目賃金が、他の人たちと比べて高いのか低いのかという相対比較にも大きな関心を持つ。他の従業員と比べて、自分の名目賃金があまりに低いと、その従業員は、自分が勤めている会社が不公平な会社だと考えて不満を持ち、働かなくなるかもしれない。他の従業員と比べた自分の相対的な賃金は、会社が自分をフェアに取り扱ってくれているかどうかの指標なのである。こう考えれば、賃金とは様々な従業員の間の「賃金体系」をまとめたものであり、賃金体系を変えるというの

はかなり厄介なものだということが理解できるだろう。そのため企業は、失業があるからと言って、下手に賃金体系に手を付けることを嫌がる。結果として、失業があっても名目賃金は簡単には下がらない。

このような事情を反映して、名目賃金は、不況で失業が生まれても、また好況で労働者の取り合いがあっても、簡単には変化しない「硬直的」ないし「粘着的」なものになる。そこでマクロ経済学では、時間の長さを「短期」と「長期」にわけ、短期には名目賃金は硬直的で、失業や労働者の取り合いがあっても変化しないが、長期には賃金体系も変化するので、名目賃金が「伸縮的」になると考えて説明する。

14.4.2 短期総供給曲線

名目賃金の硬直性がもたらす意味を考えるために、図14-2に戻って名目賃金が W で固定されている場合を考えてみよう。物価水準が P ならば、実質賃金は $\frac{W}{P}$ で労働市場は需給が均衡するから、労働雇用量は完全雇用の L_f になり、図14-1の生産関数からわかるように、生産量（総供給量）は完全雇用生産量の Y_f になる。図14-3の E 点が実現するわけである。では、名目賃金が W で固定されているにもかかわらず、物価が半分の P'' に下落した場合にはどうだろうか。名目賃金の硬直性のために、実質賃金は $\frac{W}{P''}$ に上昇するから、労働市場には超過供給が生まれる。この実質賃金で働きたいと考える労働力は L_2 だが、企業側が雇ってもよいと考える雇用量は L_1 でしかない。この場合、いくらその名目賃金水準で働きたいと考える労働者が多数いても、雇ってくれる企業の方が発言権は強い。結果として、雇用されるのは需要量の L_1 でしかなく、$L_2 - L_1$ の労働力は失業してしまい、雇用量は、完全雇用水準に満たない L_1 になる。生産量も、完全雇用生産量より少ない Y_1 になる。図14-3の H 点が実現するのである。

逆に、物価が P' へと2倍に上昇した場合にはどうだろうか。この場合、実質賃金は $\frac{W}{P'}$ の半分に低下するから、図14-2にしたがって労働需要は L_2 に

増加し労働供給はL_1に減少する。結果として、L_2-L_1だけの超過需要が発生する。働きたいと考える労働力以上の雇用量を、企業側が雇いたいと考えているわけである。このような不均衡で、実際に雇用されるのはどれだけの量になるだろうか。この点については異なる考え方があるが、以下では読者にわかりやすいように、企業側が必要と考えるだけの雇用量が実現されると考えよう。こう考えるのは、少なくとも短期という比較的短い時間であれば、企業側は働きたくないと考える労働者に対しても無理に残業をさせるとか、辞めたいという従業員に頼み込んで、働き続けてもらうといった形で、ある程度、雇用を強制することができるからである。こう考えれば、物価がP'に2倍に上昇した時には実質賃金は$\frac{W}{P'}$という半分の水準に低下し、雇用量は労働需要に等しいL_2になり、生産量はY_2になると考えられるから、図14-3のF点が実現する。

　以上で述べたことを、簡単に要約すると、次のように述べることもできるだろう。短期には、名目賃金が硬直的であるために、労働市場で需給が一致する均衡状態が実現することはほとんどない。その場合、不均衡は失業によって、あるいは残業などによる労働の強制によって解決される。どちらの場合も、需給の不一致は、企業部門の労働需要が雇用量を決定するという形で解決される。この場合、物価と労働需要は次のような関係を持っている。名目賃金が硬直的なら、物価が上昇すればするほど実質賃金は下落する。したがって、物価が上昇すればするほど、企業にとって労働雇用の費用は低下し、労働需要は増加する。結果として、労働雇用は増加するから、生産量が増加し、短期の総供給は増加する。つまり、物価の上昇は短期の総供給を増加させ、短期総供給曲線を右上がりにさせるのである。

　こうして、短期の総供給曲線は、図14-3の名目賃金がWの時の**短期総供給曲線**と示されている曲線のように、右上がりの曲線になる。第4章の定義を使えば、短期総供給曲線は、長期総供給曲線に比べて価格弾力性が大きい、それなりに価格弾力的な供給曲線になるのである。

14.4.3 名目賃金の変化と短期総供給曲線のシフト

このように短期総供給曲線は、硬直的な名目賃金（W）の水準に依存する。では、名目賃金が上昇すると、短期総供給曲線はどのように変化するだろうか。名目賃金が上昇すると、同じ物価水準（P）でも実質賃金（$\frac{W}{P}$）は上昇する。このため企業の経営環境が悪化し、労働需要は減少するから労働雇用は減少し、生産量が減少する。結果として、短期の総供給も減少する。つまり、名目賃金（W）が上昇すると、同じ物価水準（P）でも短期の総供給は減少することになる。名目賃金の上昇に伴って、短期の総供給曲線は、左方にシフトするというわけである。

以上を具体的に考えるために、図14-3に戻って、名目賃金がWから$2W$に上昇した場合の、短期総供給曲線への影響を考えてみよう。名目賃金がWだった時、労働需要をL_fにし総生産をY_fにするためには、E点を実現する必要がある。つまり、実質賃金は$\frac{W}{P}$である必要があり、そのためには物価水準はPでなければならなかった。物価水準がPのままで、名目賃金がWから$2W$に上昇した場合、実質賃金は$\frac{2W}{P}$に上昇する。この場合、企業の生産物である財・サービスの価格に比べて労働雇用のコストが上昇するから、経営環境が悪化し短期の労働需要は減少する。結果として、短期の総供給もY_fからY_1へと減少する。短期の総供給は、E点からH点へと移動するというわけである。同様のことは、図14-3の短期総供給曲線上のどの点についてもいえる。したがって、名目賃金が上昇すると、短期総供給曲線は左方にシフトするのである。逆に、名目賃金が下落すると、短期総供給曲線は右方にシフトする。

では、名目賃金が$2W$に上昇しても、やはりE点を実現し、同じ労働需要を確保し同じ総生産を行うためには、物価水準はどう変化しなければならないだろうか。労働需要を普遍に保つためには、同じ実質賃金$\frac{W}{P} = \frac{2W}{2P}$を確保する必要がある。そのためには、物価水準は$2P$にならなければならない。つまり、物価水準が$P$から$2P$に上昇すれば、名目賃金が$W$から$2W$に上昇し

第14章　労働市場と集計的総供給曲線　231

た場合でも、短期総供給は Y_f にとどまることになる。図14-3の E' 点が実現するというわけである。

このように、同量の短期総供給を実現するためには、同じ水準の実質賃金を確保する必要がある。名目賃金が2倍に上昇すれば、物価水準も2倍に上昇しなければならないのである。つまり、名目賃金が上昇すれば、図14-3の短期の総供給曲線は、同じ割合だけ上方にシフトしなければならない。この節の冒頭では、名目賃金が上昇すれば、短期の総供給曲線は左方にシフトすると述べた。そのため、短期の総供給曲線は左方にシフトするのか、上方にシフトするのか、疑問に思う読者もいるかもしれない。しかし、短期の総供給曲線は右上がりだから、左方にシフトすることは、上方にシフトすることをも意味しており、この二つは同じことを意味している。

第15章

バブル崩壊とその後の日本経済の経験

15.1 日本経済の経験とマクロ経済学による説明

　以上で、マクロ経済を分析するための必要最小限の道具立てがそろったことになる。そこで、本書の最後となる第15章では、1990年ごろからの日本経済の経験を簡単に概観し、その動きを短期・長期の総需要曲線と総供給曲線の概念と、それがもたらす短期及び長期のマクロ経済の均衡という概念を使って説明してみよう。そのような説明を通じて、マクロ経済学が、どのように実際の経済変動とマクロ経済政策の効果を分析するのかを、読者に理解してもらえば幸いである。

　ただし、本書はあくまでも経済学入門の教科書なので、この間の日本経済が抱えた様々な問題を立ち入って説明する余裕はない。これらの問題の本質を読者にしっかり理解してもらうためには、「日本経済」や「現代経済」といった講義をとり、関連する書物を読んでしっかり理解してもらうしかない。また、この間に日本経済が抱えた問題をマクロ経済学でどう理解できるかという点についても、様々な理解や解釈があるし、説明に使うマクロ経済学の道具立ても、その細部をどこまで説明するかによってより高度なものになる。本書はあくまでも入門書なので、問題の細部には立ち入らず、日本経済の経験を簡潔に述べるとともに、本書で説明したマクロ経済学で、どこまでを説明できるかを述べるにとどめることにしたい。

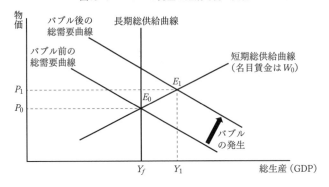

図15-1 バブルの発生と短期均衡の変化

15.2 バブルの発生

　1987年から1991年ごろまでの日本経済を、**バブル景気**の時代と呼ぶ。年率5％の経済成長が継続し、設備投資、雇用、消費すべてが好調で、特に資産価格の高騰が著しかった。株価や地価などは、わずか数年間のうちに3～4倍に高騰した。人々の持つ資産の価値が、数年で3～4倍になったのである。このように、ストックである株式や土地などの資産の価格が本来あるべき水準から大きくかい離し、上昇し続ける現象を**バブル**と呼ぶ。

　バブルの起こる前の日本経済は、ほぼ**長期均衡**の状態にあったと考えられる。**図15-1**でいえば、「バブル前の総需要曲線」と書かれた右下がりの総需要曲線に直面し、名目賃金は W_0 で、図の「短期総供給曲線（名目賃金は W_0）」という右上がりの曲線に直面していた。このため、経済は総需要曲線と短期総供給曲線が交差する均衡点 E_0 にあり、物価は P_0、総生産は Y_f であった。この均衡点 E_0 は長期総供給曲線上にもあるから長期均衡点でもあり、総生産は完全雇用GDPである Y_f に対応していた。

　さて、バブルが発生すると株式や不動産価格が高騰し、家計や企業の所有する資産の総額が暴騰した。このことは第13章の13.2.1節で説明したように、資産効果によって総消費を押し上げるから、総需要曲線を右上方にシフトさせることになる。バブルは総需要を、「バブル前の総需要曲線」から「バブル後の

総需要曲線」へと、右方にシフトさせたのである。短期的には名目賃金は変化しないから、**短期均衡**は、短期総供給曲線上を E_0 から E_1 へ移動した。結果として国内総生産は Y_1 になり、完全雇用 GDP を $Y_1 - Y_f$ だけ上回ることになる。これは、バブルによって需要が過大になり、景気が過熱していたことを表している。結果として、完全雇用 GDP を上回る総生産が行われ、好景気を反映して企業活動も活性化し、設備投資なども増大したため、総需要曲線はいっそう右方にシフトしたと考えられる。

なお、図15-1 では物価も P_0 から P_1 へと上昇しているが、現実にはフローであるモノやサービスの価格は安定しており、上昇したのはストックである土地や株式の価格だけだった。バブルは起こったが、インフレーションは起きなかったのである。本来なら、抑制的な財政金融政策を使って景気を引き締めることによって、総需要を「バブル前の総需要曲線」の位置に戻し、短期均衡を E_1 から E_0 に引き戻すことが望ましかったが、物価が安定しているなどの様々な理由からそれを行うことができず、バブルの崩壊に行き着いてしまった。

15.3 バブルの崩壊と財政金融政策

1989年末に株価がピークを付けた後、資産価格が暴落し始め、また金融政策が引き締めに転じた。このため、1991年にはこの好景気も終わりを告げ、一転して日本経済は深刻な不況に陥った。**バブルの崩壊**である。バブルの崩壊によって総資産が大きく減少し、消費が過少になった。**逆資産効果**と呼ばれる現象である。またこの時期には、15.5節で説明する不良債権問題と債務・設備・雇用という三つの過剰が、大きな社会問題となった。この時期の需要不足は、逆資産効果による消費の減少だけではなく、投資の停滞などにも基づいていた。バブル期に大量の投資が行われ、資本設備のストックが過剰になったため、有利な投資機会が少なくなり、投資も大きく減少したからである。この結果、総需要は**図15-2**の「バブル時の総需要曲線」から「バブル崩壊後の総需要曲線」へと、左下方に大きくシフトした。短期均衡は E_1 から E_2 に移行し、GDP は Y_1 から Y_2 に減少し、日本経済は需要不足がもたらす不況に陥ったのである。

この不況を受け入れるかわりに、早期に不良債権問題を処理していれば、不

図15-2 バブルの崩壊と短期均衡の変化

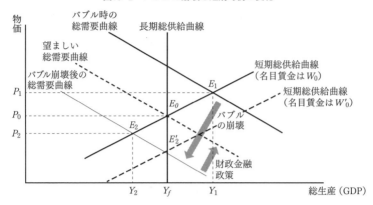

況とそれに伴う失業が、W_0 から W'_0 へと名目賃金を押し下げ、短期総供給曲線を図の「短期総供給曲線（名目賃金は W'_0）」と記した右上がりの点線に下方シフトさせたかもしれない。もしそうなら、長期的に日本経済は、E'_2 という完全雇用を伴うマクロ経済の長期均衡に戻れたかもしれない。しかし現実には、この不況を打開しようと、日本政府は1990年代を通じて、不良債権処理を先送りすると共に、継続的に、景気を刺激するよう財政支出を増やし減税を行い、金利を引き下げて金融緩和を行った。図15-2で言えば、これらの継続的な財政金融政策による景気刺激によって、総需要は「バブル崩壊後の総需要曲線」から「望ましい総需要曲線」と記された右下がりの点線へと右方にシフトし、短期均衡は E_2 に移動する代わりに、E_0 にとどまったのである。

しかし総需要を「バブル崩壊後の総需要曲線」から「望ましい総需要曲線」にシフトさせる継続的な財政金融政策は、大きな犠牲を伴うものだった。

第一に、1990年代を通じて毎年のように行われた財政支出や減税は、財政支出を増やし財政収入を減らしたから、政府の財政赤字が拡大した。政府はこれらの財政赤字を新規国債を発行することで賄ったから、国の借金総額を意味する**累積国債残高**は年とともに積み上がり、国は多額の借金を負うことになった。しかし政府の借金も、いつかは返済しなければならないから、無制限に財政赤字を拡大できるわけではない。このため景気刺激政策は次第に金融政策に頼ることになった。

第二に、日本銀行がコントロールする利子率である**政策金利**は、投資を増やして景気を刺激しようと段階的に何度も引き下げられ、1990年代末にはほぼゼロの水準にまで低下した。第12章の12.5節や第13章の13.7節で説明した**ゼロ金利制約**に到達したのである。このため、様々な非伝統的金融政策が試されたものの、この時期以降、金融政策による景気刺激の有効性は大きく低下した。

15.4 景気循環への対策と経済構造変化への対策

ところで、財政金融政策を継続させることによって、財政赤字の問題が起きたりゼロ金利制約に直面したりすることになるなら、それは長期的に意味のある政策なのだろうか。このような問題点を理解するために必要なのが、**景気循環**を平準化するための政策と**経済構造変化**に対応するための政策の区別である。

経済は生き物であり、動物が呼吸するように経済活動も好景気と不景気を繰り返す。景気が良くなると人々や企業は強気になり、需要と供給が増えて好景気を増幅させるが、いったん不景気になると逆に弱気が力を得て、需要と供給が減り不景気を増幅させる。このため経済活動は、好景気と不景気が循環的に訪れる景気変動に直面する。あまりに激しい景気変動は、社会に大きな失業やインフレ（継続的な物価上昇）の被害をもたらすから、好景気の時に財政金融政策を引き締め的に運用し、不景気になると景気刺激的な経済政策によって景気拡大を図ることで、景気変動を平準化することが望ましい。**景気平準化政策**は、不況時には財政赤字を拡大し金利を引き下げるが、好況時には財政黒字を作り金利を引き上げるから、長期的に**持続可能な政策**である。

これに対して何らかの理由で経済構造が変化し、そのために景気が悪化したような場合には、総需要と総供給の差（**需給ギャップ**と呼ばれる）が半永続的に生まれる。構造変化に伴う需給ギャップを財政金融政策で対処しようとすると、財政赤字やゼロ金利制約を生み出し、長期的に持続可能な政策運営ができない。このような場合には、財政金融政策は補助的な役割に徹し、経済構造の変化に対応した、新たな仕組み（経済制度）や産業構造を作り出すような政策を中心にすることが必要である。後者の政策は、**構造改革**あるいは**成長政策**と呼ばれる。

15.5 不良債権問題

さて、1990年代の不況の背景には、**不良債権問題**と呼ばれる経済構造上の問題があった。簡単にそれを説明しておこう。

バブル景気の時代に積みあがった設備投資や借金のために、資本設備や雇用が過剰になり、企業は過大な借金に苦しめられることになった。バブル期に積み上がった工場や機械などの資本設備は利益を生まなくなり、不動産や株式の価値は暴落した。他方、資本設備や不動産を購入するために行った借金の名目額は、借入契約を通じて、借金をした時点で固定されており、バブルが崩壊しても変わらない。結果として、企業の背負った借金（企業の「債務」と呼ぶ）の名目額に比べて、企業の持つ資産の価格は暴落し、その名目額は急激に縮小した。保有している資産総額以上の債務を背負う企業は、倒産するはずである。これら、倒産するはずの企業が背負った借金は、逆から見ると銀行からの貸し付け、つまり銀行の債権に他ならない。これら、倒産するはずの企業に貸し付けた銀行貸し付けを、**不良債権**と呼ぶ。企業が倒産してしまえば、貸し付けた銀行貸し付けは戻ってこなくなり、無価値の債権になる（債権が「焦げ付く」と言う）からである。

不良債権問題に直面した銀行は、不良債権を貸し付けた先の企業を倒産させることを躊躇した。貸付先の企業が倒産すると、貸し付けを行った自分たちの経営責任を問われるからである。そのため銀行は、貸付先の企業が倒産しないよう、返済の猶予をしたり追加の貸し付け（**追い貸し**と呼ばれる）を行ったりした。結果として倒産するはずの企業の倒産が先延ばしされ、不良債権問題の解決自体が先送りされることになる。

ところで銀行とは、預金者から預金を預かって、それを元手に企業に貸し付けを行うことで、利益を得ようとする金融機関である。銀行にとって預金は預金者からの借金（銀行の債務）であり、その額は名目額で固定されており、バブルが崩壊しても変わらない。他方、不良債権となった貸付先の企業が倒産すれば、銀行の資産であるはずの貸し付けが焦げ付いて、銀行の資産総額が借金総額を下回ることになり、銀行自体が倒産することになる。このため、銀行が倒産して自分の預金が返ってこないのではないかという、不安さえ、預金者の

間に生まれたのである。

　このように、銀行が倒産すると、健全な貸付先の企業だけでなく、銀行に預金している零細な預金者たちにも悪影響が出るから、大きな社会問題になる。このような問題を解決するためには、債務総額が資産総額を上回り倒産状態にある銀行をいったん破たんさせ、当該銀行の経営者や株主に責任を取らせる一方、銀行の債務超過額（債務総額と資産総額の差額）を政府が銀行に投入して、零細で罪のない預金者の預金の支払いを保証することで、不良債権問題を解決するしかない。この、不良債権を処理するために、政府が民間銀行に資金を投じることを、**公的資金の投入**と呼ぶ。不良債権問題は構造問題であり、それを解決するためには、政府が公的資金を投入することで預金者や優良貸付先を保護しつつ、問題のある銀行を処理することが必要不可欠だったのである。

　しかし1990年代を通じて、日本政府はこの不良債権問題という構造問題の抜本的な解決を**先送り**したため、日本経済は深刻な不況から脱出することができなかった。実質経済成長率はバブル景気時の年率5％前後から1％前後に低下し、失業率はバブル景気時の2％程度から2000年の4.7％へと次第に上昇した。この間、構造問題への対策としては不適切な、財政支出や減税による財政刺激政策と金融緩和政策が繰り返され、すでに述べたように財政赤字が累積する一方、1999年には政策金利をほぼゼロに下げる**ゼロ金利政策**が発動されることになった。

　また、倒産するはずの企業が倒産しないため、これら先行きの可能性のない企業で使われている労働力や資金などの様々な資源が、IT産業や情報産業などの新たに勃興した産業分野に移動することが妨げられた。日本の経済構造が硬直化し、構造改革を進めて経済の新陳代謝を行うことができなかったのである。結果として経済の活力が失われ、消費・投資の両面で需要不足が継続した。

15.6　金融危機とデフレ

　1997年の後半から、日本経済はさらなる不況に突入した。この年4月から消費税が増税され、その他の財政措置もあって家計の負担が急増した。秋にはアジア通貨危機と呼ばれる事態が発生し、アジア諸国の経済が大きな打撃を受

け、日本に大きな悪影響をもたらした。これらの影響もあり、長引く不良債権問題のために1997~98年に大手有力銀行が三行、証券会社大手が二社破たんするという**金融危機**が発生した。企業や消費者の将来不安が高まり、投資や消費が大きく減少し、実質経済成長率は戦後最悪のマイナス２％、失業率は５％を超える深刻な不況が始まった。

　同時に起こったのが、就職氷河期である。それまで大企業の採用は大学の新卒者が中心で、新卒者はほぼ100％どこかの企業に採用され、終身雇用とまでは言わないまでも、長期にわたって新卒時に採用された企業に雇用され続けていた。しかし、この時期から以後、新卒者のかなりの割合がどこの企業にも採用されず、アルバイトやパートといった非正規の雇用で食いつなぐことになった。彼らは、正規の雇用にありついた同世代の人たちと比べて、生涯を通じて大きな所得格差を受け入れざるを得ないことになった。このような社会的状況を背景にした人々の将来不安を受けて、1999年から日本経済は**デフレ**（継続的な物価下落）に陥った。平均賃金もこのころから低下傾向をたどり続けた。

　この経済危機を受けて、政府は大規模な減税と財政支出を行い、景気を下支えしたが、それは同時に、政府の借金である国債残高の爆発的な増大を招いた。また、デフレから脱却しようと、日本銀行はゼロ金利政策を継続するとともに、非伝統的な金融刺激政策の試みを開始した。他方、2002年からようやく、不良債権の抜本的な処理が始まり、世界経済が堅調だったこともあり、景気回復が始まった。とはいえ、実質経済成長率は低く、デフレからの脱却には至らなかったため、「実感なき経済回復」と呼ばれる時代が続いた。2000年代中ごろには、日本経済の構造問題は、不良債権処理から**デフレ脱却**へと変化したのである。またこの時期、中国経済の成長が著しく、それに引きずられて総需要が回復し、2007年ごろにはデフレからの脱却と長期不況からの脱出が視野に入ってきた。

　このような事態を打ちのめしたのが、2008年、当時アメリカで進行していたバブルが崩壊して、大手投資銀行であるリーマン・ブラザーズが破たんしたことに端を発する**リーマンショック**と、それに伴う世界同時不況である。この結果、就職市場は再び超氷河期に陥り、リストラによる解雇も横行し、日本だけでなく世界全体が1930年代の世界大恐慌の再来におびえることになった。さら

に、2011年には東日本大震災が追い打ちをかけ、総消費が落ち込んだ。そのため、実質GDPは再びマイナス成長に、消費者物価上昇率もマイナスになり、デフレが深刻化した。バブル崩壊以来の日本の景気停滞は20年を超え、当初**失われた10年**と呼ばれていた景気低迷は、**失われた20年**と呼ばれるまでになった。

しかし2012年末に就任した安倍首相が、「大胆な金融政策」、「機動的な財政政策」、「民間投資を喚起する成長戦略」という**三本の矢**からなる**アベノミクス**という大規模な景気刺激のための経済政策を行い、景気は一時的に改善した。その結果、デフレからの脱却に成功したという判断もあったが、中国経済をはじめとする世界経済の低迷や原油などの資源価格の暴落もあり、先行きの見通しはまだ明らかではない。なお、成長戦略とは経済構造の改革のための成長政策を目指しているが、この時期に実際に行われたのは、金融政策と財政政策が中心で、成長戦略はほとんど実施されなかった。

15.7　金融危機とゼロ金利制約

では、以上の金融危機の発生とそれがもたらすデフレを、本書で展開した範囲のマクロ経済学の枠組みで、どのように説明できるだろうか。以下簡潔に、それを試みてみよう。1997～98年の金融危機が起こる前の日本経済は、ほぼ図15-2のE_2点で表されていたと考えられる。民間の総需要は図15-2の「バブル崩壊後の総需要曲線」で表され、それを財政刺激政策と金融緩和政策で補うことで、民間の需要と政府の財政需要を合わせた総需要は「望ましい総需要曲線」の位置にあったと考えられる。また、総供給曲線は図の「短期総供給曲線（名目賃金はW_0）」の位置にあったと考えられる。結果として、短期均衡はE_0点、GDPはY_fの水準がほぼ実現され、完全雇用に近い状態を政策的に作り出していたと考えられる。

ただ、図15-2では説明しきれないことが一つある。それはゼロ金利制約の存在である。第13章の13.7.2節で述べたように、日銀が金融政策でコントロールする利子率も、ゼロを下回ることはできない。ゼロ金利制約である。総需要曲線が右下がりである理由が利子率効果に基づくものである限り、物価が十分に下落して利子率がゼロになる点より下方では、総需要曲線は右下がりではな

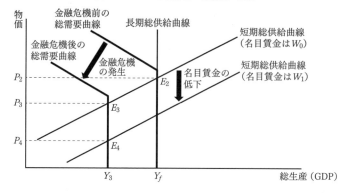

図15-3 ゼロ金利制約と総需要の変化

く、垂直になってしまう。このことを表したのが、**図15-3** の「金融危機前の総需要曲線」である。このように「金融危機前の総需要曲線」は、図に示したように右下がりの部分と垂直な部分からなる太い折れ線になっていた。

15.8 ゼロ金利制約とデフレの発生

ゼロ金利制約のもとで起こった金融危機の発生は、図15-3で、総需要曲線を「金融危機前の総需要曲線」から「金融危機後の総需要曲線」へと左方へシフトさせた。結果として短期均衡は E_2 から E_3 へと移動し、GDP は完全雇用 GDP を下回る Y_3 に、物価は危機前の P_2 から P_3 へと下落した。バブル崩壊時には、このような問題に対して財政金融政策で対処したが、金融危機の発生の際には、これらの政策では対処できなかった。その理由は次のとおりである。

第一に、財政政策はすでに述べたようにバブル崩壊後の需要不足を補うために、1990年代を通じて赤字財政を続けており、さらなる財政拡大に伴う赤字財政の拡大、そのために起こる国債の累増に耐えられなくなりつつあった。特に金融危機に際してとられた大規模な財政支出と減税が、国債残高を激増させ、その後の財政運営を制約した。また、人口の高齢化と少子化に伴って、年金や医療のための社会保障支出増大がただでさえ財政赤字を拡大しており、需要不足を政府財政によって継続的に補うこと、つまり図15-3の「金融危機後の総需要曲線」を、財政拡張によって右方に大きくシフトさせ続けることは事実上不可能になっていた。

第二に、すでに述べたように利子率はほぼゼロの水準になっており、ゼロ金利制約が金融政策の制約になっていた。このため、総需要曲線は図15-3の垂直な部分に直面しており、伝統的な金融政策によってそれ以上の需要拡大（需要曲線の右方シフト）を行うことは不可能だった。このため、「金融危機後の総需要曲線」は図15-3に示した位置にとどまり、短期均衡は E_3 に、GDPも完全雇用GDPの Y_f を下回る Y_3 の水準にとどまった。

　さらに、GDPが完全雇用GDPを下回るということは、労働市場において非自発的失業が生まれたわけで、名目賃金が下落した。特に、金融危機を受けて就職氷河期になり、多くの新卒学生が就職できず、アルバイトで食いつなぐなど非正規労働者になった。彼らの賃金は、正規労働者の賃金と比べて格段に低く、結果として、市場における平均名目賃金が W_0 から W_1 へと下落し、短期総供給曲線は右下方にシフトした。しかし総需要曲線はゼロ金利制約のために垂直になっているから、短期均衡は E_3 から E_4 に移動し、物価水準は P_3 から P_4 へと下落するが、GDPは完全雇用を下回る Y_3 にとどまった。

　短期均衡 E_4 では非自発的失業が継続するから名目賃金は W_1 からさらに低下し、短期総供給曲線は「短期総供給曲線（名目賃金は W_1）」からさらに右下方にシフトする。しかしゼロ金利制約のために、短期均衡は短期総需要曲線の垂直部分にとどまり、短期均衡は E_4 からさらに下方に移動し、物価はさらに低下するが、GDPは完全雇用を下回る水準 Y_3 にとどまった。それが、さらに短期総供給曲線をいっそう右下方にシフトさせ……、という継続的な変化を生み出す。結果として、物価と名目賃金は継続的に下落するが、実質GDPは完全雇用を下回る不況水準 Y_3 にとどまることになった。物価と名目賃金の継続的な下落という**デフレの発生**である。

　このデフレは、リーマンショック後の世界同時不況や東日本大震災による需要の減少や、デフレ自体が生み出す家計や企業の将来不安が需要をさらに低迷させたために、長期にわたって日本経済を蝕んだ。すでに述べたように、実質的に2013年から始まったアベノミクスによって、少なくとも一時的にはデフレからの解消が実現したように見えた。しかしそれが本当にそうなのか、それともそれは一時的な現象でしかなかったのかは、本書の執筆段階では、いまだ明らかではない。

索　引

欧　字

GDP……17, 129, 147, 149, 152
　　──ギャップ……174
　　──デフレータ……136
　　完全雇用──……174
　　実質──……17, 134
　　一人当たり──……130
　　名目──……17, 133
J. M. ケインズ……127

あ　行

アベノミクス……241
安全資産……204
異質な財……25
一物一価の法則……25
一般均衡……24, 47
一般交換手段……202
意図した支出……156
インセンティブ……10, 30, 112
　　努力しようという──……83
インフレ……15
失われた10年……241
失われた20年……241
売りオペレーション（売りオペ）……191
売り手……19
運不運による格差……12
追い貸し……238
応益原則（受益者負担原則）……108
応能原則……108

か　行

外国米輸入禁止政策……76
買い手……19
外部経済……93
外部不経済……93
外部効果……93
外部性……91
　　技術的──……92
　　金銭的──……92
価格……25
　　──弾力的……51-52, 56
　　──調整……31
　　──非弾力的……56
　　──メカニズム……129
　　──の硬直性……159
　　──の粘着性……159
下級財……36, 55
学習……5
家計……3, 20
可処分所得……152
寡占市場……84
価値貯蔵手段……202
価値の尺度……200
株式会社……22
貨幣……190, 200
　　──経済……7
可変費用……68
神の見えざる手……9, 73
環境税……100
慣習……124
関数……28
完全競争……26
完全雇用……18, 174, 226
　　──GDP……18, 174, 226
元本……181
関連財……36
機会の均等……82
機会費用……182
企業……3, 20
危険資産……204
技術……5
　　──知識……216
技術的外部性……92
規制緩和……90
基礎消費額……163
逆選択（逆淘汰）……112
供給
　　──関数……29
　　──の価格弾力性……48, 55
　　──量……24
供給曲線……29
　　──のシフト……33

245

個別——……66
市場——……66
集計的総——……196, 213, 217
競争……12, 25
　——導入……90
局所的な概念……50
均衡……24
　——選択……122
金銭的外部性……92
金融
　——緩和……189, 192
　——危機……240
　——政策……16, 187, 189
　——仲介機関……23
　——引き締め……191-192
金利裁定……190
クラブ財……106
繰り返しゲーム……126
計画経済……7
景気循環……15, 237
景気平準化政策……237
経済
　——厚生……61, 71, 88
　——構造変化……237
　——政策……14
　——的規制……99
　——発展……16
　集権的な——……7
経済活動
　——（生産・消費・交換）の社会的コーディ
　　ネーション……7
　——のあり方……4
経済成長……15
　——論……217
契約後の情報の非対称性……112
契約前の情報の非対称性……110
ケインズ型消費関数……163
ケインズ経済学……195
ゲーム理論……114
結果の平等……82
決済手段……201
限界
　——外部損害……94
　——可変費用……68
　——収入……84

　——消費性向……164
　——貯蓄性向……165
限界効用……62
　——逓減の法則……62
限界費用……67
現金……193
原材料価格……39
減税乗数……176
公開市場操作……189
交換……3-4
　——活動……4
　——手段……201
公共財……100
　準——……105
　純粋——……104
厚生経済学の基本定理……9, 73
厚生損失……78, 88
構造改革……237
公的資金の投入……239
公的制度……14
行動経済学……16
恒等式……143, 149
購買力……193, 202
効用……23, 62
効率的……9, 73
　——な運送量……95
合理的……121
コーディネーション……7
　——のゲーム……120
　経済活動（生産・消費・交換）の社会的——
　　……7
　社会的——……7-8
コーディネート……47　→連係
国債……187
　——の売りオペレーション（売りオペ）
　　……191
　——の買いオペレーション（買いオペ）
　　……189
国内総支出……143, 149
　事前に意図した——……157
国内総所得……143, 149, 152
国内総生産（GDP：Gross Domestic Product）
　……17, 129, 147, 149, 152
　支出面から見た——……143
　生産面から見た——……143

分配面から見た──……143
国民経済計算……143
個人……3
国家の役割……11
固定給……113
固定費用……68, 89
好み……26
個別供給曲線……66
個別需要曲線……61
コモンズ（共有地）……105
混合経済システム……3, 14, 97
混合戦略……125
混雑費用……103

さ　行

財・サービス……3, 25
　　──の定義……54
債券……187
在庫投資……156
　　意図した──……156
　　意図せざる──……156
財産……12
最終財・サービス……130
最終消費財……20
最終生産物……21, 142
財政
　　──支出乗数……175
　　──収支……154
　　──政策……16
最適反応……117
先送り……239
参照基準……16
三本の矢……241
三面等価の原則……143
私益……9
資金不足……154
　　──額……146
　　──部門……146
資金余剰……154
　　──額……146
　　──部門……146
資源……3, 22
資源配分……3
　　──の歪み……88

事後的……82, 143, 156
資産効果……200
　　逆──……235
資産保有動機……203
自主規制……98
支出……20
市場……7, 20
　　──が存在しない……13
　　──供給曲線……66
　　──均衡……31
　　──需要曲線……61
　　──の失敗……13, 91-92, 111
　　──の力……30
　　──メカニズム……3, 7
自然独占……90
事前的な……82
持続可能な政策……237
失業……18, 174
　　──者……15
　　非自発的──……225
失業率……226
　　自然──……226
実質
　　──GDP……17, 134
　　──資産効果……205
　　──総需要……195
　　──賃金……221
私的
　　──限界費用……94
　　──財……101
　　──情報……109
支配戦略……119
　　──均衡……119
支払意欲（Willingness to Pay：WTP）……62, 80
支払能力……80
四半期……131
シフトする……34
自分の利益……9
資本……21, 213
　　──設備……21
資本主義……7
社会主義……7
社会的限界費用……95
社会的コーディネーション……7-8

社会的分業……5
社債……187
自由競争……7
自由経済……7
集計……17
集計的総需要曲線……195-196
集計的総供給曲線……196, 213, 217
習熟……5
囚人のジレンマのゲーム……118
収入……20-21
需給ギャップ……237
需要……
　——が価格に対して弾力的……51
　——が価格に対して非弾力的……51
　——関数……28
　——の価格弾力性……48, 50
　——の決定要因……27
　——不足（GDPギャップ）……174
　——量……24
　独立——……163
　派生——……42, 163
需要曲線……28, 52
　——のシフト……33
　個別——……61
　市場——……61
　集計的総——……195-196
乗数……170, 174
　——過程……162, 170
譲渡益……204
消費……3-4, 148
　——活動……3
　——関数……163
　——支出……153
　——の集合性……103
　——の非競合性……103
消費者
　——の総支出……49
　——物価指数（CPI）……137
　——余剰……66
情報
　——が完全……25
　——が偏在する……109
　——の対称性……113
　——の非対称性……13, 109-110, 112
初期投資……180

所得……11, 22
　——効果……54
　——再分配……78, 88
　——水準……35
　——分配の公平性……11
所有権……9
新古典派総合……195
人的資本……215
数量による調整……159
ストック……132
政策金利……237
生産……3-4
生産活動……3
生産関数……214
生産物の交換……6
生産要素……57
　可変的——……57
　固定的——……58
生産量……214
生産者余剰……70
生産性……5, 215
正常財……36
ぜいたく品……55
成長政策……237
制度的仕組み……10
税の支払い……152
製品差別化……84
政府支出……149
設備投資……21, 149
説明変数……28, 163
セル……116
ゼロ金利政策……239
ゼロ金利制約……192, 210, 237
戦略……116
　——形表現……116
　——的相互依存関係……115
総括原価方式……89
総可変費用……69
総供給……49, 157
総支出……23
総需要……26, 49, 156
　——管理政策……192
　——曲線……167
　——と総供給が一致……31
総所得……23

相対価格……197
総費用……68

た 行

対価……7
　──の支払い……10
代替……36
　──効果……54
　──財……36
代替する……36
ただ乗り（フリーライド）現象……107
短期……57, 128
　──均衡……235
　──総供給曲線……230
知識……5
地代……22
地方公共財……106
中央銀行……187
中間財……21
中間生産物……21
超過供給……30
超過需要……30
長期……57, 128
　──均衡……234
　──総供給曲線……227
超短期……128, 159
直接規制……97
貯蓄……153
賃金……218
　──・報酬……150
賃貸料……151
通貨……200
デフレ……15, 240
　──脱却……240
　──の発生……243
伝統的金融政策……192
投機的動機……203
投資関数……186
同質財……25
投資の限界効率表……184
統制……7
投入物……213
独占市場……84
独占力……12, 83-84

な 行

内部化……97
内部収益率……181
内部留保……151, 182
ナッシュ均衡……120
日本銀行……189
値上がり益……151
農家の総所得……49

は 行

排除不可能性……101
配当……22, 151
売買される場……20, 25
ハイリスク・ハイリターン……204
波及……170
バスケット……136
派生需要……163
バブル……234
　──景気……234
　──の崩壊……235
比較静学分析……48
ピグー課税……99
ピグー効果……205
被説明変数……28, 163
必需品……55
非伝統的金融政策……194, 212
一人当たりGDP　→GDP
費用……21
　可変──……68
　限界──……67
　固定──……68, 89
　総──……68
　排除──……102
歩合給……113
付加価値……17, 141
不均衡……128, 158, 160
物価水準……17, 136
物的資本……215
部分均衡……24
　──分析……47

不良債権……238
　　──問題……238
プレイヤー……116
フロー……131
分業……5
分配の公平……75
平均消費性向……165
平均費用……89
　　──料金規制……89
平準化……192
便益……62
　　限界──……63, 80
　　総──……63
豊作貧乏……48
法治国家……11
法治社会……11
法律……123
ポートフォリオ……204
　　──管理……204
補完……14
　　──財……37

ま　行

マーケット・シェア……26
マクロ（社会全体）……2
マクロ経済学……2
マクロ変数……127
摩擦的失業……226
満期……188
満足……8
ミクロ（個別）……2
ミクロ経済学……2
民営化……90
名目GDP……17, 133
名目賃金……219
　　──の硬直性……228
　　──の粘着性……228

命令……7
メニューコスト……158

や　行

誘因……30　→インセンティブ
有効需要の原理……161
豊かな社会……5
輸入自由化……76
欲望の二重の一致……201
予算制約……23

ら　行

リーマンショック……240
利益……22
　　──最大化……22
利子……23, 151, 181
利息……181
利潤……151, 213
　　──最大化……86
利子率……181, 187
　　──効果……206-207
リスク……204
リターン……204
利得……116
流動性……193, 203
量的規制……97
累積国債残高……236
連係（コーディネート）……47
労働
　　──供給曲線……223
　　──雇用量……214
　　──サービスの質……11
　　──市場……218
　　──需要……220
　　──需要曲線……222
ローリスク・ローリターン……204

●著者紹介

奥野（藤原）正寛（おくの（ふじわら）まさひろ）
1947年生まれ。1969年東京大学経済学部卒業。スタンフォード大学大学院（Ph.D.）。ペンシルバニア大学客員講師、イリノイ大学、横浜国立大学経済学部助教授、東京大学経済学部教授、流通経済大学経済学部教授を経て、2013年4月より武蔵野大学経済学部教授、2017年3月に定年退職、現在、武蔵野大学客員教授。東京大学名誉教授。2015年より公益財団法人アジア福祉教育財団理事長。
主要著書：『ミクロ経済学Ⅰ・Ⅱ』（共著、岩波書店、1985-88年）、『産業政策の経済分析』（共著、東京大学出版会、1988年）、『ミクロ経済学入門（新版）』（日本経済新聞出版社、1990年）、『経済システムの比較制度分析』（共編著、東京大学出版会、1996年）、『平成バブルの研究』（共編著、東洋経済新報社、2002年）、ポール・ミルグロム『オークション：理論とデザイン』（共訳、東洋経済新報社、2007年［原著：*Putting Auction Theory to Work*, by Paul Milgrom: Cambridge University Press, 2004]）、『ミクロ経済学』（編著、東京大学出版会、2008年）ほか。

 日本評論社ベーシック・シリーズ＝NBS

経済学入門
（けいざいがくにゅうもん）

2017年3月25日第1版第1刷発行
2024年11月5日第1版第6刷発行

著　者	奥野正寛
発行所	株式会社　日本評論社
	〒170-8474　東京都豊島区南大塚3-12-4
電　話	03-3987-8621（販売）、8595（編集）
振　替	00100-3-16
印　刷	精文堂印刷株式会社
製　本	株式会社難波製本
装　幀	図工ファイブ

検印省略　©Masahiro Okuno-Fujiwara　　　ISBN 978-4-535-80609-2

[JCOPY]〈(社)出版者著作権管理機構　委託出版物〉本書の無断複写は著作権法上での例外を除き禁じられています。複写される場合は、そのつど事前に、(社)出版者著作権管理機構（電話 03-5244-5088、FAX 03-5244-5089、e-mail: info@jcopy.or.jp）の許諾を得てください。また、本書を代行業者等の第三者に依頼してスキャニング等の行為によりデジタル化することは、個人の家庭内の利用であっても、一切認められておりません。

経済学の学習に最適な充実のラインナップ

※表示価格は税込価格です。

入門経済学 [第4版]	伊藤元重／著	(3色刷) 3300円
マクロ経済学 [第3版]	伊藤元重／著	(3色刷) 3300円
ミクロ経済学 [第3版]	伊藤元重／著	(3色刷) 3300円
ミクロ経済学パーフェクトガイド	伊藤元重・下井直毅／著	(2色刷) 2420円
しっかり基礎からミクロ経済学 LQアプローチ	梶谷真也・鈴木史馬／著	2750円
ミクロ経済学の力	神取道宏／著	(2色刷) 3520円
ミクロ経済学の技	神取道宏／著	(2色刷) 1870円
入門マクロ経済学 [第6版]	中谷巌・下井直毅・塚田裕昭／著	(4色刷) 3080円
例題で学ぶ 初歩からの計量経済学 [第2版]	白砂堤津耶／著	3080円
例題で学ぶ 初歩からの統計学 [第2版]	白砂堤津耶／著	2750円
入門 公共経済学 [第2版]	土居丈朗／著	3190円
入門 財政学 [第2版]	土居丈朗／著	3080円
[改訂版] 経済学で出る数学	尾山大輔・安田洋祐／編著	2310円
計量経済学のための数学	田中久稔／著	2860円
実証分析入門	森田果／著	3300円
最新 日本経済入門 [第6版]	小峰隆夫・村田啓子／著	2750円
経済学を味わう 東大1、2年生に大人気の授業	市村英彦・岡崎哲二・佐藤泰裕・松井彰彦／編	1980円
文系のための統計学入門 [第2版]	河口洋行／著	3080円
大学生のための経済学の実証分析	千田亮吉・加藤久和・本田圭市郎・萩原里紗／著	2530円
経済論文の書き方	経済セミナー編集部／編	2200円

日評ベーシック・シリーズ

経済学入門	奥野正寛／著	2200円
ミクロ経済学	上田薫／著	2090円
計量経済学のための統計学	岩澤政宗／著	2200円
計量経済学	岩澤政宗／著	2200円
ゲーム理論	土橋俊寛／著	2420円
財政学	小西砂千夫／著	2200円
マーケティング	西本章宏・勝又壮太郎／著	2200円
国際経済学	鎌田伊佐生・中島厚志／著	2200円

〒170-8474 東京都豊島区南大塚3-12-4　TEL：03-3987-8621　FAX：03-3987-8590　日本評論社
ご注文は日本評論社サービスセンターへ　TEL：049-274-1780　FAX：049-274-1788　https://www.nippyo.co.jp/